道

DAOSHAN

善

道　善　则　得　之

人与经典文库

# 老子

## 人与经典

吴怡

著

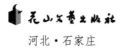

花山文艺出版社

河北·石家庄

图书在版编目（CIP）数据

人与经典·老子 / 吴怡著. —石家庄:花山文艺
出版社, 2022.9
（人与经典文库 / 张采鑫，崔正山主编）
ISBN 978-7-5511-6244-9

Ⅰ.①人… Ⅱ.①吴… Ⅲ.①《道德经》－研究
Ⅳ.①B223.15
中国版本图书馆CIP数据核字(2022)第146048号


丛 书 名：人与经典文库
主　　编：张采鑫　崔正山
书　　名：**人与经典·老子**
著　　者：吴　怡
策　　划：张采鑫　崔正山
责任编辑：张采鑫　李　鸥
特约编辑：王卫华
责任校对：李　鸥
装帧设计：东合社-安宁
美术编辑：胡彤亮
出版发行：花山文艺出版社（邮政编码：050061）
　　　　　（河北省石家庄市友谊北大街330号）
销售热线：0311-88643221
传　　真：0311-88643234
印　　刷：北京天宇万达印刷有限公司
经　　销：新华书店
开　　本：880×1230　1/32
印　　张：14.125
字　　数：290千字
版　　次：2022年9月第1版
　　　　　2022年9月第1次印刷
书　　号：ISBN 978-7-5511-6244-9
定　　价：68.00元

## 一、今天我们为什么要读经典

意大利作家卡尔维诺（1923—1985）在《为什么读经典》这本书中，第一句话就说："经典就是你在重读的书，而不是你刚开始读的书。"这句话的意思是说，读经典不是只读一遍而已，而是要一读再读。卡尔维诺接着说："对于没有读过经典的人来讲，尤其重要，因为这是他重读的开始。"

那么我们该如何读经典呢？美国文艺评论家乔治·斯坦纳（1929—2020）在他的回忆录中的一段话很值得我们参考。他认为，我们在读经典的时候，应该注意三件事。第一，"我们要很清楚地知道经典在问我们：你读懂了吗？你知道我在说什么吗？你知道我想说什么吗？你知道我为什么要这么说吗？"换句话说，对于经典我们不只是读其表面意思，大概了解一下就行了，其实微言背后总是包含着大义，《中庸》说"人莫不饮食也，鲜能知味也"，就是这个意思。第二，他说："你既然知道经典在问你问题，你有没有运用你的想象力来回答？"意思是你要回答问题，就要发挥想象力与思考力，即《中庸》里所强调的"慎思之，明辨之"。第三，"你既然用你的想象力回答了问题，你自己在这个过程中有着怎样的收获？而这个收获将会使你产生哪些改变？"这就是孔子所强调的"闻义而徙"与"知之为知之"。读经典绝不能以望文生义的思维习惯去读字面的意思，读经典的目的是在启发你、接引你，发现自我，蒙以养正，最后让你有所改变，有所提升。

所以，我们读经典，应该深入其文本，思考文本的意涵到底在说什么，以及为什么要这样说，想象并体会作者在取材、书写时的思虑与用心，仿佛自己身临作者的境地，然后才能够代入自身体验，有所感动，进而化成行动——经典的阅读应以这样的态度来进行。

## 二、"人与经典"丛书的特色

"人与经典"丛书是一项人文出版计划。这项计划旨在介绍广义的中国经典作品，以期唤起新一代国民对中华文化的自信心，从而激发每个人生生不已的生命精神。取材的方向主要来自文学、历史、哲学方面，介绍的方法是对这些伟大作者的其人其事做深入浅出的概要介绍；以浅近的解析赏评为核心，并辅以语译或综述。"人与经典"强调以下三个特色：

其一，从人本主义出发，突出人文化成的功效，我们更强调"人"作为思考、践行，以及转化并提升生命、丰富生活的关键因素。

其二，我们不仅介绍经、史、子、集方面的经典，同时也试图将经典的范围扩大到近现代的重要作品。以此，我们强调重新诠释经典在为往圣继绝学，以及承先启后方面所产生的日新又新的时代意义。

其三，紧扣文本，正本清源解经典，不强调撰写者的个人感受，而特别体现出撰写者对经典的创新性解读与创造性转化的理念。

因此，今天我们重新解读经典与学习经典不应只是人云亦云。我们反而应该强调经典之所以能够流传长久，正因为其蕴藏的天人合一之常道及通古今之变的变道，每每成为后人温故而知新，以及经世致用的焦点，引起一代又一代人的思考与传承。只有怀抱这样对体用结合、形式与情境的自觉，我们才能体认经典所涵括的对传统的承继、人文精神的转换，以及政治理念、道德信条、审美意识的取舍等价值。

文学批评家萨义德（1935—2003）指出，经典的可贵不在于放诸四海而皆准的标杆价值，而在于经典入世的，以人为本、日新又新的巨大能量。

从《易经》《论语》《道德经》《诗经》《楚辞》到《左传》《史记》，从李白到曹雪芹，中国将近五千年的文化传统虽然只能点到为止，实已在显示古典历久弥新的道理。

人文是我们生活或生命中不可或缺的一部分。传统理想的文化人应该是文质彬彬，然后君子，若转换成今天的语境或许该说，人文经典能培养我们如何在现代社会里做个温柔敦厚、通情达理、知进退存亡而不失其正的真君子。

张采鑫　崔正山

2022 年 1 月 1 日

# 自序

　　这本书是根据我在美国安德鲁基督教大学中国文化研究所讲课的视频，经道善文化传播公司精心整理编辑而成的。当时的听众都是中国学生，背景不同，有习哲学的、心理学的、计算机学的、生物学的、基督教神学的，其中还有三位八十高龄的牧师，因此我的讲授必须浅出而又不忘深入，浅出部分尽量使没有学过《老子》的人能听懂，不作无谓的考证；深入部分，以王弼注本为教本，对王弼注，尽量去其玄义，直观自然。所以这本书仍然以简单明了、通俗易懂为原则。

　　是为序。

2021 年 7 月 4 日

扫一扫
进入课程

导读

## 我读《老子》的一点儿心路历程

《老子》的注解，自古至今，至少也有几百种。这对于专研该书的学者来说，的确是一笔很丰富的资产；但对于一个只希望了解《老子》的真义，而能用之于自己生活思想上的读者，这些纷纭复杂的考证和妙绝言铨的玄谈，往往会使他们望而却步，感觉越多越惑。在这种情形下，我实在没有必要再多写一本《老子》注解，使读者徒增困惑。可是，最近我却连写了三本：一本是前两年出版的英文翻译的《老子浅解》，一本是《老子新说》，另外就是目前的这本。为了自我解嘲，我只有话说从头，谈谈我研读《老子》的一点儿心路历程，也许可以说明这三本书的写作，也是不由自主的。

使我接触老子思想的第一本书，是高亨的《老子正诂》，那是1953年间，我无意间在旧书摊上买到了这本书，视为至宝。我对老子其人其书毫无所知，选择这本书也是因为别无选择，我把它当作唯一的《老子》注解，幸好这本书的考证尚称简要、客观。我当时的思路便顺着它走，每次看到作者对《老子》原文的错简有新的发现时，我都极度兴奋，好像自己也发现了老子思想的秘密似的。事实上，我当时对考证之学一无所知。后来，进入师大国文系，虽然也学了一些文字训诂的知识，但对这套学问，我并没有很大的兴趣。那时教《老子》一课的是先师张起钧教授，他以哲学的方法来研究老子思想，对我的启发很大。记得大学二年级我修了他的《哲学概论》，在暑假时，我曾以练习写作的心情草就了一本十万字左右的《先秦思想》，该书内容空泛，当然至今没有出版。我把论老子思想的一章，约二万余字，拿去请他指正。可是却被他当头棒喝，指责我该文一半的篇幅论老子生平和《道德经》成书年代，全是考据之学，而不是研究哲学思想的正途。他的话对我此后的影响很大。不过他当时对我在该文中论老子思想部分却只字不提，想必是认为我入门之路已偏，其余的就不值一看了。后来关于思想部分，我曾抽出来，用"老子思想的相对论"为题，投稿于某杂志，这是我发表的第一篇学术性论文。该文从逻辑或考证的角度来看，没有什么大问题，也就是说四平八稳，眼睛是眼睛，鼻子是鼻子，但就是没有精神，没有血脉。

在我大三那年，林语堂博士到师大演讲，文学院的学生都被派出席，他的题目是有关"老子其人其书的问题"，事后曾在报上发表，我针对他的论点也写了一篇长文转给他。蒙他不弃，在该文中写了很多眉批，与我讨论。当时，我崇拜林博士幽默的小品文，却感觉他考证《老子》的文字和他的写作风格不协调。当时，我还有一个奇想，他是一位博学有名学者，而我只是一个大三的学生，对于老子其人其书的问题，也只是看了几本书而已，可是却能和他讨论，且谁是谁非，尚很难断定。其实，这场论战不知有多少学者参与，至今都无定论。如果一直都没有结论，岂非大家都在摸象。像这样的学问，只靠资料的搜集，欠缺人生的体验和生命的热力，实在不值得花太多的时间去研究。这时候，我正开始在报刊上发表哲学性的小品文，后来集为《人与路》《人与桥》《束稻草》三书。起钧老师很喜欢这些散文，一再劝我在这方面发展，并邀我合写《中国哲学史话》一书。所以此后我便走上专门研究哲学思想的路子。在这条路上，也有类似考证之学的毛病，就是把观念讲得太抽象，像电影里的武侠动作，真是"高去高来"，光听招式的名称，便令人目瞪口呆，不知所云。也就是说，哲学思想变成了观念的游戏，而不切人生。当然这也不是我所乐从的，所以此后我的路子乃是结合文学与哲学，尽量用活泼的文字，表达思想的精神。

1969 年间，我开始在大学教课，第一门是《中国哲学史》，第二门就是《老庄哲学》。在研究《老子》的课程中，用的版本是王弼注的。我发现王弼真是研究老学的天才，二十岁出头的小伙子，居然能写下不朽的著作。他虽然是根据每章每句作注，但整本书的注语却自有其一贯的体系，而且是表里相合的。什么叫"表里相合"？很多的注解都是在文字外面转，而没有从思想里面去发挥。譬如他们写"无为"，只知赞叹"无为"的伟大，或在字面上解释"无为"的意义，而不能从思想里面去说明为什么要"无为"。可是王弼的注却不然。例如《老子》第十章："生之，畜之。生而不有，为而不恃。"很多的注都是着眼在"生而不有，为而不恃"上强调"创造万物而不占有"是如何伟大；"完成功业而不自我居功"是如何的超越。可是王弼却注"生之"为"不塞其原"，注"畜之"为"不禁其性"。接着注"生而不有，为而不恃"而说："不塞其原，则物自生，何功之有？不禁其性，则物自济，何为之恃？"他认为"生之"只是不干涉物性，让万物各凭它们的本性而生。"畜之"只是不阻断万物的路子，让万物各依它们的才能而发展。这说明了"生"是万物的自生，本来不该占"有"；"为"是万物的自为，本来不应"恃"。这是从根本上的了解，这才是古今第一流的注。我在课堂中，就是以王弼的注，为学生打开《老子》深一层的意义，同时也因王弼的注写下了许多自身的体验。这些心得也是我来美国后撰写两本《老子》注解的动机和蓝本。

自 1977 年来美后，我教授《老子》的课程未曾间断。不过在国外教《老子》和国内不同，因为所有的考证和注解都用不着，只有直接从英文的翻译和学生所提的问题中去发挥。但应该以谁的翻译为范本？陈荣捷博士的译本很好，林振述博士的译本较新。林氏是起钧老师在北大的同学，是位新诗人，来美教学四十余年。在我出国前一年，他动手翻译《老子》王弼注。由起钧老师的介绍，和我以书信方式讨论王弼注的许多问题，他的翻译是第一本英文的王弼注。照理说，我应以他们两人的翻译为范本，可是学生们大半备有一本最通俗的译本（由 Gia-Fu Feng 和 Jane English 合译），该书每章都有译者自摄的风景图片，及《老子》原文的草书，这些图片和《老子》该章内容并不相符，可是拍得很艺术，所以非常流行。我在台湾时，便买过它的翻印本，可见销售之广。但该书比起陈、林二书来，相差甚远。另外还有一译本（Witter Bynner 译）也很流行。有一位心理治疗的医生泰德（Ted Gabbay）曾个别跟我学中国哲学经典八年之久，初见面时，他能朗朗上口地把该译本一字不漏背出。该书第一句便把《老子》的"道"译作"存在"。后来另一位心理学的学者根据该书，大谈老子的存在主义思想。对于这些书中的种种错译和误解，我不能不一一予以纠正，可是不懂中文的学生，又凭什么了解我所说的是老子的原意呢？尤其我当时的英文还在"牙牙学语阶段"，学生们又如何能相信我纠正他们的英译是正确的呢？于是迫不得已，我想出了一个方法，就是在《老子》原文的每个字下面，译出一两个重要的英文意思。这样，学生便可逐字地了解整句中文的大概意义，而他们也就有自信去判断有些译本的太过离谱儿。那些译本就英文来说是振振有词，可是一比照《老子》原文，就不知所云了。后来我把这部分，加上自己的新译和注脚，便成为我的《老子英译》一书。所以这本书，完全是迫于环境，为了教学的方便而写的。

在我撰写《老子英译》的当时，出版了英文的《中国哲学术语》一书。这本书和我后来写的《新译老子解义》有点儿关系。本来我准备撰写一本英文的中国术语字典，每个术语注明出处和简单的定义。可是当我撰写第一个术语"一"时，便发现这样的写法有问题。譬如老子思想中的"一"，很多注解都说是指的"道"，这一个"道"字便把读者搪塞了过去，可是我当时却自问：如果"一"就是"道"的话，老子为什么不直说"道"，而说"一"？同时第四十二章"道生一，一生二"，岂不变成了"道生道，道生二"了吗？显然老子在"道"与"二"之间插入了这个"一"是有作用的。由于这个原因，使我不得不对这些术语，作较为详细的分析。

这种对术语的分析和我在美国的教学相配合。因为西方学生和中国学生不同，他们勇于发问。尤其他们对中国的哲学文化欠缺基础的认识。他们读《老子》，只有以《老子》中的术语为钥匙，作单向的切入。不像中国学生，早就有这种熏陶，而且还可以从小说、戏剧等其他方面受到影响。因此西方学生的许多问题，初看起来很单纯，可是回答起来却并不简单。有时候，逼得我只能从头说起，在根源上去求证；有时候又迫使我换一个角度，从新的视角来探讨；有时候，也使我发现传统注解所没有注意到的问题。举两个例子来说吧！

第一个例子，关于"自然"一词，是《老子》一书的中心思想。对中国学生来说，我在台湾教《老子》七八年，学生都没有问过"自然"是什么。虽然他们也并不一定了解得很真切，但他们也许觉得这样简单的问题，不好意思问。因为他们从中国的文学艺术中知道外在的自然之美，他们也从中国的哲学修养中了解自性的自在之乐。可是西方学生却不然，他们经常提出对"自然"两字的质疑，不是把"自然"和外在的物质环境纠缠在一起，而这个环境，又多半被达尔文的弱肉强食渲染得血淋淋的；便是把"自然"和内在自发的本能混为一谈，而他们所谓的本能又和来自西方宗教的"原罪"思想，及弗洛伊德的唯性的心理观连在一起，而成为欲望的温床。所以中国学生对"自然"两字是想当然的"任性而游",而西方学生却是自以为是的"任欲而行"。由于这个原因,我发现只把"自然"解作"自己如此""自性如此"是不够的,这个定义并不错,却没有深入、没有内容。

第二个例子,是关于前面曾提到的"一"的问题。在老子的修养功夫中讲"抱一",如"载营魄抱一,能无离乎"(第十章),"圣人抱一为天下式"(第二十二章)。但如何去"抱一"?如果把"一"解作"道",那么"抱一"等于"抱道",这个问题很容易被打发掉,因为传统的注解都是这样说的。可是他们并没有进一步交代清楚如何去"抱道"。"道"是没有形象与实质的,又如何能去"抱"呢?所以把"抱一"解作"抱道",只能模糊地避过问题,而不能切实地解决问题。我认为"抱一"的功夫,要在"道生一,一生二"的这个"生"字上下手。不能"生"的"抱一",便是"抱一"而"死"。

前面提到的那位心理治疗医生,对中国哲学也有相当的认识,每次碰到这个"一"字,便很开心,而且若有所悟地大谈"天人合一""物我合一""内外合一"。起初我觉得他有此认识已很不错,因为西方人的心理被二元化的观念割裂已久,所以他们遇到中国哲学里的"合一"的思想便很新奇,如有所突破似的。可是日子久了,我发现他对"一"的偏爱,反而使他变得执"一"而不化。这种毛病在中国哲学史上也不少,譬如这个"道"字在孔子和老子思想中都有活泼泼的生机,可是到了后来,很多学者大谈其"道",把"道"说成什么都是,什么都不是,结果变成了糊涂一片。同样,在中国佛学里谈空论禅,最后都变成了空谈，变成了口头禅。为了针砭这个毛病，所以每次当他谈到"合"时，我都要追问一句，如何"合一"？这样使他能进一步去了解"一"不是静止不动的，不是糊涂不分的，"一"是能生的，而且必须能"生二"，这样才不是死的"一"，才有生化的功用。所以谈"抱一"必须把握住这个"生"机。《易传》和儒家思想都讲"生"，这个"生"虽然是一样的，但由"抱一"而生的老子思想，必然和儒家思想有所不同。因此只谈"抱一"的"生"还不够。《老子》在第四十二章中，先说："道生一，一生二，二生三，三生万物。"接着又说："万物负阴而抱阳，冲气以为和。"可见老子认为万物之生，是由冲气而来的。"冲气"就是冲虚之气。唯有冲虚之气的作用，阴阳才能和谐，否则阴过盛，便会侵阳；阳过壮，也会害阴。这个冲虚之气，就人生来说，就是"少私寡欲"，否则气不能虚，欲便会强。每个人都膨胀自己的欲望，都独占了路，不让别人走，或一定要别人跟着自己走，这样人与人之间互不相让，社会便没有祥和之气，又如何能生生不息地发展？所以真正的"抱一"乃是怀抱冲虚之气，而使万物都能各遂其"生"。这一个"虚"字、一个"生"字，才是老子"抱一"思想的功夫所在。

　　由以上两个例子，我发现《老子》书中有很多地方是值得我们去深入推敲和体验的；同时也觉得自己的那本英译《老子浅解》还须加以补充说明。所以我又情不自禁地写了这本书，以不断自问的方式，把问题一层层地剥开。有些问题也许不是老子始料所及，但却是通过了他的提示，用现代人的思考，面对现代人的环境而开展出来的。

　　总之，这些都是我个人研读《老子》，和学生讨论《老子》的一点儿心得体验。由于十几年来在海外漂泊，很少和国内读者接触，而自己一生受惠于老子，受惠于先师，所以也就把它当作自己探讨《老子》的一点儿心路历程，野人献曝地公诸同好。

扫一扫
进入课程

# 第一章

道可道，非常道；

名可名，非常名。

无，名天地之始；

有，名万物之母。

故常无，欲以观其妙；

常有，欲以观其徼。

此两者，同出而异名，同谓之玄。

玄之又玄，众妙之门。

### 语　译

道是不能言说的，能用文字语言描写的道，已不是那个永恒之道。名是一种称谓，能用名词称谓的物体，已不是那个物体的永恒之名。天地的开端、一个浑融不分的境界，可称为"无";创生万物之母、宇宙生化的原动力,可称为"有"。我们常本于"无"去观照道体生物之妙。常本于"有"去观照万物化生的规则。这"无"和"有"都是出于同一个道体,可是到了现象界,便产生"无"和"有"相对的名称,在道体的同源处,"无"和"有"乃思想不可及的玄深境界。在玄深之上,还有玄深,深到极处,由本起用,而打开了万物生化的妙门。

## 解 义

### 一、什么是道

对于"道"字,高亨先生下了一些定义,说:道是大,道是生,道是……一下写了五六个。后来我自己在《老子新说》里也写了"道"的七个特质意义:真常、创生、动力、周遍、规律、准则、自然。

现在,我对"道"字有一个新的看法。道是大、生,等等,这都是我们从外在来描写"道"。但外在的道之大,跟每一个具体的人,比如你,有什么关系? 道是很伟大,但是你并不一定伟大。所以我重新从另外的立场来分析"道",从另外一个角度来考察"道",把"道"分成不同的方面。

第一,道在天上。我们先讲"道在天上",这就是很多人提到的天道。

就天上的道来讲,至少有两个层次的意蕴。首先,是宗教的意义，我们讲的天，常把它当作神来看；其次，道在天上，是天道自然。从这个层次来讲天道，就是老子的道。

老子用"道"去转化了宗教人格神的意义，我们可以从体现了中国思想发展的《书经》《诗经》里看出来。譬如拿《尚书》来说，里面谈及"上帝"的地方很多，但讲"天"的地方更多，由上帝讲到天。中国古代所讲的上帝跟基督教的上帝并不一样，但现在基督教、天主教都用上帝二字，称为 God。《尚书》里早就用了"上帝"一词，指天上的神明，四千年前的上帝，有管风、管雨，管自然界中的一切的作用，同时也管惩罚，拥有神的权威。发展到"天"的概念之后，神的权威，那种人格性的"上帝"就弱化了，因此用"天"来表示"上帝神"的作用。人常说"老天有眼"，这代表我们所说的"天"已经有两种作用了。一方面是代表上帝神明的作用；一方面代表自然。到了老子这里，他借由这两层意思的天，即"神明"跟"自然"的力量，然后转折到"道"，即用"道"来讲，"自然"的意思就更加强了，"神明的天"的含义就比较弱了。因此可以说，老子用"道"代替了"上帝神明"，虽含有宗教意味，但没有宗教那么强烈的权威意味了。

这是讲道在天上，即天道、天道自然，是第一义。

第二，道在形而上。道是在"形而上"的境界，我们现在的"形而上"的概念虽然是翻译自西方的，但早在《易经·系辞传》就有"形而上者之谓道"的说法。既然如此，中国的形而上的思想，当然要谈"道在形而上"了。

此处，我先就"形而上"的学术研究和"形而上"的境界来讲"道"。

《老子》第一章，讲无、讲有、讲常，这都是形而上的境界、形而上的讨论。

西方的形而上学讲 Being，老子讲 Non-Being。魏晋玄学，在王弼注的《老子》里面"无"字很重要，王弼认为"道就是无"，所以，他注的老子思想是形而上的思想。

第三，道在自然界。把道在自然界或者现象界放在一起来讲，就是理，即道理，所有现象界的发展自有它的理。

道在自然界来讲，可以分成两个层次：

一、从物质来讲，即物质的变化。动物、草木的变化，有它的理。我们今天科学要研究的，就是有关物质层次变化的理。科学研究虽然是伟大、成功，但总归有限，并不能完全了解宇宙万物的生成之理，了解到的都不是很究竟的，虽然从逻辑的理路，科学家的发现来说，也有相当的道理，只是不能穷其奥妙。

二、道在宇宙万物也有人事上的理。人事上的一切变化都有他的"道"跟"理"，至于这一部分的理，它的变化比物质上的理的变化更复杂、不可预测。对待这一方面的理，儒家有儒家的做法，礼，就是道在人生上的理，礼即是一种规范，我们常常说天经地义，礼是天经地义，《左传·昭公二十五年》："夫礼，天之经也，地之义也，民之行也。"天经是天道，所以道在日常生活的伦理与政治上的理就是儒家讲的礼。

老子"反者道之动"，讲的也是人事的变化。所以整体印证了宇宙万物，实际上就是在讲人事变化的理。

除了儒、道两家之外，佛家也在讲"业"，就是人事变化的理；不仅讲今生，还要讲过去、未来，三世因缘、三世业报。佛家注重谈"业"，而一般儒家与道家并不会去强调这个"业"。我所在的哲学宗教系里有其他三位教授，一位研究印度宗教，他从印度宗教来讲"业"，一位从小乘佛教讲"业"，另外一位从西藏佛教来谈"业"。有一次在师生共同的讨论课中，我说中国哲学不讲"业"，他们三人都感到很奇怪：哪有不讲"业"的？他们都认为"业"是那么地重要，不讲"业"怎么讲哲学呢？我就跟他开玩笑说："中国哲学不讲'业'，我代表中国哲学，所以这个课上，我就不讲话了。"

我认为，"业"是一种理论，比如十二因缘，是一种理论。四圣谛的"苦集""灭道"也是一种理论，释迦牟尼证悟之后，他讲的这些佛法都是理论。既然是理论，就一定跟真实是有距离的。理论就有是非。孟子讲的性善，荀子讲的性恶，这都是理论，人性真正是"性善"还是"性恶"呢，我们并不知道，所以，孔子很聪明，他不讲性；老子也不讲"性"字，因为一讲"性"，有关性的是非就是理论。理论是基于假设做出来的推理，就有是非。十二因缘的第一个就是"无明"，这就不好讲了——无明从哪里来？无明是什么呢？讲受、讲爱、讲取，这些都好讲，因为是现实人生。但是"无明"是空虚的。就像心理学中"ego"指自我，但那是什么东西？还有"潜意识"，跟"无明"一样，都很难讲清楚、说明白，但是无论是建立在潜意识上的，还是"无明"之上的，都是理论。

形而上学是一套理论。我的先师张起钧教授，他批评什么叫"形而上学"，说：一个蚂蚁爬在手上，看到手上的毛以为是树，感觉非常漂亮，哪里知道是我们的手啊！这和"形而上"一样，我们现在看到了树木、森林，但谁知道呢，也许实际上也是谁的手，我并不知道啊。这就是"形而上学"。

庄子说："有大觉而后知此其大梦也。"若你不觉的话，就像做梦一样，你清清楚楚做梦，做梦明明有的东西，但是"觉后空空无大千"（《永嘉大师证道歌》），又什么都没有。所以说，"形而上学"是一种"学"，是一种假设。像哲学学者讲本体，明知无法证实，却偏偏要在那里不断地摸索。孟子、荀子讲性善、性恶，就已经落到善恶的相对上了，不再是真正性的本色。

但这个理论有用，即便孟子、荀子活到今天，还是会去辩论性善、性恶，这并不重要。重要的是，孟子根据他的"性善论"，发展出他的一套学说，一套教育方法。荀子根据其性恶论，提出一套教育方法。就如同释迦牟尼的"十二因缘"，这一套东西有很大的作用，对大多数的人有影响、有好处，但是真正的究竟是不可知的、是谁都不知道的，那并不重要，重要的是它已使人心向善了。

所以，"业"也是一种理论，是对"道"在人世间、现世间的一种说法、作用。理论也自有它的道理，是可以用的，但它不一定是绝对的真或真理。既然有道理，就可以有批评，任何道理都可以批评。道在人世之间、现世之间，儒家有儒家的礼法，道家有道家的方法，佛家有佛家的法门，各有不同的理论。

第四，道在行。道在行，道在行为当中，也就是我们今天讲的道德。佛家讲的八正道以及孔子讲的仁道，多半是在行为上讲的，老子的道则多半是在现象界的"道的作用"。

第五，道在心身。最后，我还要强调一点，道在心与身中。

为什么要把心跟身拉在一起，而不只讲道在心中呢？

如果我说：道在心中，从西方哲学看来，就变成唯心论了。从佛家角度也如是，以心传心，走向万法唯心了。所以我要把心和身拉在一起讲，无论是对西洋哲学也好，或西洋心理学也好，我始终都是从心身一体的角度去谈。我参加了很多次学校举办的心理学讨论会，西方学者一谈到身心问题就落入了二元论，西方心理学想要身心一起，但结果却把身心始终分开，互相对抗、打架、冲突，越打身心越分离。实际上，从中国哲学来讲，心跟身不分。修身，就是修心，并不是指修身体，想修身体，那慢跑好了，慢跑现在变成一种健身方式，但是，儒家哪里是叫我们去做这个，修身就是指修心。所以，我们把身心放在一起，这样的话，道在心身的时候，道就在你身体当中，也就是在你的心里面，就是道在自己，道在自己的身心里面，而不是讲唯心论那一套。

我常说，要把道搬到身心里面来，不要只是强调道如何伟大，道如何有作用，从外面去强调道，也许强调那个外在的道，是可以写出几篇文章，几本书，但那都是外在的。回到一开头，我就在讲这一点。我们研究老子也好，王弼也好，包括其他人，很多的注，都是从外面来谈道怎样，都是学术研究。但今天，我们要把道放到身心里面去，那么道会变成什么东西呢？把道放在里面的话，这个道就会与你的生命结合在一起。

我写过一本书叫《生命的转化》，里面谈生命的哲学，提出让道跟你的生命结合在一起，生生不已。很多人根据《周易·系辞传》的"生生不已谓之易"，想到外在的道生生不已。那么，我们如果把道摆在心里，一个"生生不已"的原则在身心里面，你再去念道家的书，念中国哲学的书，就会把道变成一种功夫。

## 二、道统

我常常跟学生说，我们讲"道统"的时候，常从儒家、从中国哲学去讲道统，那都是外在的，但我们讲常道，却是从无始到无终的。道，如果有终的话，那就不是道了，它一定是无始无终的。一个东西有终就必有始，有始就是被创造的。所以，若基督教称上帝的话，那一定是无始无终的；而佛学讲涅槃的话，也会是无始无终的。道也是一样，道就在那里，哪有什么终可言？

如今我们讲道统，是指中国哲学家，从尧、舜、禹、汤传道，这些伟大的圣人哲学家，他们每个人都传了这个道，都有一套研究道、追求道的路子，这条道的路子，薪火相传、心心相传，形成一个道统。所以，每个人对道的体验都不同，每个人对道的追求也都有不同的路子。今天我们研究道也是一样的，每个人都有不同的研究路子，而且这个不同的路子，并不是说学术的研究方法及知识的不同，而是要放到自己的生活中去体验。那接下来就让我们看看，中国古代的哲学家把道摆在什么位置。

孔子是把道摆在心里面，摆在他的生活中的，他说："志于道。"所以孔子在遇到困难的时候，说："文王既没，文不在兹乎？天之将丧斯文也，后死者不得与于斯文也；天之未丧斯文也，匡人其如予何？"（《论语·子罕》）文王之道，天不灭文化，不灭这个道的话，后死者——比如我，有什么可怕的呢？可见道在他的内心之中，所以，外在所有的困苦磨难他都不在乎了。

但是把这一点讲得最清楚的还是孟子，他讲"浩然之气"，实际上，他是在内在培养，凝聚义于道，然后才能产生浩然之气。道在内，然后发挥出来，就是浩然之气了。所以，以内在的道去培养气，就是天地的正气。受到孟子影响，譬如文天祥，他在监牢里面，臭气、浊气杂然，他却说，我只有一个正气。所以这是从内在里面流露出来的一种正气，是从道发出来的。

当然我们没有孟子、文天祥那么伟大，但我们可以把"道"运用到自己的生活中，搬到自己的生命里，去真正体验自己生命的生生不已。

如果用这个道来充实你的生命，能够了解内在的生生不已的话，外在的生死是无足惧的。所以，对"业"根本就不需要去在意，外在的三世因缘，六道轮回，更不需要在乎了。

## 三、道与转化

补充说一点，最近，我有意强调这一点，因而把天上的道也好，形而上的道也好，外在现象界的所谓礼法、规矩也好，都融合起来放进心里面，这也是我把生命的哲学，变成了一个转化的功夫。在我们心里面的道，它有一种转化的功夫。当我们外在遇到诸多磨难、困苦的时候，道能转化它们的意义。谈到"转化"，我要特别说明，我所讲的东西跟佛学，特别是印度佛学不一样。印度的佛学，释迦牟尼也是看不开生老病死，起初他逃避，逃到深山里面去，不要做国王，他运用的是逃避的方法。六年后他又回到人世，这个时候他不再逃避了，而是选择超脱、超越，这是一种转化。释迦牟尼的佛学始终用的是超越的方法，超越生死。佛教认为：生死轮回、十二因缘是痛苦的根本，所以要斩断生死，而视"再生轮回"为负面，追求不要再生，要超越、要涅槃，这是佛家的理念。

但中国哲学，无论是儒家、道家，我们都把道变成一种生活方式，成为我们的一种能力，它是一种转化的功夫。这种"转化"就是：我们遇到外面的事变，不用逃避，我们可以转化它的意义，以此提高我们精神的生命。同样是生老病死的问题，生老病死的事实不可改变。"苦"，佛教苦谛，是一个事实。在释迦牟尼来说，"苦"是真理，苦不是感受，他讲得很深刻。如果只是感觉、感受的话，就会有人感觉苦、有人感觉乐，那就不是真正的苦，真正的苦是铁定的事实，就是人有生就有死，你逃不掉，这才是苦。你不能控制你的生命，无法自主，这是苦，人没有办法自主，这是一个真理。你不能主导你的生命，人再有钱，再有权威，比如秦始皇，还是要死的，这就是苦。但是中国的哲学，面对生死这个真理，却可以转化掉，转化就是对生命价值的认识。死去的生命有价值，我们对于死就不会害怕。这种转化的功夫，我们是要从道的"常"中去体验的。

我现在讲的还是理论，怎么样去体验道，怎么样把道摆在心里面，这一切都是要靠你自己来践行的，别人无法替代。

老子思想在转化的过程中，儒家有儒家的功夫，比如"恕"，己所不欲，勿施于人，打破人与人之间的间隔，这不就是转化的功夫嘛！生命的存在不限于自己，生命的系统也能够打破。中国人，父母儿女的生命可以打破这个间隔。有儿女了，人感觉到自己存在，感觉到自己不朽，因为有儿女继承，所以能打破。但西方人没有，父母与儿女之间没有这个意义，他们是孤独的、孤立的。


四、虚与无


就道家来讲，老子用了两个字，方法是：一虚；一无。虚其心，通过虚掉我们的欲望去打破生命的系统。但这跟"断欲"并不一样，佛家常常会变成断欲，断欲是外在的，很多佛家的修炼要断欲，是很苦的。道家提倡少私寡欲，并没有说断欲，减少一点，减少一点，再减少一点，每天减少一点，减少一点，习惯了，自动会减，不可能一下子断欲。所以，佛家，也不仅只是佛家，很多思想源流，要"断欲"都是从外面去断。道家用"虚"与"无"，就是把道搬到心里面，用虚、无，从内在去打破欲念的自限。

## 五、道与德

第一章讲："道可道，非常道。"下篇的第一章讲："上德不德。"把"道"与"德"这样去分是很勉强的。即使可以这样分，也不是事实。这是从汉朝开始的，我认为《韩非子》的《解老》《喻老》两篇，也受这样的体例影响，都是注重讲用，把下篇放在上篇。我个人认为这也没有关系，因为把《老子》分第几章，也是后人的编辑，古代时并没有什么一章、二章、三章，只有上卷、下卷，因为竹简很多，整本书的竹简太多了，所以捆成一卷太大了，分上卷与下卷较方便，所以也可以倒着用。要把体例形式看得自然一点，不要刻意地去说：下经一定是讲德，一定是讲用；而上经是讲道，是讲理，讲形而上。实际上，上经也讲了很多用。所以，上下经不用勉强地去分。

## 六、什么是常

道可道，非常道。可道已经讲过，接下来讲"常"字、常道。"常"字很难翻译，我的教授朋友汉斯，有一次在讨论中说：美国人对这个"常"字有三十种不同的翻译。我的英文《老子注》中，对这个"常"字有三种解释。

第一种是永恒、恒常的意思。

第二种是真常的意思，庄子也说真常。

第三种是平常的意思。

至少有这三种意思被我们常常用到，来理解这个"常"字。

第一，是永恒，在英语是指真理的永恒性，永恒就是高高在上的。在佛教，如涅槃，无始无终。再像基督教、天主教讲的最高的神，也是永恒的。常有这个意思，但不能百分百地说是老子的意思。

第二，是真常。常道就是真道了，真常是跟佛教的意思类似，佛教讲"真如"。于是我再用"恒"，用"真"去理解"常"，有没有什么缺点呢？用"恒"字的缺点就是把"常"超脱化，跟日常生活脱节了，只是高高在上的那个无始无终的道。用"真常"的"真"字也有问题，与真相对的就是假，如果那个道是真常之道，那么我们每天生活中的都是假道了吗？这也是佛教思想。佛教认为我们所看到的，都是假象，虚幻不实，这样又会把理念和真实的生活分裂开。

第三，是平常。"平常"这个观念，传统研究老子思想的人，并不常谈，多半是讲恒常、真常，很少谈平常。有很多研究老子思想的人，总把老子的道看得很玄妙。老子到底有没有讲平常，平常有那么玄吗？其实在老子的书里面，大约有几十处都是在讲平常。老子讲水，水是平常的，老子说"吾言甚易知，甚易行"，就是因为是平常，所以非常容易知，老子讲了好多好多次平常，所以老子思想的本质，就是讲平常，后来到了禅宗就把它发展出来，讲平常心是道。

所以我们要英译这个"常道"，至少要把这三个意思结合在一起。常道是在说一个永恒的、真实的、平常的道。常道的相反就是变道，当我们说老子的道是常道之后，往往就认为人世间都是变道，既然常道是好、是真、是我们追求的，那相反的就是变道，就不好了。但最近我发现，老子真正在讲的，就是变道。

一般人看到第一句话"道可道，非常道"，会认为老子把常道看作一个理想了，可道之道是变道。其实，老子从第一句话开始，到最后一句话都是在说：可道之道，都是讲变道。

## 七、变道的重要

变道非常重要，我们研究佛教的，都推崇真如，而认一切世间法都是因缘，都是假象，于是把世间法都看得不重要了，认为是假的，是因缘而成，我最近发现这个看法是错误的。

实际上常道很伟大，是一种理想，但是变道也非常重要，没有变道就没有常道，没有变道，你还讲什么常道？这个思想，我也是从佛教里面体会出来的。过去佛教讲"有"、讲"空"、讲"色"。整个佛学的思想就讲"空"，很多人都把"空"讲得很重要，但如果没有"色"，"空"有什么意义？如果一空到底，一点儿意思都没有。"空"是因为"色"而来，强调"空"是为了解决"色"的问题。所以说"色"是重要的，同样的，变道也是重要的。

我发现：讲变谈常不稀奇，语言文字的变化不稀奇，但返变归常才是功夫，功夫要用在把变转归、转化到常。另外，一味求常就会有执着，一直一味地去求常，拼命求常，也是一种执着。

所以，在变化中，处变为常才是智慧，变里面就是常。真正的智慧是：人要处变，不是逃开变、离开变、舍弃变，而是真正去面对变，去处理变，这才是常道，常不离变。所以此处，我特别要讲变道，而且这是所有的思想融会贯通的，并不是只是说老子一个人的洞见。

拿儒家来讲，我们大家都说儒家的圣人最高、最伟大。第三章就讲"贤"字，不尚贤，在贤人之下是君子。若把君子跟圣人并列，大家都会说圣人伟大。其实，如果大家读《论语》，就会发现其中讲得最多是君子。讲得最多就代表最重视，且最重要。世上有几个人能做到圣人？从尧、舜、禹、汤到今天，孔子是我们公认的最后一个圣人，从孔子以后，我们再没有看到可称圣人的，连孟子也只是亚圣。孟子尚不够圣人标准，那还有谁敢称圣人？历史上圣人有几个？但论君子，大家都是，你也是君子，我也是君子，人人都可以做君子，所以君子最重要，每个人都可以参与，一个好的哲学就是每个人都可以参与的，而不能只是一两个人的学问。

同样，佛家也是一样，大家都拼命在说成佛、成佛，究竟有几人最后成佛？我们历代的祖师都不能成佛，都只称大师、高僧，成菩萨是可以的，菩萨就是君子。星云大师、证严法师都不能说是佛。说佛是很伟大的，像圣人一样，但是更重要的是什么呢？是做人。人成则佛成，做人更重要。要做人，人人都可以做人，做人就是要处变道，君子就是要处变道，在变道里面做人。

所以，老子虽然点出了常道，实际上它代表变道。老子只说"道可道，非常道"，现在我要讲的就是变道之道，是常道。不能忽略了变道。

## 八、平常心是道

刚才提到常字的第三个意思是平常，在讲变道之道时，我要把"平常心"再谈一谈。来美国之前，我教禅宗，总是在提"平常心是道"，这是马祖道一禅师的话，很重要。但是禅宗最近几年很盛，结果是多少政治家，动不动就说自己要平常心，那平常心到底是什么心？我最近要把"平常心"跟老子的"道"做一个比较，我们先看看对于"平常心"，马祖是怎么讲的。

在《禅与老庄》一书里，我特别引证了这一句话："若欲直会其道，平常心是道。"这是马祖道一说的，也是最早的"平常心"的出处。说"平常心"，诸位注意了，第一，无造作；第二，无是非；第三，无取舍；第四，无断常；第五，无凡无圣。马祖道一还引证了《维摩诘经》中的"非凡夫行，非圣贤行，是菩萨行"，接着说："只今行、住，坐、卧，应机接物，尽是道。"这就是马祖对平常心的定义。首先看看马祖讲的，无造作、无是非、无取舍、无断常，与老子的"常道""平常"比较一下，是不是一个意思？无造作，不就是"无为"吗？所以老子讲的"无为"包括了无造作，也包括无是非，也包括无取舍，不执着于有无，而"有无相生，难易相成"，都是取舍，也包括了无断常。但是马祖说"无凡无圣"，这一点老子没有讲，整本书讲了二十六次圣人，却没有说"无凡无圣"。

为什么要特别讲到"非凡夫行，非圣贤行，是菩萨行"呢，我认为这很重要。"非凡夫行，平常心是道"，不是说你平常的生活就直接是道了，也不是高高在上的常道才是道，那是圣贤，太高了，太超越了，而只有菩萨行、君子行才是道。是在日常生活中应机接物，任何事境的应对，应机接物是儒家的处世态度，每个地方都有道。所以，"平常心"实际上是一种功夫。无造作、无取舍，并不是说你坐在那里不动。比如说：桌子它没有造作，没有取舍，没有断常，是强调面对取舍而能无取舍，面对造作而能不造作，这是功夫。面对变，要处变为常，这是智慧。要能处变，不是舍变，不是躲避变、离开变。

这也是何以从一开始，我就说把道拉到身心里来，不要把道看得远在天边，说道是大的，描写了半天的道，道还是道，你还是你，道跟你一点儿关系都没有，那这个道有什么用？老实说，道确实伟大，不需要我们来描写，不要研究生的描写，也不要博士的描写，小学生都会描写，用最好的名词去描写，谁都会，今天我们念《老子》，不只是研究老子这一套理论，研究老子讲道怎么伟大，坐想老子这些话，附和其高明的思想，我们要想着怎么去运用它，这才是最重要的。


## 九、名与常

接下去看第二句话："名可名，非常名。"《老子》和中国哲学著作，体例特点上都是把最重要的放在前面。《老子》第

一、二章是最重要的，在第一章里面，前面两句话也是最重要的。第一句话讲常道，如同西方哲学形而上学思维；第二句话讲"名可名，非常名"，是现象学的思路。

名所指的就是现象，马上从"形而上"一下跳到"现象"，跳转得好快。这个名是可以名的东西，用名称可以去称呼的那个客体，并不是常体。如果念西洋哲学，会把康德讲的物自体称为常名，我们普通用名，至少有两种，一种是称呼物体的，桌子、椅子、牛马，这是名字。在人类文明的发展中，信基督教的人，认为上帝给名。不管是不是宗教说法，人事实上、最早都是要给名的，有名才能交换，才能交流。没有名，就不能交流交换了，这就是物体的名。

第二个名指人事上的名，比如君君、臣臣、父父、子子，这也是名。人事上的名比较复杂，物体上的名看上去简单，实际上深入想一想，也并不简单。比如桌子是一个名，但是用名去称呼的桌子，确实有千千万万不同的桌子。有小书桌，有破桌子，有有钱人的红木桌子；桌子还会有价值不同，有的桌子很贵，有的桌子很便宜，但却都是桌子。不仅是桌子而已，桌子跟人还有很多的不同关系，也会影响我们对桌子的称呼。比如我家饭厅的那张桌子，虽然不贵，但是跟我有很深的关系，我在那张桌子上写了好几本书，它跟我的关系就不同于只是在那张桌子上吃饭的人的关系。

再假定我们说牛，被称名为牛的，一定是有四只脚、两个耳朵。但是有两个耳朵、四只脚的动物还有很多，比如羊、猪、狗，等等。所以，只有那个定义还不够，需要有一些跟羊、猪、狗不同的特质来定义。我们常常说，牛能耕田，这就定义了牛的价值，羊身上的毛可以做什么，也是定义价值，但这一定义就糟了，这是拿人的眼光去定义其他动物了。比如我们一想到马，会想到什么呢？马可以让我们骑啊，这就想到马跟人的关系，是拿人的欲望去加到那个东西身上了。能耕田，哪里是牛的本质啊，对不对？所以用这个名能称呼它吗？这是物质本来的名字吗？并不是。这还是就物质来说，还是比较单纯的。

人事上就更复杂了，譬如君主，人们说这是好君主，是一个爱民的君主。有人一想到父，就联系到权威；有人一想到父，就是慈父。但凡人事上的名字都很复杂，而且各有不同的感受，所以，名不容易把握。老子用名的时候很注意，王弼注说："可道之道，可名之名，指事造形，非其常也。"这是指可道之道，拘于事境，可名之名，限于物形，都不是常道、常名。也就是说它既不是道的本真，也不是名的本身。王弼的这个注释简洁而深切。

## 十、无名与无

《老子》原文中，"无名"有两种标点法，王弼的注是"无名，天地之始；有名，万物之母"，对于这个注，从宋代开始，就有不少学者不赞同，尤其近代学者，更是多半不赞同，为什么呢？"有名，万物之母"，万物之母，即万物的开始，有名就不会是万物之母，已经是万物之子了。所以这样注确实是有问题的。而我现在采纳的标点法，有百分之八九十以上的学者认同："无，名天地之始；有，名万物之母。"是说拿"无"去称呼天地之始。

我们先来看看什么叫天地之始。天地之始，就是天地的开始，天地到底有没有一个开始，又是开始在什么时候、什么地点呢？我们能不能抓得住这个开始点呢？其实这句话是在交代：没有一个时间的开始。如果一定要有一个时间开始，就变成是宗教教义了，认为天地的开始是神造的，必须要提出一个神来作为天地的开始。老子用一个"无"字，来说明天地之始，不限定在某一个形象、某一个时间上，用"无"字来称呼，指向天地之始上面的这一阶段，无限的空间是无。但是，我们用老子的"无"时要注意，无不等于没有。"无，名天地之始"，并不是说天地的始是没有，若没有的话，就没有办法名了，没办法去称呼那一段时期。在老子这里，天地之始，我们人的智慧是没有办法去了解的，因为人的智慧没有办法了解，就有很多的学说，去创造那一段，各种学说、宗教各执一词。老子认为：这种说法都是人为的，譬如说盘古开天地，就要研究谁是盘古，从哪里来的，这不是更麻烦吗？还不如用一个"无"字比较好，对于宇宙以前，老子用一个"无"字来打消我们的执着，不要执着于名，指定那个时期到底是什么样子的。

## 十一、无的作用

"无"的第一个作用，是去描述那一段时间。第二个作用是无念，打掉我们人类的观念执着，老是想用现在的观念执着地去套在理解上，要去解释"天地始于无"，其实此处就是有跟无，所以未形，乃无名之始。无名就是指无，是一个形容词。无名之始，则为万物之始，及其有形有名之后呢，"长之、育之、亭之、毒之"。"亭"就是形，使其有形，亭亭玉立。毒之，毒就是成熟，毒跟熟音相通，所以很多注毒为熟，即成熟之，所以为其母，做它的母亲，道以无形无名，始成万物。万物以始以成而不知其所以，只好以"无"来称呼它了。


十二、什么是天地之始、万物之母

再看"无，名天地之始"中的"始"字，因为下面一句是："有，名万物之母"，"无"跟"有"分开了，"母"与"始"，又有什么不同？

"始"是趋向以前、追溯开始，母是朝向未来、后续发展，这是不同的。

"始"，追溯什么时候开始的话，人其实无法准确断定，如果确定一个地点的话，地点之前还有之前，确定一个时间的话，时间前面还是有时间的，所以，无法找出一个定点来。始前总还有始，永无定点。说天地之始，就是在说天地以前的无限。"母"，是以后的发展，是有形的。天地之始是一个形而上的境界，万物之母则是落到现象界。

实际上，这两句话也可以配合《易经·系辞传》来看，《易经·系辞传》讲"乾知大始"，乾天是始，元、亨、利、贞的元是始。坤地是母。母创造万物，而乾始成万物。另外，我要特别强调，要把老子思想变成我们修养的功夫，若是断句在"无名""有名"，讨论就变成语言学上的研究。如说"无名，天地之始"，就把整个道的存在一笔打掉了。因为无名只是名相上的一个解释而已。所以，一个"无"字，看似很软弱，却有千钧力。"有"，也不是说事实上的有而已。"有，名万物之母"，"有"是一种动力，拿"有"去称呼万物之母，那是一种创生的生长的力量。"有"是一种动力，讲有名，也就变成一个名相上的解释了。

## 十三、无和有的功能

去品味"无"跟"有"，在我们自己的人生里面，是不是可以把道放到身心里面去运用呢？在你碰到很多困难或心结打不开的时候，你用一个"无"，突然就"无掉"，把它超脱掉，"无"字就产生了力量。而"万物之母"也不是普通的母亲，而是道生长的能力，道的生长能力在任何万物都有，有什么？有生命。"母"字有特质啊！第一，母是生，生养万物，道生万物。但道生万物，跟母亲生孩子还不一样。道怎么样生万物呢？它是给万物生长空间，母亲生孩子需要子宫，大地的空间就是万物的子宫，培养万物。第二，除了生之外，"母"字还有育的意思，是指孕育万物，用"有"去称呼万物生长的动力，即养育万物的生生不已的力量，生生不已就是有、有、有、有……

## 十四、王弼"无名""有名"注的问题

由于王弼注释，不单独用"无"，而是注"无名""有名"，到"故常无欲，以观其妙。常有欲，以观其徼"这一句就仍然讲不通畅，很多学者说不应该把"无欲""有欲"相对，应该断成"常无，欲以观其妙。常有，欲以观其徼"以此避免有欲、无欲偏离老子本意。

## 十五、常无和常有

我们看"常无"，"常无"当然跟普通的"无"不一样。"常"是本质的，"常无"是本之于无，指根本的无，或者形而上的无。"欲"，当动词，不是欲望的欲，而是"我要"，即：希望观其妙。

## 十六、观字是功夫语

"观"字很重要，很多的翻译只是简单化地把观译做"看"了。明代憨山大师的注释特别注意"观"，因为佛教讲止观。止观是内观，就是内在的观，肉眼的"看"只是看到"有"，"观其妙"到底是在"观"什么呢？"观"是一种功夫，看不是功夫。《易经》第二十卦就是观卦，观是有宗教意味的。"观其妙"的妙又是什么呢？英译很多，比如wonderful，但并不贴切，wonderful很大，妙却是很细的妙，是眼睛看不见的妙，妙不

可言。《易经·系辞传》中，孔子说，"神者，妙万物而为言"，这个"妙"当动词，"为言"就是"以此为言"，"妙万物"就是万物变化之妙。使万物有变化之妙的"神"，中国哲学中的"神"，不一定是指那个神仙的神和上帝的神，而是指宇宙万物变化之妙。这里，我们要从"无"出发才能"观"，才能够体察到宇宙或道生万物之妙，并不是用眼睛看得出来的，不是拿"有"可以描写的，是要求我们以"无"去观，"无"什么呢？即先打消我们的观念执着，然后才能体悟得出来。

打个比方，若用在宗教上，想要真正跟上帝沟通，去体证上帝的话，同样也是要用老子的"无"，把欲望执着先打掉，不要先有一个求，然后才去联结上帝。各宗、各教在这一点上都持同样的态度。所以，老子的意思，是要从"无"里面去看待天地造化之妙。

## 十七、什么是妙

王弼就注："妙者，微之极也，万物始于微而后成，始于无而后生。"这里看出王弼还是在讲"无"跟"有"相对，所以用"无"，故"常无"，欲空虚，可以观其始物者，"始物"就是生物之妙，先让自己虚其心，然后才能够观察到天地生物之妙，才能把握到生命的真谛。所以如要把握、体证生命的真谛，就要先打掉自己的欲望执着。这就是从道的妙，也就是道本体的妙来讲。

## 十八、什么是徼

"常有，欲以观其徼。"这个徼字很难解，有些注把双立人旁改成一个日字旁，变成"曒"，注成"清楚"的意思。我不赞成改字来注解，就用这个"徼"字，有"侥幸"的意思，为什么叫侥幸呢？侥幸就是"求"，"徼"字有"求"的意思，侥幸一定有所求。"徼"字在古代的辞书里也有当做"循""顺着"的意思。我认为，这两个意思都可以。循、顺就是顺万物。为什么说"常有，欲以观其'顺'"呢？妙是生万物，万物创生以后，就要发展，要顺着而生万物。

老子的思想里，道并不是像母亲一样，生了孩子，母亲与孩子就变成两个个体了。道生万物，道还是跟万物在一起的，道并没有脱离万物，万物的发展都有道的支撑。

我们通过"常有"来了解道在万物的发展。一方面从万物发展前来讲，"始于无"是从原始本源处去追溯、返本归源；另一方面从有来看，是从万物发展后，从道在万物里面的原理来看，这是两个面向。王弼的注："徼，归终也。"归终，不是回到终点去，而是去向终点了。又说："凡有之为利，必以无为用；欲之所本，适道而后济。"王弼讲有欲，对"欲"字特别加以强调，但这个地方比较费解，"欲之所本"，欲的根本，王弼说要达到道而后才能完成，认为欲是求道。"故常有欲，可以观其终物之徼也。"观物质发展到最后，"终"就是成物、成就万物，这是王弼的注解。但"有欲""无欲""有名""无名"都是就名相上去讨论了，王弼把有、无和有名、无名等同了，很多学者都认为不太恰当。"无"可以涵盖"无名"，但"无名"也是名，所以不能涵盖"无"。

## 十九、无和有同出

"无"跟"有"是老子思想中很重要的两个术语，而且两者同出，根本上是相同的一个道体，如同阴阳。阴阳都源自一个太极，同一个本质，本没有"有""无"之分，是道落入现象，产生"用"之后，才有了"有""无"之分。"无"是向上对本源的探索，而"有"是向前在事物上的开展，要创造万物、面对万物、使万物有。怎么样才能使万物有呢？就是使万物生生不已，生生不已才有。

为什么一开始，我就说变道，一直在讲变道，不讲常道，因为变道就是生生不已嘛！"无"很空灵，但"有"很重要。从王弼开始，很多玄学家都是讲"道生于无，道就是无"，我认为这种看法太片面了。

## 二十、《心经》的色、空和《老子》的有、无

《心经》里讲："色不异空，空不异色。色即是空，空即是色。"这几句话有很多解释，有些很勉强，说：因为色本就是空，空不离色，所以空本身也是色。"色不异空"的"异"就是差别，色跟空没有差别，空跟色也没有差别。但是我始终感觉这种解

释不舒服，那为什么还要反复讲，所以我始终感觉有疑问，看了很多注解，始终没有把这个问题挑出来谈。

现在看了《老子》"此两者同出而异名"，我认为："色不异空，空不异色"，是指现象，是讲的"变道"；"色即是空，空即是色"，就是指的"常道"。在变道来看，在色空的现象世界，讲"色不异空，空不异色"；而"色即是空"是说"色"的本质、本体是"空"。一个是讲本体，一个是讲现象。这一点思考，是我现在突然想到的一个解释，还需要去研究。


## 二十一、玄之又玄

同样，我们到了现象界，有不同名字，你称它无，称它有，就本体来说都没有差别，都是一样的东西。"有""无"相同的那个本体，我们就称它为"玄"，玄妙的玄。

清朝的时候，康熙皇帝名字叫"玄烨"，古代人不能称呼君主的名字，就把"玄"改成"元"。有的书仍用"元之又元"。但是"元"是儒家用字，"玄"是道家用字，两种境界完全不一样。元，生长、元亨利贞；玄，玄妙，深奥、看不清楚。所以，需要把"元"改回"玄"。

老子讲了"玄"，一个玄字还不够，接着说"玄之又玄"。王弼有些注是有问题的。

我们看看最后这一段话："此两者，同出而异名，同谓之玄，玄之又玄，众妙之门。"

王弼的注："两者，始与母也。""始"与"无"是描写开始，老子用"无"与"有"，或者"无名""有名"也可以，但"始"跟"母"却没有什么道理。又说："同出者，同出于玄也。"这一句注得马马虎虎。"异名，所施不可同也。"因为"无"与"有"两个名字，所指不同。"在首则谓之始"，开始的时候，我们叫作"始"，"在终则谓之母"，就发展来讲，我们称为"母"，母也不能说是"终"，而是创设万物。所以王弼注"终为母"是不恰当的。他又说："玄者，冥也，默然无有也。"这个注解可以。"始，母之所出也。"也勉强可以。"不可得而名，故不可言同名曰玄，而言谓之玄者"，为什么我们称它玄呢？"取于不可得，而谓之然也"，不可得即没有办法去描写。这个地方可能有漏字。很多人注解说："不可得而谓之然，不可以定乎一玄而已。"这句话有玄机。什么叫"不可以定乎一玄"？王弼没有讲得很清楚，但是这个话点出来了，说不要把"玄"字也看成一个名，或者一个可以用文字来形容的东西。什么叫"玄"？"玄"是不可知。但如果我们把它变成一种称谓、变成一个不可知的东西，我们就把它定死了，变成了固定的观念，玄的称呼是不可知，我们就用"不可知"而定死了它的无限性。

我认为：玄就像关门一样，不可知。道也好、神也好，不可知。一关门的话，道不可知，是不是死掉了呢？"若'定乎一玄'，便是定乎一名，则失之远矣"，就完了，不足以表达冥默无有的状态了。所以又说"玄之又玄"，就这种思想来讲，第二个"玄"是对前面的"玄"字的超越。

第一个玄不够，"玄之又玄"是一个超越。超越也是对着它本身去超越。

打个比方，第一个"玄"就是关门，不可知，"玄之又玄"中的第二个"玄"字是开了一个窗，又打开一个窗口。也就是说：你用眼睛不可知、用意识不可知、用自己的观念不可知的玄。王弼认为"玄"是一种冥默无有的状态，而不是一个确定的名称。但"又玄"，说明它里面还有东西，不只是玄而已，我们还可以用精神、用智慧从窗口进去。"玄之又玄"的第二个玄字又给它一个无限的生机，这不也对应了前面的"常无，欲以观其妙"吗？

我常说：用"无"字，并不是用它来打消万物，"无"是打开一个无限的空间。"玄之又玄"的"玄"也是一样的，玄本来是一种深黑色，黑到最黑的时候，会黑得发亮，它又有亮光了。


二十二、众妙之门

那下面最后一句话就出来了："众妙之门"，若是道的话，就只有一个妙，并没有两个道啊，众妙是讲什么？即众物、万物之妙，道生万物之妙，即万物都是道生的，万物的变化都是妙，宇宙万物真是很奇妙啊！换句话，一切都是上帝的杰作，神的作品，"众妙之门"就是说，一切都是道的作品。

关了一扇门又打开另一门了，第一个"玄"——关门，他把你的意识、思路关掉，把欲望、执着关掉，或者"无"掉。而第二个门要打开，有，名万物之母，又要打开，要用"有"

去看众妙，这个门打开来是"有"，门关起来是"无"。

提到"门"，我就想到佛家《大乘起信论》的"一心开两门"，以此借喻：有两个门，一个叫真如门，一个叫生灭门。生灭，即现象生灭。真如，就是指道的本体了，无，天地之始相当于"真如门"；生灭是现象，是有，万物之母，是"生灭门"，二者讲的道理都是一样的，两个门其实是一个，一个向上通行，是真如、是道；一个往下走，是万物。而这两个门，贯通一道，道并不分成两截。

念佛学，研究佛学，可能会有两截分开的毛病，认为真如是绝对的，生灭是现象、是幻象；认为生灭是不存在的，生灭是不好的，因为会轮回生命。但是老子把这两截打通了。道在真如门，也在生灭门。一个是观万物之妙；一个是观万物之徼的发展。

# 第二章

天下皆知美之为美，斯恶已；

皆知善之为善，斯不善已。

故有无相生，难易相成，长短相较，高下相倾，音声相和，前后相随，恒也。

是以圣人处无为之事，行不言之教。

万物作焉而不辞，生而不有，为而不恃，功成而弗居。

夫唯弗居，是以不去。

## 语 译

当天下的人都知道美是美好的，这样，不好之心便产生了；当天下的人都知道善是大家赞美的善德，这样，伪善之行便因之而起了。由于这个缘故，天底下的事物观念，"有"和"无"是相待而生的，"难"和"易"是相因而成的，"长"和"短"

是相比而显的，"高"和"下"是相依而存的，"音"和"声"是相和而出的，"前"和"后"是相连相续的。所以圣人了解这个道理，他能以"无为"处理事务，以"不言"推行教化，使万物欣欣向荣，自己也参赞其中而不推辞。他生养万物而不占有，他作育万物而不恃才，他成就了功德而不居功自有。正因为他不居功，所以他的功德才能不朽。

## 解　义

### 一、美与恶

我们常说某一幅名画很美，如果老子在场，他会说这幅画是人为的，不是自然的，他会持异调，认为这幅画不美吗？难道老子的审美观念和天下的人都不同吗？如果以自然和人为判美感，除了画以外，书法和文章也都是靠人为的修炼，是否文字、文章写得好，都不美呢？再说如果"天下人皆知美之为美"便不美，那么大家都说西湖美景甲天下，西施是公认的美女，是否西湖和西施就不美了呢？可见老子这句话不是这样说的，它的"斯恶已"的"恶"字虽然也有人解作丑，但"天下人皆知美之为美"这个"美"就立刻变"丑"了，这是不合逻辑也不合推理的，老子用一个"恶"字代替"丑"字是有他的用心的。因为美是外在形体的判断，而"恶"却是心理和行为上的问题。

## 二、一美堂

有一次，我突然想到《老子》整本书所讲的对象都是君主，实际上《老子》这本书是给君主看的治世之书。这个想法我早就有，但并未用在这句话上。老子既然是对君主讲的，老子就在告诉君主，他们如果使得天下人都知道这一种美才是美的话，就有问题了。也就是作为君主，先不要树立一个美的标准。这个"美"还不只是限于形体之美，而是指美好，也就是不要说这个美好，那个不美好。如果君主树立这个标准，大家都以这一个美好为标准的话，那就竞相仿效，违反自然了。换言之，作为君主就是说不要有"一美堂"的观念，专制的君主常是"一言堂"。圣王不要有"一言堂"，同样也不要有"一美堂"。实际上现实生活中，我们就是常常把美的感觉变成了美的判断，然后由美的判断变成了美的是非。到了美好需要讲是非的地步，那就完了，那就错了，坏事就产生了，即"斯恶已"。

## 三、善与不善

第二句话讲善，"天下皆知善之为善，斯不善已"。那善是什么呢？我说善是行为表现，加上判断，美是感觉嘛，善一定是行为。一定从行为上判断，我们才能说善恶。只是心里面想，那不算，如果只从心理层面讲，谁知道一个人善不善，一个人居心怎样，一定要看行为。但是问题还是一样的，由行为到判断，由判断马上就变成是非。善恶一旦到了是非的地步，就坏了，所以老子说："皆知善之为善，斯不善已。"当然这个话也可套用"一善堂"的说法，如果君主建立一个善的标准，要大家遵守，于是人人都学这种善，以这个为唯一标准，这样一来，伪善就产生了。就像汉代强调儒家的孝，以孝来考核，结果满朝都是"孝子"，即使有人不孝，也要装成"孝子"。使得孝道成了虚文。

这个地方我们还要注意一点，先看王弼的注。他说："美者，人心所进乐也；恶者，人心之所恶疾也。美恶犹喜怒也，善不善犹是非也。喜怒同根，是非同门，故不可得而偏举也。"这是指把美恶当是非善恶来讲了。善不善，实际是指行为，行为那就是实实在在，好就是好，不好就不好。但是一旦变成是非，那就糟糕了！庄子说过："是其所非，而非其所是。""喜怒同根"，什么叫同根呢？即喜与怒都是我们心理的作用。"是非同门"，同什么门呢？是非都是属于意识情绪，本为可是可非的，一高兴就美，就好；不高兴就恶、就丑。

王弼的注注得也很清楚，但是我认为还不是老子的本意。按照王弼注解的意思，老子把美跟恶分成两类事情，美是大家所追求的，恶是大家所厌恶的。但是老子在这个地方强调，正因为天下皆知美之为美，这个美才马上就变成恶了，所以这个恶是随着"天下皆知美之为美"而来的。老子不是说这两件事情。我们喜欢美的事情，我们不喜欢恶的事情，这是两件事情，但是现在正因为你喜欢美的事情，跟着这个感觉发展下去，马上可能就要到把喜欢美的事情变成一个恶的事情的地步，把这两个美恶，善不善关联起来，这才是老子的本意。

无论如何，现在所谈的美与恶，善与不善，都是相对的，到了第二章，老子在讲人世间的相对观念，这个相对观念就是前面所说的"同出而异名"，即到了现象界，只是名不同罢了。"同出而异名"之后，我们就有是非判断了，大家都喜欢有，不喜欢无，"无"就变成"没有"的意思了，而"有"就变成"占有"了。所以"无"跟"有"一旦变成相对的概念，很多种相对的概念就跟着出来了，前面两句话等于是一个引言，拿美、善来讲，接下去，老子马上用人生方面的几件事情、几个观念来做比喻。

### 四、人生的相对观念

老子也像科学家一样，科学家是找物证来说明其原理，老子也是找事实的物证来阐明义理，所以他接下去讲为什么如此呢？"有无相生"，这里的"有无"跟前面的常有、常无不同。常有、常无是指一个本体的概念，是道的常有、常无，这里"有无相生"的"有"是现象界的有，是物质方面的有；"无"是指现象界的无，空间方面的无。譬如你造了一个房子，里面一定有空间，不然就不叫房子，里面的空间，一定有外面的墙壁，所以这里的"有"（有墙壁）和"无"（空间）是相互依赖而产生的。老子在这里讲相对论了，但是老子讲的相对论，不是爱因斯坦所讲的相对论，而是要我们不可执着这个相对，他接着说"难易相成"。难易为什么是相成的呢？难就是困难，易就是容易,"难易相成"是说某件事虽然很难,但是正因为你知道难,你就会认真对付它,结果反而会变得较容易。相反,如果一件事你认为是很容易,因而忽视了它,结果就会变成困难,这是说难易这两个方面是会相互转换的。这话说起来容易,听起来简单,但真正面临事实,我们却通常容易忽略。《老子》一书,讲无为自然,很多人都以为很简易,其实他在书中一再提醒我们要"难之","难之"一词,善读老子的人,不可不知。

"长短相较",这当然容易解释了,长跟短一定是比较来说的,不比较就不会见长短;"高下相倾",即高下相依存在;什么是高?因为有低下的东西比较;什么是下?因为上面有高的东西,这都是现象物性的相对。

接着是"音声相和",这就有一点不一样了,"音声相和"怎么解释呢?我们还需要考证一下。一般来讲音是发出的声音,但是能发出的声音,不见得人都能听得到,声音出来以后,人的耳朵能听得到的是声,听不到的是音。所以音跟声要相和,才能使人听得到。《老子》里面其他地方也有"音声"两个字,如"大音希声",是指伟大的音乐,"此曲只应天上有,人间能得几回闻"。不过这里是指内在所发的音与到了外面形成的声必将是相和的。用在人事上,外面的声名,与本来的音,必须相和,即指实际跟声闻这两个要相和,声闻不要过其实。

"前后相随",这个意思容易了解,前后要互相跟随,有前才有后,有后才有前,如果没有前的话,就无所谓后,没有后的话,也就无所谓前,所以前后是互相衔接的。老子举这些例子，说明现象界的这些观念都是相互依存的，不要执着于一面。执着于一面，就变成"一美堂""一善堂"，就是一个观念了。所以王弼说："是非同门，故不可得而偏举"，不能举一个，也不能执着于一面，说这六者都是自然的，不可偏举。

### 五、圣人的无为之治

接下来是老子的结论了，这是重点。他不是在讲"高下相倾"与"音声相和"。由于圣人认为不能偏举，不能执着一面，所以要"处无为之事"。这里"无为"第一次出现了。对于"无为"，我的《老子新说》里也注了六七个意思。"无为"不是说什么事都不做，最主要有两个意思，第一，"无为"就是不为什么而做，这个"为"的意思，实际上就是为了什么。所以做任何事情，不要先设立一个我们一定要为了什么目的，"为"就是偏举一面的。第二，"无为"也是代表无欲，心里不要有一个强烈的欲望，主要是这两个意思。平常心里面，都是无为、无造作了，无断常、无思都是"无为"。"处无为之事"的"处"当动词用。圣人把它放在无为之事上，注意！他是有事做，不是说什么事都不做。如果说什么事情不做，就要天下大乱了，说常常要把自己放在"无为"那个地方，然后你才能够有为。说"无为而无不为"，无为才能无不为。而且"无为"就要"无其为"，我还加上一个"其"，意思是我们虽为了，但是不执着于我们的"为"，"无"字当动词用。

下面所讲的"生而不有，为而不恃"，就是这个意思。"无"当动词用，要"无其为"。所以要抓住老子的精神，就是"处无为之事"，一个"处"字是共通的，一个"事"是有事了，方法是"无为"。所以王弼说："自然已足，为则败也。"王弼是就自然来谈，自然的意思，就是我们不要去思维，一思维就破坏了自然。王弼受玄学家影响，以自然为主。但是在人事上就不是那么简单，我们说王弼强调自然，自然好讲，人事上不容易讲，人事并不是自然。但是我们要处人事，譬如在家庭里面，面对孩子，我们不能"自然已足，为则败也"。所以对孩子要处无为之事，要处理孩子的问题，但是方法在"无为"，让他不觉得我们在压迫他、在指导他。

## 六、不言之教

"行不言之教"，这个地方要注意，这里有"行"嘛，而且还有"教"，不是说不教，而是不用言语文字去教。不用言语文字有两种意思，比如就父母亲对儿女来讲，就是身教，不要老是唠唠叨叨的；就政治来讲，也就是不要做那么多的文宣工作，不要制定那么多的法律条文。

"万物作焉而不辞"，"辞"是辞谢的意思，就是说万物有万物的发展，圣人虽然行不言之教，但还是跟万物一起走，并不离开万物，只是不干扰万物。

## 七、生而不有

下面几句话很重要："生而不有，为而不恃，功成而弗居。"据说，英国的哲学家罗素最欣赏这三句话。罗素曾在北京教了两年书，写了一本书，说他最欣赏老子的这几句话，认为这几句话是真正的中国或者东方的智慧，西方人绝对做不到。西方人是生而占有，我生了当然是我的，我创造的当然归我享有，这是西方人的观念，哪有"生而不有"的道理？现在我们想想看，什么是"生而不有"？我们要从这个"生"字来讲，这个"生"字不是母亲生孩子的生，生就是使得万物能生，顺万物的性而生，"不有"，即不占有。如果我们一占"有"的话，就控制了万物的生，"有"即占有、控制，所以"生而不有"的意思实际是"不有其生"，就是让万物自己生生发展。

## 八、为而不恃，功成而弗居

"为而不恃"这个容易理解了。老子虽然讲了那么多"无为"，他实际上还是在强调"为"。只不过是在我们为了之后，不居功，不把持，不认为这是我们做的。王弼说："智慧自备，为则伪也。""伪"就是人为，即有占有欲的为。事情还是要做，还是要有成功，老子不是说不做事情，不要成功，功劳还是要成就的，譬如化育万物之功、道生万物之功、圣人帮助万物发展之功，但是不要占有，不要站在那个位置上把持一辈子。王弼注得不错。什么是功？"因物而用，功自物成"，就是说你所做的是顺着万物自己的发展特性而用力，所以万物的圆满是因为万物本身有这个能力，功是万物自己的功，不是我们的功。譬如我们教养孩子，这个孩子后来成为一个大文学家，那个孩子也许后来从事医学事业，这是我们顺从孩子的个性去引导其发展的，所以孩子的成就是他们自己的天赋发展来的，做父母的不要居功。我们讲"生而不有"，就简单了，我们的生命是天给我们的，我们能占有吗？所以没有人可以占有他的生命，占不住的。

## 九、弗居之道

"夫唯弗居，是以不去。"这是老子的一套特殊的思路，王弼说得好："使功在己，则功不可久矣！"就以现实的情况来说，如果你把功劳都揽在自己身上，别人就会妒忌，和你争功，不然，就是看得眼红，故意损你。所以老子最后点出"弗居"之道，目的反而是能使你的功劳"不去"，但要注意，我们不是为了"不去"而"弗居"，"弗居"是德，"不去"是自然的结果。千万不要把"不去"当作目的，那就又变成了权谋之术了，"不去"反而成了一种变相的"居"。

# 第三章

不尚贤，使民不争。

不贵难得之货，使民不为盗；

不见可欲，使民心不乱。

是以圣人之治，虚其心，实其腹；

弱其志，强其骨。

常使民无知、无欲，使夫智者不敢为也。

为无为，则无不治。

## 语　译

治国的人，如果不崇尚贤能的名位，人民便不会产生争夺之心；如果不贵难得的财货，人民便不会产生窃夺之心；如果不显露一己好恶之欲，人心就不会惑乱。所以，圣人的治道是：净化人心中的欲念，满足人民基本的生活需求；减弱人民好勇斗狠的意志，强壮人民的体魄。经常使得人民安于他们不逞知、不嗜欲的素朴生活。这样，那些有才智的人才不敢乱用才智去争夺名利。像这样的无为而治，将使得所有的人都能过着和谐安乐的生活。

解　析

一、不尚贤

本章一开头就是"不尚贤"。"尚贤"，即推崇贤能政治，这两个字儒家用，墨家也用。"尚"就是推崇、崇尚。此处，老子在讲反话，提倡"不尚贤"。为什么不要尚贤？目的在下文的"使民不争"。"贤"代表贤能，第一等是圣人，第二等是贤人，圣人在中国文化里面都是指的君王，而臣子多半讲贤，贤指有德、有能的人。王弼的注说："唯能是任，尚也曷为？"就是说有贤能的人，重用他的才能就好了，为什么还要特别表彰这个人或他的才呢？套用第二章的话，"天下皆知贤之为贤，斯不贤已"。问题就出在"尚"字上。"尚"的意思是特别加以推崇、表彰，过分强调，反而引起人们的徒求虚誉，争名不已。

二、不贵难得之货

"不贵难得之货，使民不为盗。"易得之货，比如：空气、水都很重要，但是大家都可以得到，那还争个什么？难得的东西，比如：钻石、宝玉，不是人人都能很容易得到，大家就只有靠偷盗了。其实普通老百姓还没有这个能耐，偷盗得最凶的乃是朝廷的官吏们。《论语》中记载，有一次季康子患盗，问于孔子，孔子回答："苟子之不欲，虽赏之不窃。"（《论语·颜渊篇》），好像孔子也在为老子此处作注。

### 三、不见可欲

"不见可欲，使民心不乱。""见"同"现"，呈现出来，"可欲"的东西，即指大家都喜欢的东西。这三句话是对君主讲的。君主若要强调自己喜欢的东西，比如好吃，像齐桓公那样好吃，易牙就把自己的儿子烹给他吃；比如君主好色，臣子就献美女给君主。不仅不好的欲，连好的欲也不要有，如《韩非子》中讲，有君主好贤，臣子就整天跟他讲禅让制度如何好，最后君主就把王位禅让给他了，像燕哙把王位让给子之，最后却亡了国。所以说，君主不要表露出自己的欲望来，君主若有所欲，人民的心就乱了。

### 四、圣人之治

"是以圣人之治，虚其心，实其腹；弱其志，强其骨。"这几句话非常精要，老子治道，用这四句话就够了。"虚其心"的"心"字不同于《庄子》的"心"，后者是讲"真心"。老子书里面的"心"是指官能的、意识的心，有欲望的心，所以要

"虚其心"，即虚掉欲望。指出：君主要治国，就要虚掉人民的欲望。"实其腹"，是指满足人民的基本生活需求，让人民吃饱肚子。

"弱其志"的"志"字，在儒家角度是正面意涵，孔子要人"志于学""志于仁""志于道"，但老子此处的"志"却是负面的，"志"就是野心、欲望。"弱其志"，即削减我们的欲望，不要野心太大，不要好"拼"、好强斗狠。"志"就是有所求，野心太大、欲望过于强烈，社会风尚就容易乱。虽"弱其志"，但不要让人民都是"东亚病夫"，而要"强其骨"，身体要强壮，君治国要使人民生活安定、身体健康，但是欲望要减少。"弱其志"，并不是说人民完全不要有"志"，是使他们减弱欲望而已，减低、减少野心。为什么要"强其骨"？王弼说："骨无知以干"就代表身体或我们的躯干，"志，生事以乱，心虚，则志弱也"，野心、欲望很麻烦，要把它弱化转化掉，把"志"从以自我为中心的野心转化为和谐的德性。


五、无知无欲


"常使民无知无欲"，此句的理解容易有偏差，好像圣王常常搞愚民政策，使民愚痴，最后搞到大家都没有欲望，变成木头了，老子这里到底是不是愚民政策？王弼的注解很小心，他不去从"无知无欲"展开，而说"守其真也"，即把握他的真性。

我们要注意，"使民"是一种方法，也是对君主来说的。我们要回到前面的三句话，君主本身"不尚贤"，"不贵难得之货"，"不见可欲"，这样的话才会使民无知、无欲。如果君主不这样做，人民就不会真的无知无欲。为什么说前面三句话很重要？如果君主不是以前面三句话作为前提，来"常使民无知无欲"的话，就糟糕了，那就是典型的愚民政策，那是秦始皇的做法。很多暴君自己的欲望强烈，却要求别人无欲。

　　老子这里真正的意思是什么呢？君主有这种"不尚贤"，"不贵难得之货"，"不见可欲"的功夫，然后人民自然就不强调"知"，不强调"欲"。这里的"无知无欲"，我还是把"无"当作动词用，即"无其知，无其欲"。欲是本然的，每个人都有欲，欲本身不是坏的，因为"实其腹"的"实腹"也是欲，饮食之欲。所以使民不强调他所知，不强调他所欲，是要空掉他的知、空掉他的欲。


六、智者，不敢为


　　如此一来，"使夫智者不敢为也"，那些有聪明才智的人就不敢滥用他的智，不敢乱为他的欲了。什么叫智者？这里不是指有智慧的人，而是指有才智的人。他们就不会用他们的知识才智去有所作为了。这就是圣人"为无为"的功夫。虽然他"为"，但用的却是"无为"的方法。无为的方法是什么？即前面三句话所描绘的政治上的"无为"，即"不尚贤"，"不贵难得之货"，"不见可欲"。君王因为有这三句话作为功夫达到无为之治，使得人民有才智的，也不敢逞其才智去争名夺利，因此整个国家社会就自然安定，而"无不治"了，第三章就是讲政治方法的。

从第一章、第二章、第三章，系统递进得很清楚，第一章讲道的本体、道的作用；第二章讲现象界观念的相辅相成；第三章则讲道在政治上的运用。

# 第四章

道冲而用之，或不盈。

渊兮似万物之宗。

挫其锐，解其纷，和其光，同其尘。

湛兮似或存。

吾不知谁之子，象帝之先。

## 语 译

道是以冲虚为它的作用的，它时时保持冲虚，好像永远不
会满溢。它看起来渊深不可测，却是万物的本源。在作用于万
物时，它锉掉了锐利的锋芒去利物，解除了分别的意识去接物，
以它适度和谐的光辉去照物，它寄身于形形色色的万物之中去
和万物同化。它的作用又是如此清澈，使我们感觉到它好像是
存在不虚的。我不知道它的本源究竟是什么，这个本源只是象

人与经典·老子

征它是天地的创始。

## 解　义

### 一、道的冲气作用

本章是讲"道"的作用了。

"道冲而用之，或不盈。"这里的"冲"字要注意，很多注解都把"冲"字的水字旁拿掉，换成"盅"字来做解释。说"道"就像是空的茶杯，人们去用它，甚至说"冲"就是"空"，就是"无"。这样的解释就糟糕了，道怎么会是"无"？老子从来没有讲过"道是无"。道不是没有，道是有！所以，"冲"绝对不能当"无"来解释。认为道的本体是无。王弼的注也有这个毛病，魏晋玄学常常把"道"解释成"无"。我们就这个"冲"字来讲，从字形即可见跟水有关。这一章用了很多带水的字。我们想到"冲"，会想到冲茶，把水灌到茶杯里面叫"冲茶"，指冲进去。天地之间就像个大的茶杯，气一旦进入，就叫"冲气"。所以这是指道的表现，冲气进来，是讲道进入现象界，冲气而用之，我们用"道"，就像用这个冲气的作用。

"或不盈"，"不盈"就是不满，说当道冲气到万物的时候，它并不是冲得满满的，像气球充气太满就会爆炸，要留有空间。就像冲水到茶杯里面，我们不要冲得满满的，冲得太满就会溢出来。因此要时时保持它的空，才会有用。"或"就是代表"或有或无"，一下子冲满了，一下子又没有了，用一个"或"字，就是代表：不是固定的、一定的。

## 二、渊兮似万物之宗

下面用一个"渊"字，又是水字旁的，"道像深渊"一样是深到了什么程度呢？"似万物之宗"，就好像万物的祖宗，祖宗就是根本。用一个"似"字，好像的意思，万物的根本是一个形象，因为道是本体，而不是具体的形象。

这是怎样的道呢？又为什么有这样的境界呢？

## 三、挫锐解纷和光同尘

下面这四句话可以说，是写道的本体，也是描写我们对道的运用。

第一，"挫其锐"，道没有锐，有锐的话就伤人，道是圆的，它没有锐，没有角。

第二，"解其纷"，纷者，乱也。丝线纠缠在一起的那个丝字旁，就是有纷，人有欲望，追求外在的东西，就会纠结起来。"解其纷"就是跟万物没有纠结。

第三，"和其光"，道当然有光，但是道的光芒不像太阳那样照得人的眼睛睁不开，"和"，指缓和、调和。

第四，"同其尘"，"尘"就是尘俗、世俗。道在万物，它与世俗万物相通，它不高高在上。

这四点描写了道的本体、道的作用，同时也提示了我们学道要具备这种修养功夫。

第一，我们做人不要太尖锐，眼尖、口尖、笔尖，老是批人的错，说人的不是，笔锋犀利不饶人。有一位著名作者曾说，他三十岁前写文章，唯恐不伤人，三十岁以后写文章，却唯恐伤人。

第二，我们对外有欲望，就有了欲结，佛学所谓的烦恼就是这些纠结。解纷就是解结，也就是老子所谓的"少私寡欲"。

第三，每个人都有他的不同才能，但尺有所短，寸有所长，不值得以某一方面的特点夸耀于人。哪怕你再有才能，有光芒，也应缓和锋芒，不要搞得别人不能张目。

第四，尘是尘世，俗世，我们一般人都卑视尘俗，而要脱俗。其实老子要我们"同其尘"，在运用上有很多好处：放低身段，不自骄；自蒙其尘，不做靶子；归于根本；深切体验人心。

## 四、似存又不在

"湛兮似或存"，这个"湛"字很有意思，一方面意指深，一方面又很轻。看不清楚，似乎很深，又好像不在。有时候，我们说"这是道，好像很清楚"，但"道"究竟在哪里呀？所以有"似或存"，好像存在、又好像不存在的感觉。我说这就是道的作用，很重要。如果道都被大家看得清清楚楚，那完了！道既有那么多好处，谁不用道呢？问题是：有时候你做某件事情，并不见得直接得到道的好处，这就不得不让人怀疑了。道不像我们把钱存在银行里，一个月存入一百块，一年就积蓄一千两百块，可以算得清清楚楚。如果这样，那么大家都会存道，因为一年以后一定会有更多，还会加上利息。但是道不一样，一年以后，钱也许就被人家偷了。道从来没有保证让你不受损失。基督教也是一样的，上帝也不保证你。如果上帝写一个保证书，清清楚楚的，大家一定都信上帝。信不信是你自己的事，这才是真正的信仰，信仰出于自愿，求道也是出于自愿，并不是道能给你保证什么。所以说"似或存"，道在有、无之间。

## 五、道是谁的儿子

"吾不知谁之子"，即我不知道"道"是谁的儿子，道有那么大的作用，想问问它是谁生的呢？道却是在"象帝之先"，有的人把"象帝"的"帝"当作上帝，把道放在上帝的前面。这个帝不一定是上帝。在中国古代，这个"帝"是指帝王的帝，皇帝的帝，代表创造者。所以，道是在造物主前面的，帝就是天地之始。《易经·说卦传》里有"帝出乎震"（第五章），那个"震"就是创造和发生。道在天地之始的前面，就是说道不是被创造出来的，道本身是万物之宗，道是宇宙万物的根本。

下面，我们就针对这一段话来看看王弼的注。他说："冲而用之，用乃不能穷"，冲而用之，即虚而用之，冲气入现象界的"冲"乃是时时保持虚的境界。他又说："满以造实"，"造实"就是要达到实，如果什么时候都要求满，比如我们交友，完全按着自己的想法来要求朋友，就会失去朋友，以致"实来则溢"。所以，时时保持冲虚的心境，当你用了之后，"故冲而用之，又复不盈"，还是不要求满。

这个地方，王弼本人是不是这个意思，我不敢说一定完全了解，但我倒可以替他再加以发挥，就是：你用"无"也要注意，不要把"无"用得太满，太满的话，就什么都"无"掉了。要能用虚。用"虚"，也不能用得太满，否则"虚"到最后就什么都没有了。就像佛家一样，用空用空，用到最后，反而是死于空。空之后，还要妙有。用任何东西，不论"实"也好，"无"也好，"有"也好，都要不盈，这样的话，"其为无穷亦已极矣"。这无穷，就没有止境，不然，都有穷尽的一天。如此，"形虽大，不能累其体"。虽然道是大，如果拼命做，道就会做得太累了，也做穷了，道就是能够虚，不要累其体。"事虽殷，不能充其量"。我们处无为之事，仍是要处事，事虽然多，但是做事情不要做得过分，所谓"万物舍此而求主，主其安在乎"，即做得过分，我们就失去了自主，也即控制不住我们自己了。

道就是告诉我们，做任何事情，不要做得太满，要虚而用之。如果不知道这一点，而拼命另外去找一个道，就是"一味求道，仍然有执"。一味地求道、求常，还是执着。所以，在万物变化当中不要求满，要"持盈保虚"，即把握盈在于保持虚，这就是道的作用。

"锐挫而无损"，意思是虽然你把锐气挫掉，但不影响你的本体，并不会因此少了一块。在人生里，我们常常说，跟别人讲话，话里话外，不要那么想占便宜，有时候很多人总想在言辞上占一点便宜，喜欢斗嘴。我们不要用锐利的言辞伤害人家，其实这样对自己来讲并无损失。"纷解而不劳"，人与人之间的纠缠、纠结，被化解掉了，却一点儿不劳累。"和光而不污其体"，你调和自己的光，但本体不变，出淤泥而不染。"同尘而不渝其真"，尽管身处世俗之中，但还是保持我们的真性。王弼的这四个注，实际上讲的是我们人生的四种修养功夫。

我们从这个角度看，是不是道比天地更能哺育万物。意思就是说，天施地生，天地本身都是有形的，而道是无形的，道是"虚"，道在天地间的作用就是"虚"。地如果不虚的话，就糟糕了，它选择生这个，不生那个，地里面有道的作用，没有自我的观念，所以不会喜欢草，不喜欢花，如果地是执着喜欢这个，不喜欢那个，那么从地里长出来的就都是一个东西了，这让我们观察到：地有道的作用，才能够没有分别心。天，如果不虚，不顺着道而虚的话，天就有喜欢这个，不喜欢那个的意识了，那么天不会无私地向万物开放，使万物都能尽其生。所以，唯有天地都顺着道，整个宇宙才和谐，而能生生不已。

# 第五章

天地不仁，以万物为刍狗；

圣人不仁，以百姓为刍狗。

天地之间，其犹橐籥乎？

虚而不屈，动而愈出。

多言数穷，不如守中。

## 语　译

　　天地不讲有为的仁德，它把万物当作一般的生物一样，任它们自生自灭。圣人取法天地自然，也不自以为有仁德于人民，他们也是把人民当作一般生物一样，任他们去自生自灭。天地的中间，正像铸冶用的风箱一样。内部是虚空的，但不是死竭的，当它被鼓动时，风就不断地产生。以此来看人生，我们言论越多，政令越繁，也就越会走入穷途，还不如把握而善用我们心中的虚静，以无为而无不为。

## 解　义

### 一、天地不仁

"天地不仁，以万物为刍狗。"很多学者，尤其是很多西方人对"天地不仁"的翻译不准确，一看到"不仁"，就想到"仁"字，因把"仁"理解成 kind（恩惠，善心），而认为"不仁"就是"不善"，于是翻译成"冷酷"，把"天地不仁"翻译成"天地冷酷"或者是"残忍无情"。其实，理解"天地不仁"时，不要一下子就想象老子是反对仁，反对道德，反对儒家。对于"人"来讲，"仁"的意思是"仁爱"，天地不是人，是自然，当然"不仁"。因为只有人才讲"仁爱"，这个"仁"是指人的"仁德"，天地并没有人的仁德，这也是很自然的。

"天地不仁"的意思是：天地不讲"仁"，并没有仁的考虑；比如自然界常有自己的运动规则：类似地震、洪水等等，就天地来讲，并不会实行人类的道德，讲仁德。对于天地来说，只是自然，把万物看成像刍狗一样，都是平等的，谈不上仁或不仁。

我认为王弼是第一流的思想家，但他没有写出属于自己的第一流的作品，只是做了第二流的注解工作。让我们来看一下他的注解："天地任自然，无为无造，万物自相治理，故不仁也。"这是说天地并非有意去为，也非有意去造万物，而是任万物自生自灭，听凭它们自己发展，所以天地对万物不讲仁。儒家讲"仁"，一定要创造出一些制度，来施化教育。王弼注曰："造立施化，则物失其真。"这是魏晋玄学家的看法，"造立施化"之后万物就失去了"真性"。"有恩有为，则物不具存。"什么是有恩呢？圣人对万民有恩，使得万民都吃得好，住得好，七十岁的人还可以吃到肉，这是有恩，但对动物来讲，却是伤害。"物不具存"的意思就是伤害某一部分，来利益另一部分，就有所偏了。所以"物不具存，则不足以备载"，如果有所偏，就不能完全地照顾到天地间的万物了。

"刍狗"两个字，在《庄子·天运》里面就有，庄子把"刍狗"当作祭祀时用的一种草扎的物品，祭祀前摆放在那里，祭后会烧掉，就变成灰了。所以，"刍狗"有用是在祭祀之前，之后就变得无用了。这是因时间的变化，万物有用没用是顺乎时间的变化。我们当下有生命的肉体，当然有用，但死了以后，跟狗、鸟的骨头一般，都同样会变成烂骨头，没有用了，这就是自然。

个人本身去做好事、得好报，这是个人的选择，并不是天地对此人有恩。天地就如同法院法官一样，法官没有一个先固定的观念，不能说我要对某些人慈悲、对某些人施恩，否则，就不能公正判案了。法官需要铁面无情，无情亦即"不仁"。所以，王弼说："无为于万物而万物各适其所用，则莫不赡矣。"天地不去有为，万物就都能发展，天生万物各有其用。"若慧由己树，未足任也。"天地对万物只是任其自然，并不对它有所作为，任由万物自己来运行，所以看上去似乎并不具有什么仁德。仁者必定有所施为，一旦以人力加之于物，慧由己树，就违反了万物的真实本性，就不可以完完全全地看待一切生命了。

## 二、圣人不仁

下面"圣人不仁，以百姓为刍狗"。这一句话看起来好像很偏激，就儒家来讲，圣人一定是有恩、有为、亲万民、爱万物、以仁为主的，尤其是儒家的最高境界就是圣。而老子的意思是：圣人向天地学习，同样不以仁为仁。天地的不仁，是天地自然不仁；圣人是学天地而不以自己的仁为仁。如再加以分别，可能还有第二种不同的意思：天地是自然的，圣人实际上还是行仁的，如果圣人对万物不行仁爱的话，就不成为圣人了，既然被称为圣人，可见本身就证明圣人已经是一直在行仁。但是，他不以仁为仁，即他不以自己对万物喜好来存有仁的念头。所以，圣人是效法天地，以百姓为刍狗，也把百姓看成刍狗一样，顺乎他们自己的发展，谁做好事就得好报，谁做坏事就得坏报，把这看作百姓自己的选择。

## 三、天地是风箱

接下来从"天地"说明这个道理，"天地之间，其犹橐籥乎？虚而不屈，动而愈出"。橐就是鼓风的风箱，以前做饭要烧柴，得用一个风箱把风打进去。天地之间是虚的，正因为虚，所以万物才能于其中运化、发展。天地虽然虚，但不穷尽。要怎么样虚，这是功夫，功夫在"虚而不屈"。如果虚到什么都没有的话，就完了，天地虚了以后，有正面作用，还有生机、绵绵不断，"动而愈出"，愈动愈多。

橐是风箱，籥是演奏音乐的乐器，两者内里都是空的，故虚而不竭尽。王弼注："橐籥之中空洞，无情无为，故虚而不得穷屈，动而不可竭尽也。天地之中，荡然任自然，故不可得而穷，犹若橐籥也。"即是说明橐籥的中空是虚，虚的作用是鼓动气，使气连绵不断。


### 四、多言数穷

下面是结论。老子讲天地、讲圣人，主要是为了托出这两句话："多言数穷，不如守中。"讲话多了就容易出纰漏，口才再好的人，话讲多了，总是会出毛病来的，这个我们懂。

"不如守中"，这个"中"字不能看成儒家的"中"，儒家强调"中正"，老子此处不是讲中正。这个中是什么呢？天地之中、人心之中，到底是什么呢？虚也。心本身是虚的，所以"守中"就是"守虚"，守心里面的虚。


### 五、老子的方法论

王弼一直讲"中空"，注解"愈为之则愈失之矣"，任何事情，做得越多，纰漏也越多。

我们强调"守中"，要怎么守？"守中"显然是一个方法。我教《易经》十几年了，学生对我的讲解几乎都是很认同的，但最近有一个学生提出：中国哲学的方法论好像不清楚，因为西方人的观点是方法论，他们写论文也是一定要先列出研究方法。经这个学生这样一问，我跟大家讨论起来，就发现：西哲方法论跟中国哲学的方法论完全不同。

古代，我们不讲方法论，而西方有归纳法、演绎法。现在写论文有规定的要求，就是一定要按先写出用什么方法论。后来，我发现中国哲学如果依西方的方法论来讲，那老子的方法论就两个字：自然，绝对追求自然！老子怎么讲自然？讲自然有什么方法？讲自然其实就是表明没有方法了，西方的方法论并没有自然法，而我们现在提倡的是这个自然法。

但是，我发现中国方法论是蕴含在每一章、每一句中的，作者会告诉你怎样去修养，这就是他的方法论，这里的"守中"就是老子的方法论。

中国的方法论在修养，西方的方法论是讲知识。

中国的哲学家所作，譬如儒家文献，每一章都在教你怎样做人，怎样修身，是随时随地给你修养的方法，这就是方法论。

所以我现在讲"守中"就是要讲老子的方法论了。怎么守中？"中"字，虚也，即"守虚"，即"虚其心"，这是老子的方法论。这是修养的方法，西方人不把这个称为方法。

我们讲"虚其心"，怎么个虚法？答案回到一个"守"字。老子的书里面，"守"字用了好几次，都是就弱的方面来讲守，而不是用在刚强的方面。譬如"知其雄，守其雌"，雌是弱的，也即是守弱。所以守虚、守心里面的空虚，要保持住心里面的空虚。究竟怎么"守"或者说这个"守"字怎么用呢？人家攻击我们，我们就要守住，"守"是属于防卫的，不是进攻。外面的欲望进来，我们要守得住，能保持内心的清明、清静，使得外在的欲不能进来，这就是"守"。我们说，"打天下容易，守成不易"，守住这个"成"更不容易，却很重要。

说到"守"，一定是面对外面的欲望，使它不能进来，而且保持心的"虚"，这个持守，还不是守一次，需要时时去把握。有时候欲望来了，要虚掉，欲望又来了，又要虚掉。守虚，就是在日常生活中，随时随地会遇到外在的冲击，要能够守得住。"虚"的这个"守"法，跟儒家就不一样了，儒家的态度和方法是：外在的冲击来了，用德，守得住自己的原则，守得住自己的德性，所以儒家也是守"德"；而在道家，内里是虚，使外在的危害不能够轻易进来，不会侵害我这一片清明虚静的园地。

# 第六章

谷神不死，是谓玄牝。

玄牝之门，是谓天地根。

绵绵若存，用之不勤。

## 语 译

　　虚谷的神用是生生不已的，这叫作玄牝。玄牝的生化之门，是天地始生万物的根本。这种冲虚的妙用，玄牝的生化之道，是微妙而绵绵不绝的。它是有其用，而无其形的。去运用它的这种作用，是不会竭精劳神的。

## 解　义

### 一、谷神的生化之妙

对于"谷神"的解释,我发现好几家注解,都把"谷"字改成穀,取其同音通假,以为谷神是生养之神。我认为这是不必要的。《老子》书里面讲谷字的地方很多,都是代表"虚""空"之谷,指"虚谷"。而"神"字也不能当作"神仙"的"神"来理解,也不是指"God"。我注解"神"是采用《易经·系辞传》的定义:"神也者,妙万物而为言者也。"万物的生化之妙,我们称之为"神"。虚,代表虚心,虚的这种妙用可以生养万物,这种作用就叫作"谷神"。"谷神不死"意思是:山谷虚而生养万物的神妙作用是生生不已的。

### 二、宇宙与玄牝

我们看看天地之间,从几千年前黄帝时代到今天,万物都还在那里生生不已,哪有死过? 这是宇宙变化的生生不已,这种作用的宇宙叫"玄牝"。

"牝"就是母牛,"玄牝"是大地之母。这种生养万物的功能,老子就用"玄"字来形容其"虚无又无形无象、深不可测"的境界。"玄牝"为生养万物之门,是天地始生万物的根本。"根"就代表生长。任何东西的根,都是代表能生的源头,"天地根"就是能够生养万物的根。"玄牝之门,是谓天地根"的这种生养万物、生生不已的作用，就是虚，是一直生生发展的。

### 三、绵绵若存

"绵绵若存"一词为什么用"若存"两字呢？因绵绵的感觉好像是纤细、微细不可察的，好像有，又好像没有。如同宇宙发展的生机，虽然我们现在看不见，但是它一直存在着，生养着万物，"用之不勤"，勤是劳，因绵绵微细，好像没有一点儿劳累。

"绵绵若存"如同虚谷生养万物的作用，如果去用它，不会劳累，不需要花费很大的力气。我们现代人做事总是要费很大的气力，但用气力的东西只能做一时，会感觉气要用尽，但不用气的东西，却可以用很久。譬如：母亲生孩子要用气力，生得好辛苦，几乎每个母亲生了孩子之后，都是说"我不要再生了"，可是到了第二年，有些母亲又再生了，为什么又生呢？这里有"虚谷"生生不已和绵绵的作用在影响。

我们来看王弼的注解："谷神，谷中央无谷也。无形无影，无逆无违，处卑不动，守静不衰，谷以之成而不见其形，此至物也。处卑而不可得名，故谓天地之根，绵绵若存，用之不勤。"这段话是指谷神是无，这是王弼的以道为无的看法，不是我主张虚的作用。同时王弼也没有注好此处的"根"，"根"是代表生养的"生"。

## 四、生养之门

接下来，王弼注："门，玄牝之所由也。本其所由，与（太）极同体，故谓之'天地之根'也。欲言存邪，则不见其形；欲言亡邪，万物以之生，故'绵绵若存'也。无物不成（用）而不劳也，故曰用而不勤也。"（说明：校勘中底本的错字、衍文一律保留，外加（ ）；改正、增补的字外加 [ ]，全书同。）

此处，我联想到《易经·系辞传》"精义入神以致用也"中的"神"字。一个东西发展到最高的程度，即"精义入神"，然后它才能"致用"。如果我们把"精义入神"结合老子的思想去理解，入到最高是"无"的境界。由"有"达到"无"的境界，才可以真正致用。如果我们修养到"无"的境界，才可以无分别心，无执着相，思想才能超越，不然就还是在"有"的境界里打转转，只要"有"，就"有分别"，就不能够照顾到全面了。道家主张"精义入神"也要以"虚"为功夫，然后才能致用，用之而不勤。实际上，虚谷就是大地，大地之神就是大地生养万物之神妙作用。老子说"道生之（万物）"，道不是"有"，道本身并没有一个"我要生生"的观念，道给予万物一个空虚的环境，让万物自生。老子没有去追求如何"生"，也不去解释如何养。

## 五、宗教的不可说

实际上很多宗教问题，也是一样的。

佛家到最后，也还是不会解释出来，譬如"真如缘起"，宇宙本体是"真如"，"缘"就是外在的现象产生，就有各种万物产生，但"真如"怎么生缘？万物究竟怎么产生？实在讲不清楚，也不想讲清楚。就拿《唯识论》来讲，到第八识，即是所有的种子又变现了山河大地，种子要如何去变现山河大地呢？也很难讲得清楚呀！

　　老子不去碰这个问题，只是说明这"道"以"虚无"为"用"，道给我们一片空间，是玄牝也好，是天地根也好，称呼的名字不同而已，道使得万物生长，却不是有意产生万物，道一旦被体认是"有意而为"，我们就会要去追究"道"到底是什么东西，但"道"是无意、自然的，使得万物生长的，这却是事实，"虚"到给万物以空间。"生"很重要，这里没有去解释，然"不死"就是"生"。如果只是"虚"，只是空掉，变成一切没有的话，也不是道家思想，不是中国哲学，中国哲学一定讲"生生"。

# 第七章

天长地久。

天地所以能长且久者，以其不自生，故能长生。

是以圣人后其身而身先，外其身而身存。

非以其无私邪？故能成其私。

## 语　译

　　天地绵延长久。天地之所以能够绵延长久，乃是因为天地不以它们自己的存在为存在，不以自己的生命为生命，所以它们能生生不已。因此，圣人效法天地，把自己放在别人的后面，谦虚不争，反而受别人的推崇，变为万民的模范。把自己放在一边，而不执着自己的存在和利益，反而自己的存在和利益能够在大我的存在和利益中得到肯定和发展。这不正是因为他没有一点私心，才能真正成就自己吗？

# 解 义

## 一、天地不自生

　　"天长地久"，白居易《长恨歌》中说："天长地久有时尽，此恨绵绵无绝期。"而老子此处言："天地之所以能长且久者，以其不自生。"天长地久是毋庸多言而自明的，"不自生"是一个要点。天地何以能长久？因其"不自生"，不自以为生，天地从来不认为生命仅仅是自己的，所以能借万物的生生不已而长存。就像我们伟大的中国母亲，她生孩子，却从来没有以自己的生命为生命，是以孩子的生命为生命，孩子的发展就是母亲的生命。我们中国人的母亲，生命可以永恒，因为母亲的儿女们一个个都发展得很好。如果一个母亲以她自己的生命为生命，那就糟糕了，她可能就一辈子做个劳苦的厨子，小孩子如果不能出去发展，只有在家啃老了。

　　当我讲到这里时，一位美国女学生，也是退休的妇产科医生，她就提供给我一张图，说：卵子里面有腺粒体，这个腺粒体是永恒的，由母亲传给子女，腺粒体永远存在，我们身体里面的腺粒体跟母亲完全一样。所以，母亲不需要强调自己的生，而以儿女的生命为生命，如同空谷一样。空谷从来也没有强调自己的有恩、有为，空谷里的草木生命，就是空谷的生命。从古到今，空谷始终有草木萌生，永远是那么生机勃勃。天地也如出一辙，若天地以天为天，以地为地，而不以万物生存，那天地就有穷尽。正由于万物世代不绝，天地才没有消灭，故能长生。

王弼是从"用"的方面来讲的，"自生则与物争，不自生则物归也"。是指天地没有与万物争生、争能，所以没有阻碍万物，而万物自然顺应天地。其实王弼的注有点辞费，在《老子》中，用天地两字，就是指的万物。


## 二、圣人后其身，外其身

"是以圣人后其身而身先，外其身而身存。"圣人把自己摆在后面，谦逊不争，反而能够被推崇，去领导别人。他站在后面，把他的看法、路子告诉别人，大家就走得很快乐，好像是自己走出来的；但如果他站在别人前面，说：你们要跟我走，那么大家就不是自愿跟他走的。人们都会想："我为什么跟随你？"所以一个高明的领导者把自己放在后面，像牧羊人一样。这就是自然，就是"后其身"的道理。

"外其身"是把自己的生存放在一边，效法天地，不以自己的存在为存在，反而能生存、长存。前面的"后其身"是指领导的功夫，此处的"外其身"是指修养的无私，无己之德。


## 三、无私之德

老子说："非以其无私耶？故能成其私。"此处"私"有人认为是"私心"，"故能成其私"，即反而成全了自己的私心，好像老子的思想是有权谋，外面是"无私"状，而实际上"成其私"，这个解释不妥。所以很多翻译又把"私"不当做"私心"，而解释成"自我"，取义"反而成就自我"。没有自我，反而成就自我，就避免注解成"自私之心"。

从前后文贯通来看，如果你真正能够"无私"的话，就根本没有所谓"私心和不私心"的问题了。大家如能首先都讲"无私"，达到"无私"的境界，后头岂能再有"私心"，这其实并不需要多费口舌去解释的。老子这里"故能成其私"，是故意安放的，而且整本老子就出现了一次"私"字，所以不能把"无私"当成权术，当成以达到个人私欲的手段，这绝不是老子本意。若后人以此为用，是犯老学大忌的。

中国哲学很实用，譬如，"孝道"的"孝"，我为什么要孝父母亲？除了报恩之外，是不是也希望将来儿女孝顺我？若是为了儿女孝顺我，我现在才要孝顺父母，这就有一点儿自私的想法了。不过孝道没有自私，但却有私心的微妙作用存乎其中。为什么"孝道"可以在中国流传两千多年，就是因为它也可满足一般人的心理需要，即养儿防老。在过去，对一般人来说"养儿防老"不是也有那一点儿私心吗？我们孝养父母亲，不也希望子女效法，将来也能同样的孝养我们吗？这不是也有一点儿私念在那里起作用吗？但现在养儿不足以防老，孝道不足以满足我们的私心，所以孝道就逐渐式微了。

我们回归到老子的原意，"私"的意义承接了前文的"不自生"和"外其身"而来，私是"自身"不是"自私"，所以我们要注意放下自身的执着，放得开，看得破，反而能够让自身的存在更加合乎自然发展，因而能长寿，不太斤斤计较自身个人利益，多为别人造福，以孩子的生命发展为生，这样"小我"便也能在"大我"中得到满足，这不是养儿防老，而是养儿安老了。

# 第八章

上善若水。

水善利万物而不争，处众人之所恶，故几于道。

居善地，心善渊，与善仁，言善信，正善治，事善能，动善时。

夫唯不争，故无尤。

## 语　译

上善之人的德行像水一样。水，善于利益万物而不与万物相争。它自处于大家不喜欢的卑下的地方，所以水的德行可说非常接近于道的。

上善之人的德行像水一样，他的所居，善处卑下的地方。他的用心，善于冲虚为用，而生生不绝。他的施与万物，善尽仁爱之要德。他的运用语言，善于表达实情。他的追求正道，善于使万物平治。他的处理事务，善于发挥才能。他的进退变化，善于顺乎天时。

在具有这一切善德才能之后，尤其在于他的谦让不争，才真正使他能纯然至善，而毫无一点过患。

## 解　义

### 一、上善若水

第八章特别描写"水"，中国哲学思想中，专门强调"水"，并从正面强调"水"的，主要还是老子。

老子用"水"代表"处下"之德。

首先，"上善若水"，最高的善就像水一样，注意"若水"并不是直接等同于水，老子虽然不是学逻辑的，但他用字很小心，身为第一流的哲学家，他看得很细，"水"在《老子》书中是一个很重要的德性象征。一般人提到的"水"是现象界的东西，没法与其等同，且"水"有好有坏，韩非子《解老》注说：水可养人，也能淹死人，"道譬诸若水，溺者多饮之即死，渴者适饮之即生。"若"上善"等于"水"的话，又何以要淹死人呢？

所以，像水一样，是发挥水的积极作用，主要有下面三点：

### 二、水的三德

第一，"水善利万物"，"善"，是善于，即"good at"，水用它自身去利万物，且不只一个面向，而是有不同的方面可以利万物，能滋养万物，能载舟、能发蒸汽推动力、水力发电。水的功用不同，负有使万物生育发展的功能，"善利万物"中一定要有"利"，上善所指是"利万物"。

第二，"不争"，水有不争之德，水从来不标榜自己有德，虽然利益万物，却默默。付出从不争功，不夸耀自己。

第三，"处众人之所恶"。水还处在一般人所不喜欢的地方，即最下，最低之处，哪里低，水就往哪里流，甚至最肮脏的地方，水也照样流去。水不但向下流，还不会刻意去选择干净的地方，所以说水善处卑下之地。

因为这三个特质代表了真正讲善、行善的人，他一定会利益万物，且利益万物之后并不去争功。很多人的态度和行动都是：我对人有利，就要回报，或要有名，为名而利，做善事生怕别人不知道。真正向善的人，一定是谦让不争、纯任自然，行善而不以为德。


三、水几于道

老子认为：水的德行可以说是非常接近于道的德。"故几于道"，老子用了一个"几"字，指水还不能等于道，所以说是几乎差不多，像道一样。王弼真是第一流的注家，寥寥数字，"道无水有，故曰几也。"一语中的，"水"是"有"，水是现象界的"有"，所以是"几于道"。

四、水的七大功能

接下去老子拓展阐述：水在现象界利万物，有七大功能，即七种不同的德性特点。

第一，"居善地"，水善于停在最低最下的地方，这也象征我们的修养，想要达到上善，我们的修养也要像水一样，往最低的地方去流动。老子整个思想体系都是在往低的地方去思考。

第二，"心善渊"，即第三章所讲的"虚其心"，"渊"一是空无，二是深彻，既虚且深之谓渊。水无心，你把什么脏东西丢到水里，它都从来不抱怨，没有分别心，所以渊是玄深虚空的，也贴合第四章的"渊兮似万物之宗"，沉静渊默、虚空深不可识，所以至善的生机可以源源不断地流出，从无欲、无执、无私的心中绵绵不绝地涌现。

第三，"与善仁"，"与"是"施与"，即施恩，"与"是"相与"，相交，接人待物，就是相与，即善于接物以"仁"。很多人认为老子"绝圣弃知"，"绝仁弃义"（第十九章），复"天地不仁"（第五章）等，都是把仁当作负面的意思，但这里的仁却是正面积极的。从"与善仁"可看出老子并不是在否定儒家的德行，老子思想是要超越"仁"，不要执着。你要用"仁"，用了以后不执着，我们应该以比较理性的态度去思考，不要一看到老子，就联想到"不仁"，认定老子全盘否定了所有的"仁"，认为老子提倡"绝圣弃知"，好像在否定所有的道德。老子如果真的否定了所有的道德，怎么能成为一个哲学家呢？我们要揣摩他真正的用意在哪里。这层用意我们留待后面再讲。"与善仁"是说，"仁"还是要用，"仁"能帮助我们维持好人与人之间的关系。以水为例，它的付出，就是仁德的表现。

第四，"言善信"，"信"是忠实的反映。如诚信，水可以映照万物，丑的就丑，美的就美，水绝对不会因为是大官来照，就把他的倒影照得漂亮一点儿，来的是穷人，就把他的脸照丑。水只是忠实地反映万物，水的反映，是虚其心，又是实实在在的。

第五，"正善治"，"正"，与"政治"的"政"可同音通假。用于治理万物，我们说政治的"治"字，跟水有关，以"正"为治的标准。首先，量东西要水平，测高度要水平，水永远平，平者即治。水称物平施，对于万物平均，没有偏心，没有差别，一视同仁。水没有差别观念，在高处它平，在低处还是平，一样的平。所以，法律的"法"字才用一个水字旁，以水来平均量度作为准绳。

第六，"事善能"，做事情善于用它的才能，水有很多方面的功能，水营养万物，使万物生长，供给人身体的需要，满足血液循环的需要，清洗污垢的需要，都是它的善能，我们在这里就不需要多举例了。

第七，"动善时"，潮汐有时，高潮、低潮都按照特定的时间。水的变化运动也顺应季节，春夏涣散、秋冬结冰。

以上是水的七种性能。上善的人学水的性能，也需要运用这七种功能。这些也都是儒家的思想，老子也同样强调，所以就这方面来讲，儒家、道家并没有差别。一个学道家的人，真正在政治人事上，实际去用的话，不会刻意去讲无为，不会说：我什么事都不干。实际上他还是讲"有为"，"无为"的是自己的心态，是指身为君主者，自己不要执着。

## 五、不争是最后一招

描述了水的这七种功能之后，本章最后一句话才画龙点睛，显出了道家的思想："无为不争。"

"夫唯不争，故无尤。"前面七种功能是水善利万物，就利万物这一点来讲，儒、道两家对"水"的运用都是一样的，"利万物"哪有什么差别？但是"不争"这一点，是道家特别强调的，说"无为不争"，提倡有了水的各种功能，但不要去争名夺利，不要去强调这种功能，一争一夺的话，就会有麻烦。

就水来讲，三个主要特质，利万物、不争、处众人之所恶，儒家的"利万物"，还是不免求名求利，光宗耀祖。另外，在处众人之所恶方面，儒家也不像道家那样强调。道家独特的思想就是强调"不争"。

不同于韩非的法家是帮君主控制统治人民，《老子》八十一章，其说话的对象是君主，教育君主要如何做。同样，儒家孔子也希望君主要修身。不管是儒还是道，中国哲学都是站在人臣的位上，希望限制君主，但是在约束君主的过程当中，老子要求君主实践的那些思想，是我们可以参照用来修身的。

## 六、治道与修身

譬如："上善"，我们可以说"上善"是最高的圣王之治，但人臣也可以用，也可以利万物，同时人臣也可以用"不争"，如果他们利了万物，却要强调自己的功劳的话，君主就会嫌他们功高震主。所以人臣要不争，把所有的功劳推掉，不自居功，这就是保身之道。所以这些思想也不是只有君主可用，否则，我们今天念它就没有什么意义了。道家的修养后来变成"内道外儒"，这是从君主来讲，中国的政治所用的那个道，老实说很多转为了权谋。中国政治上讲的外儒内道，比如汉武帝就是如此，结果史学家就批评他是"内多欲而外施仁义"，所以道可以用作修身，但不能变成只是权谋。

# 第九章

持而盈之，不如其已。

揣而锐之，不可长保。

金玉满堂，莫之能守。

富贵而骄，自遗其咎。

功遂身退，天之道。

## 语 译

过分地求多求满，以致倾溢，不如提早适可而止。刻意营求，以致锋芒太露，必然影响自己，无法长保。金玉满堂，而想永远拥有，是不可能的。既富且贵，还要骄傲凌人，这是自找灾祸。当我们在功德圆满之时，便应该知道谦退，这才合乎天道的自然。

## 解　义

### 一、持盈之道

"持而盈之"是说如果把握住我们想要的了，还要求多，还要拼命追求你得不到的，就会满溢出来，还不如留一半。就像吃饭一样，八分饱，就够了，如果还要求吃到十分饱，就消化不了，对身体并无好处，所以要知止、不贪。

王弼注："持，谓不失德也，既不失其德，又盈之，势必倾之。""不失德"是什么意思呢？这是和后文第三十八章"上德不德，是以有德，下德不失德，是以无德"一气贯通的。"不失德"，指人都说我有德，我有德，非但不想失德，还要求满于外，这样"势必倾危"。因为"德"也通"得"字。德者，得也，道德的德，就是得到的得。"故不如其已者，谓乃更不如无德无功者也。"这是在强调有德，是为了有得，有得必有失，还不如自虔于无德无功，不因求得而有所失。

### 二、不要求锐利

接下去，"揣而锐之"，"揣"暴捶击的意思，这个字有的版本就念"捶"。"锐"，是指锐利。打磨刀子，越打越薄，越锐利，就越有可能折断，好比削铅笔一样，越削越尖，最后断掉了，不可长保。这个"锐"也和前面"挫其锐"相通，劝我们不要只求锐利，因锐利不仅会伤人，也会伤己。

### 三、富贵是守不住的

"金玉满堂，莫之能守。富贵而骄，自遗其咎。"这些都是我们的人生经验，比如财富，是祖辈的遗产，得之容易，不能说拒绝，这是自然的富，自然的贵，并没有什么错，也不能说我就排斥富贵，但问题出在"骄"字上。你因富贵而"骄"，那就是自找麻烦。在富贵的时候，要小心，因为在风头上，有人会妒嫉、抢夺。本该小心谨慎，可是有人还要去夸示、骄奢，又怎么会不自招咎祸呢？

### 四、功遂身退

重点在结论："功遂身退，天之道。"事业达到成功后，自身要知退，这是天之道。

天道回旋，任何东西发展到高峰，就会走下坡，这是一定的趋势，所以，当功遂（达到最高峰）时，知道高峰是不能长保的，所以自身要能知退，这样功还可保存，相反，如身不知退，功可能随身一起被淹没了。

读到此处时，我一直跟学生们强调，身退有两义：一是功成后，才能身退。很多年轻人只看到身退，不求上进，不期有功，考试六十分及格就够了，遇事退避一旁，这样的退，是退到死路上去了。试想没有功，退什么？二是身退，是劝人根本上不要把自己看得太高，自视太高，将来是会失望的，这两层是老子"身退"的真正用意，一是避位，不占那个位置；二是不夸大，不自我膨胀。

# 第十章

载营魄抱一，能无离乎？

专气致柔，能婴儿乎？

涤除玄览，能无疵乎？

爱民治国，能无知乎？

天门开阖，能无雌乎？

明白四达，能无为乎？

生之，畜之。

生而不有，为而不恃，长而不宰，是谓玄德。

## 语　译

我们拥有精神和形体，守冲虚之气而为一，能够使它们永远不分离吗？我们无欲地任运体内的真气以达到心身的柔和，能够像婴儿一样柔软吗？我们净洗那玄妙的心体，能够使它的照物没有一点儿瑕疵吗？我们爱民治国，能够做到放弃讲究政术的小知吗？玄牝和五官之门一开一阖，推动生化时，能够没有含育万物的"雌"德吗？我们的睿智洞察一切事物时，能够返本于自然无为吗？我们用冲虚的和气使万物生长，使万物发育。虽然万物因此而生，我们绝不占有它们；万物因此而成，我们绝不居功自有；万物因此而发展，我们绝不自以为是他们的领导。这种修养功夫，乃是推动了一切生化的玄妙之德。

## 解　义

### 一、抱一不离

"载营魄抱一，能无离乎？"王弼注说："载，犹处也。营魄人之常居处也。"好像解不通。什么叫人常住的地方呢？"一，人之真也，言人能处常居之宅，抱一清神，能常无离乎，则万物自宾也。"这看似太玄了，何谓常居？后代的注家、中医也说："营"就是血，营是代表魂，载魂魄，这是讲得通的。"载"就是用车子去装载，就像身体载了我们的灵魂，载了我们的肉体。这两者要"抱一"。

"抱一"是功夫语，之前提到过的是"守中"。"抱一"是道家非常强调的，"抱一"的"一"是什么？如何抱法？"道生一，一生二，二生三"，我们想想看，为什么不说是"抱道"？很多人把"一"说成"道也"，那我们便想想"抱道"，又怎么抱？道在哪里？我们同样想象不出"抱道"来。

若要研究这个"一"字，我们从"道生一，一生二"来看，"道"是无形无象的，不是"无"，不是"有"，道虽无形无象，但在道的作用中，它在现象界先有了"一"。

这个"一"，很多学者尝试解释，有人说"一"是"太极"，这是《易经·系辞传》里面讲的。《老子》整本书里没有讲"太极"，只讲到"无极"。还有人说"道是一气"，也可以讲得通，"一"是"气"也，因为下文还有"一生二"，"二"是"阴阳"，这也可以讲得通。

现在，不要把它太具体了，我们就想想：道无形，抱不住，"一"为什么可以抱？

"一"是代表一个发展开始的时候，开始是一，一生二。我认为："一"，是由无到有之间，一发展到二，二就是阴阳，即天地了。到二就成相对的了，所以我在《老子新说》一书里说，"道之抱一"就是抱住始生。前面还讲了"虚""中"，要抱虚、守中。单单"虚"不够，道生化万物，由虚而生。于是，我把"一"解释成两个观点：虚而生。抱一者，是抱虚而生。

"能无离乎？"就是能够使营魄不离，使精神肉体不离吗？如何才能使得精神跟肉体不离？现在西方心理学家都知道：所有心灵上的毛病，都是精神跟肉体脱节了，如果精神肉体能合一的话，就不会产生精神分裂病了。但如果勉强它们去合，越勉强越合不拢，对不对？现在讲"虚"，精神也要虚，肉体也要虚，因为"虚"，所以精神与肉体才能合一，这个观念我是从《易经》阴阳来讲的。阴阳都各自虚才能相合，如果阴还是阴，阳还是阳，怎么个合法？所以阴要虚，阳要虚，两方面都能够虚，然后才能合。一个东西一定要"虚"才能与其他东西"合"，人与人之间的关系也是有虚才能合。"合"了以后是什么状态呢？"合"就是"和"，合者，和也，相合才会生和，所以，由虚而合而和，和合则万物生也。

所以精神要虚，这就是修养，欲望不要太多，肉体也要"虚"。肉体不虚的话，肉体的欲念很多，老想吃好的，穿好的，太强调肉体的话，精神就空虚了。《庄子·大宗师》："其嗜欲深者，天机浅。"一语就道破了这个问题。


## 二、专气致柔

"专气致柔，能婴儿乎？"我们先看王弼对这句的注解："专，任也。致，极也。言任自然之气，致至柔之和，能若婴儿之无所欲乎？则物全而性得矣。""专"本来是说专心把你的精神用在气上、顺着气走。通常我们用气的时候，只是拿自己的精神去控制气，那都是少林拳的功法，不是太极拳的。太极拳要用你的精神，不用你的力去控制。王弼注"任"也可以通，"任"是指顺任自然，不加控制。"专"也是"纯"的意思，专了就纯了，纯气之守。我常常讲"纯气"，纯了这个气，不要有杂、达到柔和的境界。气一强的话，一有意念，气就不柔和。能够像婴儿那样吗？为什么要像婴儿？因为婴儿就代表"无欲"，代表"柔和"。所以，这里是老子在讲气的运用。

## 三、洗净心镜

"涤除玄览，能无疵乎？""览"，是看。为什么前面要加一个"玄"字？这就是指不用肉眼来看，"玄"就是精神的眼，是要用精神的眼来看。"涤除玄览"，要涤除掉所有的渣渣，即把欲望除掉，而达到没有一点儿瑕疵。王弼注："玄，物之极也。言能涤除邪饰，至于极览，能不以物介其明。疵（之）其神乎？""玄"当然是深、高的意思；"邪饰"就是念头欲望；"极览"，达到最高的境界。"能不以物介其明，使其神乎"？这里王弼原来的版本，讲不通，他改了之后，比较容易讲得通，加上了"疵之"，就是不让外物进入你本身的清明，"疵"就是使他受到污染，"其神乎？则终于玄同也"，所以能达到精神的清明，才能够与宇宙、跟最高的境界玄同合一。

这几句话就是谈到精神的修养，指心的修养，用禅宗的话，"玄"实际上也可以解释成"真心"，"玄览"即"心镜"，心的镜子。

## 四、以无知治国

接下来，"爱民治国，能无知乎？"爱民治国中能够不用知吗？王弼注："任术以求成。"人总想要用一种方术来求成功，这个术就是方法；"运数以求匿者，智也。"或运用方法来求匿，匿就是心里面的野心，要达到野心，这是知，是普通的智。"玄览无疵，治国无以智，犹弃智也，能无以智乎？则民不辟而国治也。"这话实际上是对君主讲的，如果一位君主真正爱国治民，他就要顺着人民的需要，而不用他的智。很多君主就是用他的智来爱民治国，但个人的智有限，而且君主整天用智，也花费很多精神，会劳累。历史上有名的君主，像秦始皇，日理万机、治理万民，他统一六国，据史书上记载，秦始皇每天晚上要看的公文，都连篇累牍，秦始皇很勤政，并不像夏桀商纣一样荒唐，但是他有他的智，认为自己了不起。确实是做了很多大事，筑长城，统一文字，但他不能以无智治国，结果造成了不少的错误。

"天门开阖，能无雌乎？"王弼此处注得比较玄深，他说："天门，谓天下之所由从也。开阖，治乱之际也。或开或阖也。经通于天下，故曰'天门开阖'。"我的书里，把"天门"注解为"五官"，我们的五官是天赐的，五官一开一阖，打开时就看外面的世界，阖着就向内回收。一般人天门一开，看见外面，就说："我了不起，我能占有万物。"老子却相反地说："在这个时候，天门一开，看到外物，能够为雌吗？"老子对"雌"持正面肯定态度。什么叫"雌雄"？王弼注得不错："雌应而不（唱）倡，因而不为，言'天门开阖'能为雌乎，则物自宾而处自安矣。"这两句话指出：雌只是顺应万物，但不做主导，不做先倡，所以说应而不为。我以前在课堂上也提，说"雌"是顺着万物，"知其雄，守其雌"，后来有一个女学生对我这个解释很不高兴，她是女性主义者，说："我为什么要顺？"她还以为是顺男孩子呢。但这个顺不是顺男孩子，而是顺万物的变化。所以要注意"雄"跟"雌"两个字的意义，"雄"是刚的一面，"雌"是柔的一面，并不是指男女关系的权力对峙，雌的意义要比雄的意义更大，更广、更阔。

所以，守雌就是一种德行，老子讲"雌"，"雌"代表母，代表生长万物的。王弼注说，"天门开阖"，就是自然的运行，自然也可解作天门变化。"天门"就是自然之门，自然之门生万物，对待万物能生万物，能为雌吗？为何为雌呢？我们要回想到"谷神不死，是谓玄牝"，玄牝就是雌。能像玄牝一样才能作天地的生物之根，才能以虚生万物，雌就是虚而生万物。就人的修养来说，就是以虚对应万物。

### 五、无为之知

"明白四达，能无为乎？"这个容易懂。"明"是你的眼睛看得清楚，且四通八达，尤其是君主，当臣子向你报告信息时，君王要能判断。人的眼睛总有看不到的地方，有时候还会有看错的地方，所以当你看得清楚的时候，先不要用你的看法去做事，而要以无为的方法，让万物自化。王弼注说："言至明四达，无迷无惑，能无以为乎？则物化矣。"

这里老子讲了要点："生之，畜之"，"畜"当动词，养的意思。生万物、养万物。怎么能够生而不有呢？比方说母亲生孩子，这个孩子明明是她生的，明明是她所有，怎么能说"不有"呢？王弼注得很好："所谓道常无为，侯王若能守，则万物将自化。不塞其源也。不禁其性也。不塞其源，则物自生，何功之有？"什么叫生？生是指不要塞住它的源流，像水一样，不要去挡住它，让水能够自在流行，就是"生"。

做父母的，不要挡住孩子的本性，让他自生。就是说父母不用强调自己有什么功劳。知道自己儿女有什么样的才能、就让他有发展空间。儿女的发展，是儿女自身有潜能本性才能发展，不是说父母使他变成伟大的科学家的。有时候父母亲根本不懂科学，儿女却变成科学家，这是怎么养的呢？"养"就是顺其性而发展，不要禁其性。

## 六、生而不有的玄德

"生而不有，为而不恃，长而不宰。"生而不有，是自自然然的，不是勉强说我生了，我不要去占有。勉强的话反而做不到，明明是我生的，为什么要生而不有？所以要回到根本上，只是把石头拿开，让一切自然地走，不塞住它，生养孩子，而不占功劳，即使有作为，也不需要把持，虽然使它发展，但不需要去控制它，"宰"就是主宰。

很多注解高度赞誉、推崇"生而不有，为而不恃，长而不宰"。但是王弼觉得：也并不是特意搞什么胸怀开阔，只是并没有什么了不起，本来就不是你的功劳，还占什么功？好像我们看大地生万物，大地就是生而不有，只要把所有的东西种在地里，大地就让它们发育，从来没有阻碍。春天自然而然万物生长，大地生万物却不需要占功劳。这是虚啊，这叫作玄德！这不是普通意义上的道德，一般来说都是讲功德、功劳。普通一般意义上的道德是：我对你有利，你就需要报恩，是相对的。但是老子讲的"玄德"，就不是相对的，我们只管做我们的事情，并不在乎对方会不会感觉到，因为我们做的没有要对别人施恩，如同天地不仁，天地从来不自认为是仁。如王弼说："不塞其源，则物自生，何功之有？""不禁其性，则物自济何为之恃？""物自长足，不吾宰成"，万物自己长，自己足，不是因为我们来宰御、控制它们才有所成就的。"有德无主，非玄而何？凡言玄德，皆有德而不知其主，出乎幽冥。"称赞"有德无主"是玄德。实际上有利万物，但并不自认是主导，是有德于万物。这就叫作玄德。

我们要注意："玄德"是老子的专门术语。

扫一扫
进入课程

# 第十一章

三十辐共一毂，当其无，有车之用。

埏埴以为器，当其无，有器之用。

凿户牖以为室，当其无，有器之用。

故有之以为利，无之以为用。

## 语　译

车轮的三十根辐条，共凑聚在一个轴上，当轴中有空隙处，才产生了车子转动的作用。陶匠糅合泥土，做成了各种器皿，当这些器皿中有空洞处，才能有盛物的作用。木匠开凿门窗，建造房室，当这些房室中有空间处，才能有住人藏物的作用。所以使万物具有形体，这是使它们有功效；在有了形体之后，我们如能把握运用它们的空间，才能尽量发挥它们的大用。

## 解　义

### 一、无在现象界

这一章，老子一开始就举现象界的事物来打比方：像一个车轮有三十根辐条，共同凑聚在一个轴上，轴穿过辐条所凑集的圆心有空的地方，车轮才能转得动，车子才能开起来。王弼注得很简单："毂所以能统三十辐者，无也，以其无能受物之故，故能以（实）寡统众也。"这里有的版本用"实"字，但前面又着重讲"无"，好像讲不通，意思有乖违，所以日本学者把注解考校改了一字，认为："实"为"寡"字之误，应为："以其无能受物之故，所以无是以寡统众也。"

下句由"埏埴以为器"开始：埏就是用泥巴糅合做成器皿，所有器皿都要有空间才能使用，如果一个茶杯是实心的，水就倒不进去了，这个道理很容易懂，再比如房子要开门、开窗，房间内里一定是空的，才能作为住房使用。大家可以再自行举例，不胜枚举。

### 二、无和有之用

紧接两句是要点："故有之以为利，无之以为用。"王弼注："木、埴、壁所以成三者，而皆以无为用。"三者都是由于它里面有空的地方，这就是以无为用，又说："有之所以为利，皆赖无以为用也。"此处我过去注解着重在"有""无"的不同和相互依存上。现在我新的思考是:"有之"和"无之",这个"之"字很重要。什么叫"有之"?如果我们现在并没有东西,制造一个东西,是不是"有之"?没有房子,我们盖一个房子,是不是"有之"?如果说"无之以为用",如果我们不先建造房子,要怎么用呢?以茶杯为例,也是一样的道理。"无之以为用",并不是尚没有茶杯的时候要用,东西都还没有的话怎么用?所以无先要"有",然后才能有空间,有"无"。可是许多学者把道家解释得太玄了,认为道就是无就是一切,而忽略了有。

此处,"有"跟"无"是相对的。我们人类的发展,"有之以为利",并非不好,所有的文明,世间的一切都是"有"。如果我们说"有"不好,只推崇"无"的话,那就什么都没有了。譬如佛家讲"空",究竟讲什么呢?我认为:讲"空"都是为了"有",不是为了"有",哪有必要讲什么"空"?如果讲"一空到底"的话,人人都消失,释迦牟尼也消失了。那还有什戏可唱?所以我们一定要先强调"有"这个现实,然后再讲"空"。"有"也是很重要的,不能被忽略。

老子把"有"跟"无"同时讲,尤其是在现象界。第二章里讲得清清楚楚,"有""无"是相生的,不能没有"有",没有"有","无"就没有意义了。

"有之以为利",也是现实人生,是万物的存有?在儒家来说,积极性的"有为""有守"都是"有","无之",并不是说它本来无,"无之"的"无"当动词。当有了以后,再去无之,在佛家即:有了以后不执着于"有",有了以后要用"无"。

我们再看看"无之"。"有之"跟"无之"相对照,"有之"是占有吗?但老子提"生而不有","无之"是不占有,"生而不有"就是"无之"。但是"生"很重要,如果没有"生",就谈不上"有",没有"有"就失去了"无"的存在,说"无之"是不占有,而对应的"有之"是"有为"、是"生",于是"无之"也就是"无为",还是有一个"为"在那儿呢!

"无为"不是"不为","无为"是对应于"有为"的,有为之后,还要能空掉它。"有其知"是"有之","无其智"指"绝圣弃智",意思是当我们有了"智"之后,还要无掉"智","弃智"就是"无知"。"弃智"是先有知才弃,没有知道了的"智",我们弃什么?

什么叫"无欲",是指人有了"欲"以后,要空掉,不是说根本没有欲。根本没有欲的,那叫木头、石头。真正"无欲"是讲人类的状态,木石无欲根本是没有人心,不能就人来说。

为什么人要讲"无欲"呢?因有欲故讲无欲,"无其欲","无"当动词。我们做任何事情难免有一个欲念,要为了什么。"无之"就是"无心",有意栽花花不发,无心插柳柳成荫啊!但花还是要栽,柳还是要插的。

再看"利"跟"用"两个字的境界完全不同,"利",它的反面是什么?就是害,所以,有利就有害。"用",它的反面又是什么呢?是无用。庄子讲"无用",认为"有用""无用"并不是"利害"的关系。在人世间的一切,万物的有用、无用,其实会随人的观念不断发展变化的。比如说："天地不仁，以万物为刍狗。"刍狗，在未祭祀之前有用，祭祀之后无用，这是自然的现象。我们生命也是活时有用，死后无用。有用、无用这是自然的变化关系。

但说"利害"就是一种好坏的关系了。利害是暂时的，我们造了一幢房子有利，但一百年后房子可能坍掉。有利总是暂时的，但"用"是无限的。只要造了房子，当中有空间，人就可以用，房子坍了，还可以再造一幢，用是永恒的，用之所以能永恒，就缘于用空，才能永恒。

我们用这些例子讨论回到人生的修养功夫，我认为："有"是创造发展，这是人世间的一切之努力，但是在心灵境界，要把它空掉，"无之"，不要执着，然后你的"用"才能维持永恒。要知道这两句是功夫修养，尤其是"无之以为用"，不是说"无"，而是"无之"，"有之以为利"，"有之"是从"无"中生出"有"，"无之"就是从"有"再到"无"的运用。

其实，在人与人的关系中，"无之"也很重要。小人之交甜如蜜，这是"有"。君子之交淡如水，这是"无"。都是表现有无之间关系的。

所以，"无"并不是没有，只因为"有"不断地多下去，因此，以"无"对付"有"，"无"也不断地增多。

老子当时"无"的意义跟我们现在对"无"的理解运用是不一样的，我们现在提"无"也许多元化，有更多向度，用在心理学、领导学、管理学上，都有不同的方法，老子是没有想到这些的。这都是因为"有"的实际情况的多元，"无"虽然只是一个，却也能有千变万化的作用。

# 第十二章

五色令人目盲；

五音令人耳聋；

五味令人口爽；

驰骋畋猎，令人心发狂；

难得之货，令人行妨。

是以圣人为腹不为目，故去彼取此。

## 语 译

过分贪恋色彩的绮丽，使我们的视觉变麻木了，反而失去辨色的能力；过分追求音声的娱乐，使我们的听觉变迟钝了，反而失去知音的能力；过分讲究美食的享受，使我们的味觉变得不灵敏了，反而失去品味的能力；纵情于骑马、追逐野兽的游戏，使我们玩物丧志，以至于精神错乱。羡慕那稀有的金玉珍宝，往往使我们的行为走入偏差。所以圣人的修养，要像"腹"那样无欲无知，易于满足，不像"目"一样多欲多求，贪得无厌。也就是说要断除向外的追求，而返归内心的恬静。

## 解　义

### 一、五色五音五味的迷惑

"五色令人目盲"的"五色"，当然可以说是五种基本颜色，红黄蓝白黑。同时也表示不只五种颜色，中国字像"三""五"，多半是讲"多"的意思，所以可理解为多色，颜色越来越多，眼睛看得都麻木了。

接下来，"五音"，本指宫、商、角、徵、羽的五种基本声调，但也泛指各种音响，不止是音调、音乐，但太多的音声，震耳欲聋，以致我们耳朵会失去清晰听音的功能。

"五味"，本可指酸、甜、咸、苦、辣的五种原味，但也可泛指山珍海味，各种味道，使人吃多了，反而口味丧失。

我还另造一个"五书令人智昏"，如今各种各样的书太多了，知识的爆炸，令人迷惑，大家可以到图书馆或书店里去看看，单单哲学的书就不计其数，怎不令人智昏？

### 二、跑马和球赛

现代人，这些东西发展得愈来愈繁多，如果把握不住的话，你就会受它们的迷惑，像"驰骋畋猎，令人心发狂"。在古代，对君主来讲，驰骋畋猎、追逐打猎就是一种追逐物欲的游戏。今天很多人疯狂地热衷于球赛，游戏的背后却是一种赌博。

"难得之货，令人行妨。"在第三章已清晰诠释，金银珠宝等财物，令人行为产生偏差，用不正当手段获取。所以老子劝君主不要强调"难得之货"，王弼注说："塞人正路，故令人行妨也。"

### 三、为腹不为目

"是以圣人为腹不为目，故去彼取此。"王弼注"为腹者以物养已"，用吃东西来维持生命，这很重要，是为腹的基本需要。而眼睛不一样，眼睛就是向外观看，寻求好看的东西，王弼说"为目者以物役己"，拿外在的物来供给自己，眼睛代表欲望，眼睛是从来没有满足的，不像肚子那样很容易满足，所以圣人不为目。

# 第十三章

宠辱若惊，贵大患若身。

何谓宠辱若惊？

宠为下，得之若惊，失之若惊，是谓宠辱若惊。

何为贵大患若身？

吾所以有大患者，为吾有身，及吾无身，吾有何患？

故贵以身为天下，若可寄天下；

爱以身为天下，若可托天下。

## 语　译

"宠辱若惊"是说：受宠和受辱都是一样地使我们惊惧不安。"贵大患若身"是说：我们要谨防这些大患，就像我们谨慎自己的身体一样。为什么"宠辱若惊"呢？因为"宠"不是一件好事，当我们得到它的时候，我们会吃惊，为什么别人要宠我们。当我们失去它的时候，我们更为惊惧，因为耻辱会不旋踵而来，这就叫做"宠辱若惊"。为什么"贵大患若身"呢？因为我们之所以有大患，就是因为我们念念不忘这个身体，如果能升华这个身体，不再念念不忘它，那么我们还有什么大患可惧呢？所以说，如果真正珍贵自己的身体，以它来肩负天下万物的生存，而为天下万物之所寄，哪里还有个人宠辱之可及？如果真正爱惜自己的身体，以它来助成天下万物的发展，而为天下万物之所托，哪里还有个人受患之可言？

## 解　义

### 一、宠为什么令人惊

"宠辱若惊，贵大患若身。"王弼注说"宠必有辱，荣必有患"，宠辱是相对的，为什么会"宠必有辱"，这是因为把自己寄托于外在。宠是外在的，辱也是外在的，光荣耻辱都是从外在来的。《庄子·天下篇》讲慎到，说"见侮不辱，救民之斗"，见到外面有人侮辱我们，如果我们觉得是侮辱，那侮便只是他的侮，跟我们没关系，只要我们不感觉辱的话，侮就不起作用。辱是从外来的，同理，宠当然也是外来的。此处之所以说"若惊"，就是把自己的荣辱寄托在外在，控制在别人手上，得宠也好，受辱也好，都失去了自己。

大家都认为辱不好，耻辱来了，我们当然受惊。但是被宠时，也要注意，否则宠跟着就是辱。举个例子，一个男孩子拼命追求女孩子，那就是宠啊，女孩子要考虑自己内心喜欢人家吗？不能只听赞美的话，而失去冷静的判断，否则就会有辱。这个容易懂。再想想看，突然来一个宠，人家有求而来，往往是要名要利。以前，有一个人突然到我家拜访，一来时就开始赞美我，说："久仰久仰，我知道你文章写得很好。"一大堆赞美，最后一定是说："请你帮我写一篇文章。"

"宠"，也就意味着：不是你真正应该得到的。还有更高的名过其实的宠，是最危险的东西。王弼注"（惊）宠辱等，荣患同也"，故"贵大患若身"，这是"大患"，贵就是要注重，为什么叫"若身"呢？遇到这种大患，要想到你自己的身体，想回到你自己去。由于这种大患，你都把自己交给别人，别人都在控制你，所以一定要回归自己，重视己身。还有另外一种对"大患"的解释，认为外在一切的物欲都是"患"，都是"大患"，可是我们却不知道，每天还要去追求，认为得到就是好。

"宠为下"，普通人认为"宠为上"，但老子却告诉我们："宠"不是好东西，"下"，就不是好东西，所以得到的时候会"若惊"，普通人不知道"得之若惊"，只认为得到了很高兴，"失之若惊"，到了失宠那个滋味就是很难受的。权势也一样。有权的时候，众星捧月，大家围着你，你很高兴，一旦没有权势，门前冷落车马稀，就很难过了。

在这点上我有经验过，我念道家看得很开。做了七年的系主任，到第八年，不做了，就有一点儿失落感。我本来是对行政方面没有什么兴趣的，是愿意辞掉的，但是仍然还是有感觉，当你不做系主任的时候，就好像没有人理会你了。权势就像老虎，你得到权势就是骑在老虎背上，下不来。怎么能不"宠辱若惊"呢？

## 二、贵大患若身

我们品味一下何谓"贵大患若身"，王弼注说"大患"就像"荣宠之属""生之厚必入死之地"，我们过分强调生之厚，过分重视生生之厚，就不是真正的生。要注意这个地方的解释，过分的要求就不是真正的生，譬如金钱、权势，这不是我们真正的生命需要，我们却拿这个当作自己的生命。拿处在权势地位的"己"当作真正的自己，拿有了名利的"己"当作自己，那个"己"已经是寄托在权势、名利和外面的赞誉上，它就是一个外在的东西，不可靠，很危险，必入死之地，这就是"大患"，"人迷之于荣宠，返之于身，故曰'大患若身'也"。所以，外在的宠辱就是给予我们"大患"的，老子提倡要保身，如果人把自己付托在外在，就伤害了自己，保不了身。

## 三、无身无患

接下去，老子说："吾所以有大患者，为吾有身。"我之所以有大患，是因为吾"有身"，这个"有身"有两层意思，一个是有自己；另一个是执着于自身。人想占有这个身体，然后对于外面的宠、权势，又非常执着，认为只有靠那些才能显耀自己，这是很危险的。所以说："及吾无身，吾有何患？"这个"无身"不是说"没有自己"，如果认为"没有自己"，那就好比自杀！其实，老子是劝我们不要执着于自身。"无身"这个"无"字，我认为还是当动词用，不要执着在自身，如果你不执着于一个以名利、权势为基础的自己的话，一切大患就不会到来；如果我们满足于现在的自己，我们就会知足常乐。


四、寄天下与托天下

"故贵以身为天下者，若可寄天下；爱以身为天下者，若可托天下。"

前面讲到"及吾无身，吾有何患"，现在又说要"贵以身"好似又强调有身了。让我们看王弼怎么注："无物可以易其身，故曰'贵'也。如此乃可以托天下也。"王弼注出了"什么叫真正的贵"，就是没有东西可以代替他自己，很多人都是拿外面的有权、有势、有名来代替自身的。王弼说，没有任何东西可以代替他自己，这是贵。

什么叫"为天下"？

第一层意思，把自己看得与天下一样重，并非把自己看成多少财物，不是邀一个人的宠，而是把自己放开，这才是真正的贵。第七章说"天地以其不自生，故能长生"，即不执着自己的生，把自己的生当作天下，这才是长生。

第二层意思，打掉自我，把自我拓宽开来，为了天下，而不是说为了自己。这当然有一点儿儒家的味道在里面。《礼记·儒行篇》"养其身以有为也"，"养其身"就是"爱自己"，为了来做更重要的事情。为什么爱自己？不是爱自私自利的自己，而是因为这个身体有用，身体可以做很多事情，为了造福别人，所以我们要爱惜自己。同样的，把这个"有为"看成天下，老子言说的对象常常是君主，君主如果贵重自己的身体是为了天下，不是为了自己，这样才可以把天下交给他治理。

"故爱以身为天下者，若可托天下。"想想看，一个人如果不真正地贵自己，不真正地重自己，还能把天下交给他吗？他还能重视别人吗？他还能看重人民吗？很多君主整天喝酒沉醉，连自己都不爱惜，如何能把天下交给他？这个观念跟道家的思想一致，道家爱自己，爱身体，爱得过分，当然就是神仙了。道家重自己身体，跟儒家不一样，跟佛家也不一样，在佛家"空"的看法是：身体是臭皮囊、是躯壳，没有用了，是"地、火、水、风"四大聚合，是一个缘。道家、儒家，是中国最原本的看法。中国人强调身，但不是说重视外在的宠辱，那不是真正爱自己，我们把自己交给别人了，哪里会是爱自己。爱自己就是自己可以掌握自己，自己是自己的主人，这才是真正的爱自己。

所以从这一章看，道家也可以说是个人主义，也是讲爱己，是讲自我，但道家讲的自我是真正的自我，是生命的自我，道家的爱己，是爱真正有生命的自我，不是爱那个虚浮、外在的、充满欲望的自我。

所以我跟美国学生说，你们讲"个人主义"，真正的个人主义是道家。你们是什么样的个人主义呢，个人主义只是为了ego，为了自私欲望下的自己。道家是把全天下看成自我，"爱以身为天下"就是自我。扩大成天下，把"自我"看成"天下"，这个自我有多大？这样的个人主义有多大？

# 第十四章

视之不见，名曰夷，听之不闻，名曰希，搏之不得，名曰微。

此三者，不可致诘，故混而为一。

其上不曒，其下不昧，绳绳不可名，复归于无物，是谓无状之状，无物之象，是谓惚恍。

迎之不见其首，随之不见其后。

执古之道，以御今之有。

能知古始，是谓道纪。

## 语 译

用眼看不到的，叫作"夷"，用耳听不到的，叫作"希"，用手抓不到的，叫作"微"。这"夷""希""微"三者都是描写我们的感觉官能无法探索宇宙生化的本质。因为这个本质是浑然一体的境界。由于是浑然的，所以在外没有光亮可以识别；由于有真体的存在，所以在内又不是昏暗不明的。这个生化的本质，微妙如丝，绵绵不绝，不可名状，好像回归于没有物质的本然境界。它是没有形状的形状，没有物质的形象，可以称为若有若无的"惚恍"。我们面对它，却看不到它的前面；追随它，却看不到它的后面。尽管如此，如果我们真能把握道的作用，也就能运用万有的一切。如果我们真能知道自古以来道的作用，也就能实证道的原理。

## 解 义

### 一、道之不见不闻不得

本章讲道。"视之不见，名曰夷，听之不闻，名曰希，搏之不得，名曰微。"其中"搏"字，即用手去抓取。"此三者，不可致诘"，因为都听不到，看不见，口不能言，书不能传，所以我们不可以靠诘问而追究，正因此，这三者混而为一。如果可以听到声音，可以看到颜色，可以抓住实体，这就把它变成三个东西了。但现在看不见、抓不到、听不到，才混而为一体。即是王弼所注："无状无象，无声无响，故能无所不通，无所不往，不可得而知。更以我耳、目、体不知为名，故不可致诘，混而为一也。"

## 二、上不皦下不昧

"其上不皦，其下不昧，绳绳不可名，复归于无物，是谓无状之物，无物之象，是谓惚恍。""皦"，即清楚，从上面看不清楚，上面即外面，譬如：桌子的上面就是桌子的外面。从外面来看因其无声、无形、无状，所以看不清楚。

"其下不昧"，即下面不暗，下面即里面。道的里面不暗，外面虽迷糊，看不清楚，但内里不暗很重要。如果外面看不清楚，里面也是暗的话，漆黑一团，是糊糊涂涂。修道之士，多从外面看不出来，大智若愚，若愚指并非真愚蠢，而是里面有智慧，清清楚楚，外面不跟别人计较，让人看不清楚，这很重要，所以里面的"道"是有东西的。


## 三、绳绳不可名

"绳绳不可名"，此处为何用一个绳字？我的老师是研究文字学的，他说"玄"字就是"绳"字，形意相通，"绳绳"就是"玄玄"，绳绳就是连绵不断、一直延续下去，"玄玄不可名"的意思。因为"不可名，复归于无物"，所以我们称它为"无物"，不是真正没有东西，只是不可名。注意，道不是无，道是不可名，所以名之曰"无"。是指无状是它的状，无物是它的象。

王弼注说："欲言无邪，而物由以成。欲言有邪，而不见其形。故曰:'无状之状,无物之象也'。"大意是:一说它无吧,结果万物由它而生,能说无吗?无又怎么会变有?说有生于无,有到最后,又怎么真正没有呢?怎么会变成无呢?科学家没有办法说,宗教只有说是上帝了,没有办法刻画,说"道"是"有",有,却又看不见,所以只好说它是无状之状、无物之象了。

实际上,我的看法是:"道"是"有",一定要有,"有"发展出来以后,这个"有"就是"有无"的"有",是相对的"有"。并不是说"无"生"有无",因为"道"的那个"有",我们没有办法去了解,所以用"无"来称呼"有"。如是这般,凡是中国哲学,道家也好,儒家也好,其实都是讲有,即Being。这跟佛家讲"真如"不一样,佛家讲"真如"是"空"。"空"怎么生"有"?实在没有办法解释。佛家只好抓一个"无明",因为无明欲念一动,就产生了有的世界,只能这样讲,这是宗教里的讲法,科学家们也还是讲不通的。

我会强调:"道"还是"有",说"无,名天地之始",它一定是有一个东西在那儿发展的,但是我们人的智慧没有办法掌握,我们没有记录,没有文字,没人能够了解,所以我们暂时用"无"来称呼它。"无"是一个称呼,不是一个本质。所以,道家的"无"有两个用处:一个用处是称呼一种我没有办法掌握的东西叫作"无";第二个用处是在运用,用的就是"无知","有"了,但是你要把它空掉、虚掉。

所以接下来说,由于它的无状之状、无物之象,"是谓恍惚"。恍惚是看不清楚了,不可得而定。"迎之不见其首",我们要看，在前面却看不到它的脸，"随之不见其后"，在后面又看不到它的背影。但接着话锋一转，"执古之道，以御今之有"，"有"，就是有其事、有其物，即"有"的世界。如果我们能把握古代的道，就可以应对今天的万有，我们所说的万有就是今天的"有"。也就是说：道可以用，道就是这样的东西，你说它有，我们又看不见；说它无吧，我们又能感觉到天地之间有那么一个东西存在着，道还是存在的，它就在这个地方。

### 四、道和上帝都是看不清楚的

如果"道"是能被大家看得清清楚楚的东西的话，大家都追求"道"了嘛，就不稀奇了。就是因它看不清楚，才有作用，关键在于我们相不相信。同样的，我们冒犯一下，说上帝也是我们看得恍恍惚惚的，若上帝可以打包票，什么都可以保证，绝对大家都会信奉上帝，没有不信的了。道像上帝一样还是不能清楚地看到，相信，就有，若不相信，就没有，这才是"道"的作用。因为相信不相信都要靠我们自己选择，不是靠"道"，不是靠"上帝"。

上帝也会给出一个空间，上帝创造人之后，还要创造魔鬼，魔鬼就是空间。那个空间很重要，你做坏事，受魔鬼影响，你做好事，就会走向上帝，这是给人一个活动的空间，给予一个自由意志。它的用清清楚楚，我们如果了解"道"的话，就可以应付今天的万有，所以"能知古始，是谓道纪"。"古始"就是古代，你通过"道"，能知道古代，从古至今，我们称为"道纪",纪字有两个意思:第一是记录,记录"道"走过的痕迹。就日常生活来讲,比如一个事情,做到极端就会适得其反,就是道的痕迹,是道在起作用。第二是纪律,纪律就是理,理就是规律、道理。记录道在人世间的轨辙,了解相信道在人世间起的作用。我们可以去用,我们可以去了解,而道的本体是抓不住、看不见的。

我们看王弼注:"无形无名者,万物之宗也。虽今古不同,时移俗易,莫不由乎此以成其治者也,故可执古之道以御今之有。上古虽远,其道存焉,故虽在今可以知古始也。"和我们上面所说是一致的。

## 第十五章

古之善为士者，微妙玄通，深不可识。

夫唯不可识，故强为之容。

豫兮，若冬涉川；犹兮，若畏四邻；俨兮，其若容；涣兮，若冰之将释；敦兮，其若朴；旷兮，其若谷；混兮，其若浊。

孰能浊以止，静之徐清；

孰能安以久，动之徐生。

保此道者，不欲盈。

夫唯不盈，故能蔽不新成。

### 语 译

自古以来，善于修道的人士，都有致精微、寓神妙、体虚玄、通事理的功夫，是那么的深入而不易认识。正因为不易认识，所以在这里，我们勉强地就外面来加以描写。他们的态度，谨慎小心，好像在冬天去渡河；犹疑不决，好像四面八方都是危险。他们的处事，严肃的时候像客人一样地被动，而热情焕发的时候，又像初春的冰释，一片和气。他们的心性，纯洁得像一块未经人工雕琢的木块，谦冲得像深谷一样虚无，而又生机毕现。他们的与物相交，浑然一片，不免看起来像浊水。谁能够使这池浊水澄澈呢？他们的功夫，乃是用一个"静"字，使他们的心逐渐地归于清明，不因物欲而混浊。清明之后，谁又能使清明永在呢？他们的功夫，乃是自然的运作，保持清明之心与万物之化，徐徐地相融相生。在这相融相生的发展中，他们又时时保持"不求过度、过多"的心理。遮掩住他们的才智和光辉，不求那些急功和小成。

## 解　义

### 一、微妙玄通

"古之善为士者，微妙玄通，深不可识。夫唯不可识，故强为之容。豫兮，若冬涉川。"王弼只解释了"冬之涉川，豫然若欲度"。要想渡河，冬天结冰渡河要小心，想渡又不敢渡，"其情不可得见之貌也"。

可惜他没有对"微妙玄通"四个字加以注解。我认为"微妙玄通"这四个字，可以说是善为道者即修道之士的四德。一看到"微妙玄通"，我就联想到《易经》，易有四德："元亨利贞"。我们把"元亨利贞"跟"微妙玄通"做一个结合与比较。

"微"，是指开始时的细小。"元"也是"微"，元一定是很小的，微是代表小，微代表精微、思想的精微不可知。

"妙"，我们说："神也者，妙万物而为言者也。"这是出自《易经·说卦传》。"妙"是万物生化之妙。说妙就是讲生化的关系，《易经》的"亨"是讲亨通，"亨"也是祭祀，跟天交流，也是亨。在老子看来，修道之士了解宇宙生化之妙，也即心的交流通畅生化之妙。

"玄"，指其深、高，是指性的冲虚玄深。"元亨利贞"中的"利"字是利万物，虽然这个地方玄字好像不是讲利万物，只是讲玄之又玄、高明、高深。

"通"，这是利万物了，无所不通，与天地相通，和万物相通，事理通达无碍。

这四个字对道家来讲很重要。一个修道的人，他一定要很精微，精微就知其本性，他要了解万物生化之妙，思想能够深，道通天地有形之外，即是玄，而后深入变化理路之中，就是通，思想如风云变幻，玄是高深，通是通万物，由于它又玄又深，所以说深不可识，不是一般人从外面就能看得清楚的。


## 二、心性的修养

看不清楚，我们只能勉强去形容它。接下来就老子从他的态度，到心，到性三方面讲，我们一层一层来看。

"豫兮，若冬涉川；犹兮，若畏四邻"，这是讲态度。"豫兮"，像渡河一样，"犹兮"的"犹"，犬字旁旁边，是一个像猴子一样的动物；"豫"，本身也是一个动物，象字旁，如同大象一样的动物。走起路来是慢慢的，一步一步的，不像老虎、狮子那样动作很快。

现代用语我们把"犹""豫"连在一起，犹豫就是好像不敢做决定，深思熟虑，既想做又想不做的样子。这里是描写一个修道之士，他好像胆子很小，但他并不是真正地害怕，如"犹"像猴子一样，"四邻"就是四边，是说我们在中央之地，张望四边，犹然不知所去向，不知道他在想什么。因为他"犹""豫"，看不清楚，就像"上德之人，其端兆不可睹"，你看不出他的意向来，"意趣不可见"，即不知他想什么。真正的有道之士，看一个问题看得很深很远，因此做任何事情，考虑周详，他是不会随便发言的。在表面上，有道之士好像很胆怯，看起来不勇敢，但是实际上他并不胆怯，他知道我们的知识有限，有很多事情是我们没有办法完全了解的，所以戒慎恐惧，谨慎行事。

"俨兮，其若容；涣兮，若冰之将释。"这是修心的方式。"俨"本来是严肃，"若容"，有的版本改成"若客"，像客人一样。我认为很好，我们中国人的客人，都晓得客要顺着主人的方便，客随主便，客人就是要谦虚，要有礼貌，不能随心所欲。严肃得像客人一样，心一方面像客人一样；另一面呢，又很暖和，可以使"冰之将释"，可以融化人家。修道之人的心，一方面是像客人一样，彬彬有礼；另一方面跟他相交的话，又一片温和，能融化别人。

接着讲性。"敦兮，其若朴；旷兮，其若谷。"修道人的性要"敦厚"。"朴"是什么呢？"朴"，指没有被砍伐出来时的原木。原来的木头，它没有形状，砍伐出来以后，加以刨皮，可以做成器具，便有形状了。所以，修道人的性就像原木，很纯。接着，"旷兮，其若谷"。凡是老子书里面讲到"谷"的地方，就是讲"虚"，即虚谷，谷至少有两个意思，一是虚；一是能生物，合而言之，即虚而能生。如果虚而空，都空了，什么都没有，那不是"谷"，"谷"能生长万物，涵养万物，虚而生。这是"道"的性，也是修道人的性。

## 三、混兮若浊

从态度、修心到修性，这些都是描写修道之士的。但是三者混在一起，因为它微妙玄通，深不可识，所以"混兮，其若浊"。好像看不清楚，"浊"是水很脏的样子，看不清楚，看不见底。"浊"就是上一章说的"其上不皦"，上（外）面看不清楚，但"其下不昧"，里面却是清楚分明的，即大智若愚。王弼没有过多解释，只说这些描写都是"道"外面的"容象"，不可以"形名"。

## 四、徐字的功夫

下面开始讲用。"孰能浊以止，静之徐清；孰能安以久，动之徐生。"有的版本拿掉了"止"和"久"字，写作："孰能浊以静之徐清？孰能安以动之徐生。"我喜欢加上这个"止"字，因为水很浊了，你要怎样才把浊的水去掉呢？谁能够使这个浊水停、浊水清，只要静止，不要去动它，放在一边，让水自己静止，水自然就清了。这是讲功夫的。功夫在一个"徐"字，即慢慢地、慢慢地。实际上，老子政治上的方法就是一个"徐"字，任何事情，你只要把它摆在一边，慢慢地让它自然化掉，即徐生、徐静。但又不能真正完全走到彻底静掉，一个社会不能完全静，还要适当地动它，使它能够久、能安以久。欲使社会能够安、能够久，要动之徐生。动也要慢慢地生。"静之徐清"，这是"无之"，"动之徐生"，这是"有之"。不能完全"无"，一方面还要有，所以用"有"、用"无"的时候都是"徐"，慢慢地"有"，慢慢地"无"。

五、静和动

老子提倡要我们"少私寡欲"，是慢慢地寡掉欲，不是说一下子无掉欲，那不就等于阉掉了嘛，这不是老子的自然。老子的自然就是"徐"，违反自然就是"快"。所以这两句话运用在个人的打坐上也可以，用在治国上也可以。若是用在个人打坐上，当你想心静下来的时候，你要徐徐地、慢慢地，不要想一下子忘掉，那不可能，慢慢地、慢慢地，当徐到最后，静的时候，要注意了，那个死静，是危险的，好比枯木禅，修禅都修成枖木禅了。那个时候要动，动念出来的是智慧，而不是欲望，是观照，智慧出来，或者真我会显现出来。

所以，心的动，是慢慢地、慢慢地发展智慧，一快就有问题了，一快就变成欲望。一个人判断事情，慢，就是智慧的方法，快，就是欲望，什么事情一想快，就危险。

我们看看王弼在这个地方的注："夫晦以理，物则得明。"我觉得他这几个断句标点断得不好，不如断成："夫晦以理物，则得明。"晦即暗，用"晦"的方法来"理"万物，万物就会明。什么叫"晦以理物"呢？就是你要治理万物，先要自居无知之地，不要自以为知，然后才能顺万物，万物才会理。如果先把自己的思想加进去，你就影响万物了，万物的理就不能明了。"浊以静物，则得清"，物浊的话，要静物，就要用静的方法去处理物，则得清。修道之士的心性与万物相接，由"浊"而"清"，由"清"而"生"。"安以动物，则得生"，触动万物，要把握一个"安"字，不躁动、不乱动，才能使万物生长。"安"字很重要，中国哲学里面经常用"安"字，我们常常会听到一个词"安身立命"。要把身先安了，你才能立命。"安"的意思，就是使得万物都能够得其所安。什么叫作"使得万物都得其所安"？让树木能够长成树，使小草能够安其所天分，安它的天分，得其所养，长成小草。你若强把草变成树，树变成草，就完了！"安"，就是顺它的理去生，这才是自然之道。


六、蔽不新成

最后说："保此道者，不欲盈。"保这个道，顺着这个道，老子所说，不要求满；若要求满，就是求多、求好，最终超过了你的常度。一个人有一个人的常度，你超过自己的常度追求的话，就不是"徐生"，不是"徐静"，而是快，欲速成，才要快。

"夫唯不盈，故能蔽不新成。""不盈"，就是一个"虚"字，虚不是没有，虚就是不盈，时时保持虚，不求满，才能"蔽不新成"。"蔽"是遮盖。有学者把草字头拿掉，"敝"就是旧的意思，旧不新成，守旧不要新成。意思当然可以，只是不如"蔽"字确切，蔽是遮盖你的文才、才能，不求很快就有成就。很快拥有成就是"盈"，不是徐。"成"还是要的，注意，老子讲"新成"，不是说"不成"，但若速求新成，新字就是过分了，欲望加进去了，是犯了老子指出的"盈"之病，就做不到"徐"，一定要徐徐地、慢慢地去体会实践这种功夫。

# 第十六章

致虚极，守静笃。

万物并作，吾以观复。

夫物芸芸，各复归其根。

归根曰静，是谓复命。复命曰常。

知常曰明，不知常，妄作凶。

知常容，容乃公，公乃王，王乃天。

天乃道，道乃久，没身不殆。

## 语 译

修养心性，由虚而达纯一的境界，由静而达真笃的地步。再看现象界，便能从万物的纷纭竞逐中，深观到"复"的原理。万物纷纭复杂，最后都回归到它们的根本。回归到根本，叫做静的境界。这里所谓的静，是指万物都回到自然的大生命中。

万物回到自然的大生命中，便是万化生生不已的常道。了解这个生生不已的常道，我们的心便彻悟而不迷。不知常道，便会违反自然，而招致不幸。了解常道，我们的心，便能开放而容纳一切。能容纳一切，便大公无私，而无分别相。大公无私，便能像王道一样为万物所归。为万物所归，便能和天道同行。和天道同行，便能和道合一。和道合一，便能和万化共长久，便能超诸形骸，生生不已。

## 解　义

### 一、致虚守静

"致虚极，守静笃"一语是很深的修养功夫。王弼注："言致虚，物之极笃；守静，物之真正也。"他注的比日本学者注的"言致虚，物之正极，守静，物之正笃"要好。

"致虚"并不是一味追求虚，虚到什么都没有，虚而有极，虚里面有东西，即上一章以打坐为例一样的要"有"，不能落于死空。"极"，是太极、无极，也是最高的理想。虚到最后，有一个极高的东西在。本来"笃"是在后句"守静笃"中的，王弼却把它提到前面，用在这个地方，"笃"就是真实。虚而能有实，那个"极"是实。虚而能生物，生物就是有实，若虚而不能生物，这个虚就不是老子讲的"虚"，虚而能有实很重要。宇宙万物自然是虚，但虚能生物，空不是虚，空不生物，虚是能生物的。

"守静"到使静僵死掉也不行，静而能笃，"笃"也就是真实，有真，静而能真。所以，极跟笃在虚和静的后面也很重要。这两句话是讲修心的，使心虚而达到极的境界，使心静而达到笃的境界。

## 二、心的观物

接下去，要由心来看万物，先修了心然后才看万物，"万物并作，吾以观复"，我们要看，看什么？看它的复，看它的回归，看它发展到最后的阶段。王弼注："以虚静观其反复，凡有起于虚，动起于静，故万物虽并动作，卒复归于虚静，是物之极笃也。"我们不需要讲得那么深，只要直接去看万物的变化。一般人观物，只看到现在，未想到它发展到最后的样貌。看眼前，有一句老话叫做"人比人气死人"，但是看到回归，再有钱有势的人，到最后还是一抔黄土，我们都是一抔黄土嘛，有什么差别？想到这个地方，我们就想开了。

## 三、归根复命

"夫物芸芸，各复归其根。"为什么要讲根？"叶落归根"，虽然死了是不好，但是叶落归根，根又是生长，所以此处"根"是"生"的意思，又回到生长的源头。

有人问我："你曾说，他有钱，我没钱，死了，都一样。但都是死，岂不是同样的悲哀吗？"

如果照庄子的说法，死了后，变成另外一个东西，无论是什么东西，不又是另外一个开始吗？所以归根还有后文啊！如果照庄子的思想，大家更不要怕了，不要去担心，我们变成任何东西就是自然之化，变成好的或不好的都无所谓。自然界中，有什么叫好，什么叫不好呢？没有！马也好，鸟也好，并没有什么说好不好的问题。好不好就是人的观念，自然当中是没有的。对动物而言，虽然它有痛苦，但对生命的长短没有感觉。任何动物都没有对生命的执着和对生命死亡的恐惧，只有人才有，人有这个意识。

因为人有了这个意识，所以就有一个念头，想要抓住自己。万物，包括其他动物都是自然的。所以，想抓住自己，想控制自己，这种欲望就是痛苦的渊源。

释迦牟尼开始很痛苦，他看到生老病死，人都不能自主，他很痛苦，就跑到森林里面去。他的痛苦异于常人。人类最大的痛苦就是不能自主、控制不了自己的生命的苦。回去之后便是归根，归根还有前途。


四、归根曰静，复命曰常


"归根曰静，是谓复命。复命曰常。""静"在老子的说法里就是无欲，没有欲。无欲则静，是谓复命，这个地方是指命从死中转化出来了。

"复命"，复的是什么命？死掉了，不是已经没命了吗，叶落归根，现在怎么又是"命"呢？可见这个"命"不是肉体生命的命，是"自然之命"，回到自然之命，就是回到大命，不是小命。小命在佛家就是分段生死，就是这一段肉体的生死。"命"在儒家看来就是天命，我们的生生死死都是天命，死了以后变什么东西也是天命，天交给我们的命，若天交给我们只活一百岁，我们活一百岁就够天年了，一百岁以后，我们会变成什么东西？只有天知道，也就是只有天命了。

回来谈"自然之命"，这才是常态，是自然之常，"复命曰常"，常字很重要！第一章有"道可道，非常道"，此处又出现"常"字。就宇宙人生的发展来讲，有高有低，有高潮有低潮，这是常。这个高潮低潮包括了富贵与贫贱，也包括生死，一切都包括进来了，自然如此。所以，我们在低潮的时候，不要痛哭流涕，这是人生必经的，死亡也是必经之路。但高潮的时候，我们也不要得意忘形，自觉了不起，这也是自然的。如果一个人能把高高低低看成自然现象，就会放宽心胸。在佛家，就是讲缘合则聚、缘灭则散。缘聚我们可能上高潮，缘灭就走低潮。缘聚，夫妻相爱；缘散，生离死别。这就是佛家讲的无常，其实也就是常。

中国哲学认为人生本来就是这样的，没有人一生下来就一帆风顺，尽管有人说父母亲很有钱，他自己也很有钱，万事无忧，那也很少，不是常态，是很特殊的。我们来看王弼的注："归根则静，故曰静，静则复命，故曰复命也。复命则得性命之常，故曰常也。"这里讲到性命来了，说这是性命之常，是本命，也是真命。

## 五、知常之道

"知常曰明，不知常，妄作凶。"中国人重知常，了解常态，要我们对人生能看破、能看透。"知常"又出现"常"字，我们仍然会联想到《老子》的第一句话"道可道，非常道"的"常"。理解"常"字很重要，"常道"的"常"还可当作形容词用，但此处的"常"不是形容词。"知常"是什么？我认为：这个地方讲的不是"常道"，"常道"是名词，却是很高的境界。"常道"怎么能知？不容易。所以此处一是知"常理"，我们用"理"来讲，即"常理"，道不可见，不可知，抓不住，摸不着。"道"在现象界的作用就是"理"，"理"是我们可以去观察、体验的。我们从现象界去观察，就是要看出它的"理"来，任何事情物极必反是"理"。这是常理，人人可知可见。"知常曰明"，"明"是悟解、智慧。认识到外物都是自然界的真实存在，是"道"的流行在起作用，万物川流不息、永恒如斯，能知此即"明"，我们便能顺乎自然而不会妄求、妄执了。


## 六、知常容

"知常容"，"容"是指"心"的作用，知道常理之后，我们的心量就宽大了。譬如，我们知道人生的发展过程中有高潮、有低潮，这个是常理；有成功，有失败，人生不如意事十之八九，这也是常理。知道了这个常理，我们处低潮、碰到失败、遭遇困难时，就不会气馁，我们的心就宽大了，能容纳逆境，觉得处低潮也没有关系。所以，"容"是心的开放。

## 七、容乃公

"容乃公"，王弼注得比较抽象："无所不包通，则乃至于荡然公平也。""公"就是无私，我们简单来讲，公对私、私心，公就是打破私心，人能心量宽大到打破自我，就不会对什么事情都非要拿一个自我去衡量了，以自我衡量的话，就起分别心、差别心，就出现我执。

## 八、公乃王

"公乃王"，"王"不是普通的王，而是我们说"内圣外王"中圣王的王，或是"王道"的王，王弼注："荡然公平，则乃至于无所不周普也。"说"王"是普遍，那你的心就能普遍于万物。

## 九、王乃天

"王乃天"，这里何以又讲到"天"字上去了？"天"也是普遍，天代表能够普遍于万物，覆盖万物。"天"跟"王"有什么不同？"王"还是就现象界而言，指圣王之治，还是在现象界的普遍；"天"进一步提升，就属于"形而上"了。如果让我们给"天"加个注解的话，我认为"天"是"大化"，即大而化之。

实际上，念哲学常常考虑时间跟空间，如果说前面的"容乃公，公乃王"，还是在空间上的表述，在现象界空间上的普遍，那么天就是在时间上的普遍。"公"是公平无私如地道，代表空间，又上通于天道，天代表时间，天一定很高，大而化之，是指与天道相通合一，也和万物共生共长。


十、天乃道

再接下来是"天乃道"，王弼注："与天合德，体道大通，则乃至于穷极虚无也。"王弼喜欢把"道"讲成"虚无"，"虚无"是一种解释，不过我们想想看，"天"跟"道"有什么差别？为什么在"天"之上还要加一个"道"字？

如果我们只讲"天"，天是最高的，高高在上，无所不包，无所不通。天有个毛病，太高了以至于高得不能下来了。天还有第二个毛病，天有它的权威性，对人来说太权威，如一个人自认化身为天，就都会变成毛病，道则不然了。老子的道是自然的，道是以虚无为体的，讲道就不会有天那样的权威性、人格化，或者神明性。老子在"天"之上，还讲了"道"，我认为道是把天的作用又调和、放下来了，用在我们的人生中。

我们常说，"道"就在我们心里面，"道"可以为我们的日常生活而用，天太高，下不来，但道可以。"天乃道"之后，"道乃久"，我们可以实行"道"，通过"道"，我们才可以"没身不殆"，这是代表实际生活中的修养了。

"没身不殆"的"殆"字，此处王弼的注，因他所代表的魏晋玄学家们把道完全当"无"来讲，这是有点儿问题的，"无之为物，水火不能害，金石不能残，用之于心，则虎兕无所投其爪，兵戈无所容其锋刃，何危殆之有乎？"老虎也抓不住你，刀枪也不入，这个注就太玄，有点儿脱离实际了。"没身不殆"的"殆"当然是指有危险的意思，但还有一层意思是"穷尽"。没身不穷，意思是：我们不会走入穷途末路，因为"道"是绵绵不断，生生不已的。我们达到"天"的境界之后，再回到"道"，用其来修养人生，我们就能永恒，可以生生不已，"殆"指无尽，比"危险"两字的解释要好。

# 第十七章

太上，下知有之；

其次，亲而誉之；

其次，畏之；

其次，侮之。

信不足焉，有不信焉。

悠兮其贵言。

功成，事遂，百姓皆谓：我自然。

## 语　译

"太上"之君的治道，使得人民只知道有那么一位君主的存在，而不感觉和他有任何的关系，大家各行其道。次一等的君主，行仁义，立制度，有意为民，而人民也得以亲近君主，赞美君主。再次一等的君主，专重刑法，使得人民惧怕严刑酷法，而不敢胡作非为。最下一等的君主，欺骗人民，残害人民，使得人民铤而走险，群起反抗。这说明了在上位的君主，如果没有诚信之德的话，在下的人民便不会以诚信来对待他。所以真正实践"太上"之君的治道，要处身无为之事，行不言之教。默默地完成天下太平的大功，及使人民各安其居的大业。而人民却不知是君主之所赐，反以为一切都是自然而然的。

## 解　义

### 一、什么是太上

"太上，下知有之。"太上是指最高的境界，太上之人是指至善，或者是最高的政治圣王。"下"指他们治理的人民，不知道有圣王在上，只知道有这么一个人的存在，也就好像没有似的。王弼注："太上，谓大人也。大人在上，故曰'太上'。"我不知道他为什么讲"大人"。如果讲"大人"，很容易就想到《易经》里所讲的"大人"，儒家的"大人"，但我认为这不是儒家的"大人"，注得有点问题。注解为"圣王"是可以的，但是"大人"跟"圣王"也不一样。大人于政治是指实际的职位，而"太上"的境界是内心的、至德的。这是形容第一个层次的君主。

### 二、治道的等级

第二个层次，"其次，亲而誉之"，这是讲儒家的做法，儒家君主亲近人民，施行仁政，人民赞美他，这是第二个层次的君主。再其次，是第三等的"畏之"，这是法家君主立法严峻，人民都怕他（君主）。

糟糕！再下去就不得了啦，"侮之"，人民要骂君王了。那种君主，因为他们无信于民，人民也反过来侮辱他们了。王弼注："不能（法）以正齐民，而以智治国，下知避之，其令不从，故曰侮之也。"这类君主用智术去治国，而下面的人民百姓也用他们的智心来躲避，这就是互相不信任。

"信不足焉，有不信焉"，就是对应"其次，侮之"的，君王的诚信不足，人民就不相信，于是上下就开始互相欺诈了。

最后结论回到"太上，下知有之"。"悠兮其贵言"，"悠兮"就是悠远，说太上之君非常注意他自己的言辞。惜话如金，不乱讲，不乱开空头支票。要重视我们的言语，一言可以兴邦，一言可以丧邦，不要轻言，"贵"就是不要轻忽、不要随便。"言"有两层意思：一是代表自己的看法；一是政治上的宣言、公告。君主也好，管理者也好，不要整天颁发公文宣言。


三、百姓皆谓：我自然


"功成，事遂"，要做事，不要乱讲话，当你把事情做成功、成就了，一切都做完了，百姓还不知道是你替他们做的，百姓都在讲："是我自然这样子做的，是我自己造成的。"注意："我自然"，是我自己如此，"自然"二字在《老子》里是第一次出现，这第一次出现很简单，并不需要很奥妙的解释，自己如此而已。但是王弼的注，我们要稍微检讨一下，很玄，他说："自然，其端兆不可得而见也，其意趣不可得而睹也。无物可以易其言，言必有应。"玄到这个自然看也看不见了。实际上我们讲老子的自然，就是宇宙万物现象的自然，是清清楚楚的，可以看得见的，不会看不见。就拿常道的"常"字来讲，无论"常"是永恒也好，不易也好，但都有"平常"的意思，"平常"也是常道，日常生活都是自然。所以魏晋的玄学家，把这个"自然"讲得过分玄了。老子此处"百姓皆谓：我自然"，这就是人道的自然，不是玄妙的自然。王弼接下来说："故曰：'悠兮其贵言'也。居无为之事，行不言之教，不以形立物，故功成事遂，而百姓不知其所以然也。"这是圣王的自然，老子用"自然"于此，只是说明人民以为他自己本来如此。"太上"的境界是老子最高的政治理想，是自然如此，使人民都觉得是他们自然做到的。

# 第十八章

大道废，有仁义。

慧智出，有大伪。

六亲不和，有孝慈。

国家昏乱，有忠臣。

## 语　译

当整个国家社会的人们，废弃大道而不行的时候，贤哲们便提出了仁义等道德观念，来匡正人心。当一国的君主崇尚知识，以聪慧智巧来治国时，人民便忘了素朴的本性，相习伪巧，钩心斗角。当人类至亲的伦常关系出现了问题时，于是贤哲们便制定孝慈的礼制来约束人心。当整个国家已经到了昏乱、危亡的时候，才出来一些忠谏之士，希望挽狂澜于既倒。

解　义

一、大道废

“大道废，有仁义。”诸位注意，这个“废”并不是说大道消失掉，或坏掉了，也不是大道衰退，道就是道，道不会衰退，如果道会衰退的话，就不是“道”了。我们用“道”字，有两重意思：一是道本身；一是我们去行的道，即这条路子、道路，我们也叫“道”。“大道废”，就是指我们要行大道的这条路被废弃了，“废”即废除，人们废弃了大道，不走这条大道了，而不是说“道”本身就会死掉。我突然想到尼采说“上帝死了”，并不是上帝真的死了，“上帝死了”跟“大道废”是同样的意思，意思是信仰上帝的信念被废弃了，大家不再信上帝了。

二、仁义、慧智的产生

同样的道理，大道都不被一般人注意，不被遵循了，只好搬出“仁义”来，即儒家的“仁”提出来的目的，是希望用“仁义”来挽救世道，使大家回到大道这方面来。如果大道不废，就道家来讲，意味着大家本来就都活在大道里面，即万物自然，也就不需要这些仁义道德的名词了。就像庄子讲的，鱼在江湖里面就相忘于江湖，而并不知道有水，这是自然的境界。儒家会认为从“行仁义”开始，还是可以走向大道的，这是儒家的想法。儒家认为"仁义"就是一条大道。

王弼注："失无为之事"，指不能无为，失去自然，"更以施慧立善道，进物也。""施慧"的"慧"在《老子》的版本中都是用"慧智"，而非魏晋后大家都用"智慧"。其实我们看所有的古书里面，"智慧"两个字，在《论语》里面没有，在《孟子》里面也没有。魏晋那时候由于佛学东渡，佛学讲"般若"，"般若"就是"智慧"。所以，我们要清楚：在《老子》的时候还没有使用"智慧"两个字，"慧智出"，"慧"是聪明，"智"是才智，当聪明才智出现以后，就有"大伪"产生了。

### 三、孝慈的出现

"六亲不和，有孝慈"，注意！六亲本和，是指因为家庭不和之后，才有"孝慈"的需要，"孝慈"就跟"仁义"一样，都是道德观念。刻意讲孝讲慈以后，大麻烦就来了，"孝慈"就变成"礼"，如同法律一样。孝慈观念若变成道德观念，变成礼制的话，就失去了它真正的弹性，失去了它真正的精神。

### 四、乱世出忠臣

"国家昏乱，有忠臣"，非到国家昏乱的时候，我们才知道辨识人心，才知道有忠臣，国家如果太平的话，大家都是忠臣，也不需要什么忠臣了。此处王弼的注又太玄了，他说："甚美之名，生于大恶，所谓美恶同门。"这样的注有问题，什么叫甚美之名呢？就好像"孝慈"，老子说：先有六亲不和之后，才有孝慈之德，而不是说德就生于大恶，"美恶同门"，就像第一章，"此两者同谓之玄"，那也没有讲通本章的要义：因为大道与仁义、慧智、孝慈是不同的，只能说义与不义，智与不智，孝与不孝同门。

# 第十九章

绝圣弃智，民利百倍；

绝仁弃义，民复孝慈；

绝巧弃利，盗贼无有。

此三者，以为文，不足。

故令有所属：

见素抱朴，少私寡欲。

## 语　译

君主如果能超越了自以为"圣"，扬弃了自以为"智"的心态，人民便会获利百倍。君主如果能超越了"仁"，扬弃了"义"等道德观念，便会使人民回复到实际的孝和慈的行动中。君主如果能超越了"巧"，扬弃了"利"等功利思想，便消除了盗贼产生的原因。这"圣智""仁义"和"巧利"三者，只是治国的一种外在的粉饰，不足以作为根本的原则。所以君主应该使这三者归属于更高的治世理则，那就是使自己和人民，在心性上达到纯净朴实、少私寡欲的境界。

## 解　义

### 一、绝圣弃知

人们常常因本章而误解老子，由"绝圣弃智，民利百倍"说老子反对道德。但"圣"字在《老子》里面运用了二十六次，只有这个地方用于"绝圣"，其他二十五次都是圣人曰、圣人之治，都是正面肯定的。且要注意！此处的"圣"不是说实际的圣王或圣人，是指"有圣"的观念，所以要"绝圣"，"绝"字，是要圣王要超越、绝掉圣人的观念，不要执着于"我是圣王，我是圣人"。所以老子是在强调不要执着于"圣"的观念。

"弃智"，即不要以为自己有智慧，如此，人民才会更加收获利益一百倍，老子显然是对君主讲"绝圣弃智，民利百倍"的，意思是："君主啊，你要超绝掉你自以为是'圣'，自以为有'智'，人民才会受利。"一个君主如果自认为是圣王，就像秦始皇，他自认为是圣王、始皇帝，要建立万代之基。秦始皇当然是绝顶聪明的人，他绝对有智，能统一六国，绝不简单，史书也记载他勤政，每天晚上看公文看到深夜，一国的政事都很繁杂，更何况还要统一六国，从文字到度量衡，六国的小处大处各不相同，民风民俗相异，而且他是用武力来征服的，他一味想用他的智来治理国家，逞自己的才能去施政，结果秦王朝很快就灭亡了。


## 二、绝仁弃义

接着，"绝仁弃义，民复孝慈"，前面说到六亲不和，方有孝慈，现在又要"民复孝慈"，似乎"孝慈"又是好的，所以现代有学者认为老子是在反对仁义，反对道德，又认为老子的思想有矛盾，一会儿讲"孝慈"不好，一会儿又说"孝慈"好，在这种看似矛盾的地方，我们就要进一步去了解。前面的"孝慈"，是讲道德观念的孝慈，此处的"孝慈"是指人民自然地回到生活中的孝慈。在生活中做一个好儿女，孝顺父母亲，父母也亲近疼爱儿女，这样的事实，老子怎么会反对？反对这个的话，还能成为一个哲学家吗？所以第二个"孝慈"是实际行为上的孝慈。老子从正面和负面去讨论"孝慈"，并不矛盾。


## 三、绝巧弃利

最后，"绝巧弃利，盗贼无有"，"巧"是总要拨弄一点儿小手段、小技巧，"利"是无论什么事情都要讲利益，如果这种观念不断掉的话，大家就会都去投机取巧，都会去图利益而满足私欲。

## 四、以为文，不足

"绝圣弃智"是一，"绝仁弃义"是二，"绝巧弃利"是三，"此三者，以为文，不足"。这圣智、仁义、巧利三者都是一种"文"啊！什么"文"？文是文化，文是文明，文化文明都是文采及文饰，都是外在的一种表现。"不足"，即不够。注意！老子说"不足"，代表不够，而不是说它绝对不好，"文"，其实是很好的东西，我们需要"文"，但是如果完全强调这三个方面却是不够的！重点在于"故令有所属"，要令这三者去归属更高的东西，要把握更高的原则。归属于什么呢？下面就是原则："见素抱朴，少私寡欲。"

## 五、见素抱朴，少私寡欲

本章王弼注："圣智，才之善也；仁义，行之善也；巧利，用之善也。而直云绝，文甚不足，不令之有所属，无以见其指。"这是王弼高明的地方，指出：不让这三者有所属的话，三者真正的用意就不能表达，也就是说圣智、仁义、巧利是可以用的，但是在用的过程当中，我们要把这三者都归于根本。如果根本没有抓住，只讲用的话，就会剑走偏锋。而这个根本在哪里？"本"就是"属之于素朴寡欲"，即必须先在心地上下功夫，达到内在的心之素朴，少私寡欲的境界。在这个前提之下，我们再用圣智、仁义、巧利，就没有问题了。如果抓不住这个根本，只讲圣智，会被人用来盗世欺名；讲仁义，仁义却被别人所利用；讲巧利，巧利反而变成一种投机取巧的工具。

我们今天恐怕还要加上一个民主。民主也没有绝对的好与不好，如果只是用民主以为文，也是不足的，要抓住民主的根本，如果所有的人民都无知、无识，怎么做主人呢？所以民主有一个最大的基础，要教育人民，要使人民都是君子。民主就成为君子的民主，如果人民都不是君子，都是小人的话，那就是小人做民主了。

所以，"见素抱朴，少私寡欲"，在儒家来讲，就是君子的修养，在道家来讲就是人内心的欲望减少。

少私寡欲，不是说无欲，让人没有欲望，这是不可能的。但大家可以减少私心，减少欲望。今天的社会好像都在强调欲望，资本社会也好，科学创新也好，都建立在人的欲望上面，没有欲望的话，就不需要那么多的东西，商家也就赚不着钱了，各种电子平台也赚不了钱。它们都是在利用欲望，但所激发的欲望越多，越控制不了，整个社会骑虎难下。所以《老子》的这一章，我认为非常重要，是对前一章的引申和发挥。

从这一章里，我们知道老子不是绝对反对道德仁义，而是讲真正的道德仁义。真正的道德仁义，是建立在少私寡欲的基础之上的。从这一章，就可以看出老子的本意，对道德的看法，对圣智的看法，提倡治道的根本在于使人民归于素朴、寡欲的生活，无为而自化。

# 第二十章

绝学无忧。

唯之与阿，相去几何？

善之与恶，相去何若？

人之所畏，不可不畏。

荒兮其未央哉！

众人熙熙，如享太牢，如春登台。

我独泊兮其未兆，如婴儿之未孩。

儽儽兮，若无所归。

众人皆有余，而我独若遗。

我愚人之心也哉！

沌沌兮，俗人昭昭，我独昏昏；

俗人察察，我独闷闷。

澹兮其若海，飂兮若无止。

众人皆有以，而我独顽且鄙。

我独异于人，而贵食母。

## 语　译

　　超脱于世俗知识之学，游心于无为无忧之境。世俗的知识是相对的，试看，恭敬地回答"唯"和怠慢地回答"阿"，其间的差别有多少？大家赞美的"善"和大家讨厌的"恶"，其间的不同又在哪里？一般人所畏惧的，我们修道的人，更应该戒惧。一般人所畏惧的太多太多了，没有一个原则，也就没有了期啊！一般人熙熙攘攘地往来奔波，都是为了追求诸如丰盛的大酒宴，以及春天登台的游乐，而我却淡泊得没有一点儿欲望的意兆，好像初生的婴儿，还不知道嬉笑呢！我好像漫游的旅客，没有一个目的地。一般人都是有了，还要求更多；而我好像空空的，如有所失。我不正像那些愚人的心一样吗？是混混沌沌的！一般的人聪明光耀，而只有我好像昏昏沉沉，不识不知；一般的人观察仔细，而只有我好像闷然闭塞，不言不语。我的心淡泊无为，好像海一样的广大而幽深。我的精神自由自在，好像高空中的风，飘无所止。一般人都自以为有用有为，而只有我冥顽不灵，好像没有接受教育的村夫野人。我就是那么地与一般人不同，因为我所重视的，乃是以道为我的生养之母。

# 解　义

## 一、绝学无忧

"绝学无忧"，对这个"绝"字的解读有点儿麻烦。"绝"的一个意思是断绝、断掉；另外有超绝、超过之义。如果取"断绝"的意思，"绝学"就是不要学了，即不学习无忧，如果是这样解释的话，老子就是劝大家都不要学习，变成愚民政策了。我认为老子在此处"绝学"的意思，是要我们"超越""学"，不要执着这个"学"。前面讲"绝圣弃知"，现在讲"绝学无忧"，这两个"绝"可以相通。"绝圣"也同样是不要执着于"圣"，而不是说把圣人灭掉。

读《老子》一定要贯通他的思想来研习。看他讲"绝"，同时也要看他的讲"学"，"学"是不是罪大恶极呢？老子后面还讲到"为学日益，为道日损"。为学日益，每天学习会有增益，为学虽与为道相对，似有负面之意，但并非全然批评，只是指出其不同，而且如果老子反对"学"的话，也不会写下五千言的。"不学"的功夫还是要从"学"而来。所以，我把"绝"字当作"超绝""超脱"，指我们学到某一个程度，要能够超绝所学到的东西。如果是佛家来注解，看到"绝学"两个字会想到"无学"。何以"无学"呢？就是"阿罗汉"，即"罗汉"我们又称为"无学"，是指到了罗汉的境界就不要再学了。

为什么要超脱"学"？这是指我们一般人所学到的知识，

一般的知识都是相对性的，是非、好坏、善恶，都是相对性的、甚至是用来争名夺利的工具性知识。工具性的知识都受相对性所限制，我们如果不跳脱出去的话，就被拘束在这个相对性里，偏于一面。念科学就拘束在科学的领域，不懂文学、否定宗教。若不能超脱的话，会始终认为科学是唯一的，独霸天下，看轻文学、否定宗教，这不是一个危机吗？同样地，走宗教的路而不注意科学，不注意很多事实，也会走上宗教独断论，很多宗教教派都认为自己这一宗教为最高，从而看轻所有其他的教派，这种认知都是片面的，所以要超脱。

"绝"很重要，在"绝学"之后，是什么样的境界呢？

第一，绝学之后，我们可以由学转到德，即转到德行，也可由知识变为德行。

第二，由知识变为智慧。就是跳脱一面的知识，开放心胸，开放就是智慧。

"绝学"的时候，帮助我们，在一条道路上就如同上文所说，限于所学，始终看不出往上提升的道路，由知识变德行之后，你会"无忧"，因知识越多，欲念越多，越迷惑，越困扰，由知转到德以后，我们就有修养功夫了，达到德行修养功夫以后，当然无忧，仁者不忧。另外一面，由知识变成智慧，有了智慧之后，当然也无忧，孔子说过"智者不惑"。人之所以有忧，就是在相对之间、十字路口，不知道怎么抉择，迷惑不解。

第三，是"无忧"，在有了德行，有了智慧之后，不为知识所惑，不为知慧所限，有知无欲，心胸自然坦荡无忧了。

## 二、唯之与阿，善之与恶

"唯之与阿，相去几何？""唯"就是答应，唯唯唯，或是是是。"阿"就是不答应，口中发唔声，心里不答应，这两个字音很相近，但一个是赞同，一个是否定。

"善之与恶，相去何若？"善、恶，也很难分辨，有的人认为善的，在另外一方看来可能是恶。

## 三、顺其自然而无死地

"人之所畏，不可不畏。荒兮其未央哉。"一般人所畏惧的，我不能不畏惧。此处有两种解释，一说是：一般人所畏、所怕的东西，我也怕，这样的畏怕就没有止境了，越是在惧怕当中，越是患得患失。没有的时候想得到，得到以后又怕失去，如此，忧患没有了结束之期，这是一般的解释，可通。另外一个解释是王弼注，他说："下篇（云）为学日益，为道日损。然则学求益所能，而进其智者也，若将无欲而足，何求于益，不知而中，何求于进，夫燕雀有匹，鸠鸽有仇，寒乡之民，必知旃裘，自然已足，益之忧，故续凫之足，何异截鹤之胫。"这是说我们要增加才能、智慧，如果无欲而足，即我们对自己所有的知识都满足的话，为什么还要求增加呢？如果知识转化为智慧不能够成为目标的话，还有什么进步好讲呢？就像燕子、麻雀，都有各自相对的配偶，燕子找燕子，麻雀找麻雀，不会跨种群婚配。鸠鸽有仇，它们之间彼此不兼容；住在很冷的地方的人，自然知道要穿"旃裘"皮毛，这是大家很自然就知道的。"益之则忧"，你要去增加反而麻烦，就像凫的脚很短，但你觉得它的脚太短了，非要把它拉长，又或觉得鹤的腿太长了，非要把它弄短，就完蛋了，自然的长腿，天生的短脚，都是它们不可改变的天性。但其实这个地方值得商榷，因王弼举的例子是指万物的本性具足，但是这个"学"跟"本性具足"并没有关系，学增加的是自己的知识，所以例子并不是很恰当。

但下面这段话，注得好！"畏誉而进，何异畏刑"，怕名誉得不到跟怕刑罚所加也没有什么差别。名和刑虽然有好有坏，但患得患失的"怕"本质上却是一样的拖累，所以"刑"跟"名"一样都不是好东西。一般人都认为追求名誉好，刑罚不好，但是追求名誉其实也是一种刑罚，即好名之心是一种刑罚。我们不做坏事，就不怕刑罚了，但是好名的话，就时时刻刻都有一种枷锁套着我们呢！

"故人之所畏，吾亦畏焉，未敢恃之以为用也"，所以一般人所怕的，我也怕。这个地方讲到名誉是负面的。

另外，一般人都怕死。老子谈的修道之士，怕不怕呢？一般人怕死，就拼命吃补药，练身体，或者像道教徒一样追求长生，用各种方法来维护生命。这种护生的怕，比怕刑还厉害。我认为修道之士也是怕死的，但是他们怕死的方法不一样，他们不去做违反生的事情，顺着自然，减少欲望，使自己没有"死地"，没有死地的原因，顺任自然。也就是说，修道之士跟一般人的心理是一样的，但是他处理这种心理的方法不一样，并不是去要求控制外在，这并不是说他的心理完全跟一般人不一样。王弼的注简单来讲就是：人家怕，我也怕，但是我怕的方法不一样。

"荒兮其未央哉"，"未央"就是跟一般人不一样。"央"本来是"中央"的"央"，"央"是表示一般人总是有一个目的，但老子却说我并没有一个目的。有目的就有欲望，就会有好坏的判别标准了。


四、众人熙熙

"众人熙熙，如享太牢，如春登台。""太牢"是中国古代的一大祭祀，有牛、有羊、有猪等很丰盛的祭品，一般人享"太牢"，或者像春天登高台而游乐一样，整天只讲这种肉体上的享受快乐。

"我独泊兮其未兆，如婴儿之未孩"，"独"就是我跟人家不一样，"泊"就是淡泊、平淡，"泊"字是一个水字旁，加一个白，即白水淡泊。"其未兆"，并没有一个"兆头"，"兆头"就是念头，念头即欲望，没有念头，即没有出现一个欲望的念头。就像婴儿还没有开始有笑的行为，没有开始出现自我意识的时期，老子的书里面，婴儿代表柔弱、无欲的境界，欲望很少，只有自然的欲望，没有成人的欲望。

## 五、没有归宿

"儽儽兮，若无所归"，"儽"是形容词，是疲倦的意思，被拖累，好像很疲倦。"若无所归"，好像没有一个归宿，无家可归。我们都有一个理想，这个理想好像是我们的归宿。每个人都有归属感，有回归的目的地，那么修道之士呢？他只是修道，并没有一个修道之后要达到什么境界的目的。

如果以老子这个思想来看道教，道教恐怕是错了，道教要修成不死神仙，即定好一个目标：神仙不死，就拼命修、拼命炼，历史上从没有人真正达到这个目的。

## 六、我忘了

"众人皆有余，而我独若遗。""有余"，有了就应该够了，结果大家还要求有多余。"有"并没有错，老子认为"有"是很重要的，"有之以为利"，可是一般人认为有了还不够，还要求多，再多下去，有东西吃还不够，还要吃好的。但老子说：我不然，我好像"独若遗"，"遗"就是遗失，是指有所忘。但人生有所忘才能海阔天空啊！

## 七、愚人之心

"我愚人之心也哉！"我就好像一个笨人一样，这是"大智若愚"一语的最早出处。但要注意老子并没有用"大智若愚"一语，老子只是自喻为愚人。

接着，"沌沌兮，俗人昭昭，我独昏昏。""沌"就是"混沌"，水的混沌就是看不清楚、混浊。我们前面也讲了"混兮其若浊"，好比浊水一样。混沌的"沌"字，在庄子那里是一个境界、一个超知境界，混沌一片，不是知识的境界。"俗人昭昭，我独昏昏"，"昭昭"即明白，一般人眼睛看得清楚，耳朵听得清楚，都说我明白，我明白。"我独昏昏"，只有我独自一人好像昏昏沉沉的，不明白。"俗人察察，我独闷闷"，一般人看这个、看那个，总是看得很仔细，而我却闷声不响，好像懵懂无知一样。

下面两句话是修养功夫的重点了。

八、如海之深

"澹兮其若海"，"澹"是水淡泊貌，像海一样动静结合，海表面上平淡、平静。外面的平静就好像"我独闷闷"，"闷闷"即平静、无声，海的里面却深藏不露，生机勃勃，海水里面有多少鱼虾在生活着！这是说讲功夫要深、深如海。《庄子·逍遥游》一开头，讲冥海。就描绘北冥海里面，有鱼变成鲲，然后一飞冲天，变成鹏。这个功夫深不可测。王弼注"情不可睹"，意指从外面看不出来。修道之士，外在宁静，内心却活活泼泼的。

## 九、如风之高

"飂兮若无止","飂"就是"高风","高风"即风在天空中，没有东西可以阻碍它，甚至于像庄子所说的大块气流，气流本来没有声音，但吹到树林里面，因为树木的不同形状，会发出不同声音。修道之士的心修养到像天上的高风一样，不受阻碍，无住，无执，但其飘流却没有止境。《金刚经》让慧能悟道的句子是"应无所住而生其心"，就是"飂兮若无止"。一止就住了，"无止"即"无住"，没有东西可以让它"住"，心在永远的作用，不会停留在某一现象上执着。

一"深"一"高"，不要看老子说自己是愚人之心，好像很笨，实际上，他的心很幽深，很高远，有这样的修养，才能超拔于世俗之上。


## 十、不找理由

下面"众人皆有以"，"以"即"所以"、原因。我把"以"字当作依赖来解，一般人做事都讲原因，要找一个理由，都要讲一个为什么；"而我独顽且鄙"，而我好像很顽固，似乎很卑贱。人家都是为了什么，我却不为了什么，所以大家都认为我是笨人，说我无知。

## 十一、生命的本源

"我独异于人，而贵食母。"但是我偏偏独异于人，偏要跟别人不同，不同在哪里？"贵食母"，这个"食"当动词，即"养"，"贵"是强调珍贵、贵重。给我生命的母亲有两个，一个是生我的母亲，一个是真正给我生命的天母，即给我生命的"道"。我只贵重这两样东西。贵生命的源头，贵生命的本质，我不去贵外在的物质。这就是我与一般人的不同。

我们拉回到"绝学"，普通所谓的"学"都是讲原因，讲理由，什么演绎法、归纳法了，都是讲一套方法，但我要超乎这个方法，我讲生的根本，这是老子教导我们的修养功夫，着重强调的是人和道的关系。

扫一扫
进入课程

# 第二十一章

孔德之容，惟道是从；

道之为物，惟恍惟惚。

惚兮恍兮，其中有象；

恍兮惚兮，其中有物。

窈兮冥兮，其中有精；

其精甚真，其中有信。

自古及今，其名不去，以阅众甫。

吾何以知众甫之状哉？以此。

## 语 译

大德的内容，完全是根据道而来的。道在现象界的作用，是恍惚不定的。在恍惚不定中，它显现了使我们知听取法的大象；在恍惚不定中，也呈显了它创生万物的体性。这种生物的体性，是甚深而微妙的，在这甚深而微妙中，它含有能生养万物的元精，这种元精是真实不虚的。它诚于中而信于外。使万物都能据此而信实以行。所以自太古到今天，道的名字，永远留在世间，和万物的本源及根源相交感、同发展。我之所以能知万化的源流与究竟，就是由于这个道的性能和作用。

## 解　义

### 一、孔德之容

"孔德之容，惟道是从。"王弼注"孔者，空也"。这是受到佛家影响，由字面理解"孔"即"洞"。近代有许多考据学家，认为"禹"是大爬虫，孔子的"孔"也是爬虫从洞里面爬出来，真是笑话。我认为，把"孔德"注为"惟以空为德"太玄了，这是魏晋玄学家的问题。"德"不是空的，如果我们了解"道"，论"道"是虚、是空，还有情可原，但德是实际的行为。"道"跟"德"不一样。"道"是普遍性的，"德"是个人的修养，德只能是有，而不是空，德是随着道走的。

"孔"亦指"大"，河上公注："孔，大也。有大德之人，无所不容。"如果孔是大的意思，老子为什么不说"大德之容"呢，而且全书只有此处用了一次"孔德"，其他地方讲"玄德"的也有，"上德"也有，此地何以不讲"上德""玄德"呢，我有一个新的看法："孔"对"容"，"容"即"仪表"。有一个成语叫：孔武有力，就是形容状大，有力。用"孔"描述"容"

就是代表外在仪表的大，外在形状的大。所以，"德"在外之所以有大而有力的状貌是因为"德"的"惟道是从"，完全跟随道，因道之大，跟着道的德也为大德。如果每个人都有自己个人的德即个人的道德标准，这是相对性的德，或道德观念，就是小德，而不是孔德了。

"孔德"的大德既然是顺着"道"，根据"道"来，那"道"是什么呢？


## 二、道之为物

"道之为物，惟恍惟惚，惚兮恍兮，其中有象，恍兮惚兮，其中有物。""为物"，指道在现象界的物象，这个东西看不清楚，恍恍惚惚，似有若无，似无却有，这就是"惚兮恍兮，其中有象"。接下来注意！"恍兮惚兮，其中有物"，这个"物"并非说有一个特定的"物体"在那儿，如果"道"当中还有一个特定的物存在的话，这个物就跟外在的物是一样的了，那就把"道"流放在现象界，把道拉下去了。所以，道之为物，并不是指一个特定的"物"，应该是指道在"万物"之中。

所以，"道"是看不清楚的，怎么可能看到"空"中有一个"道"呢？道是蕴涵在万物中。"道成万物"即道助成万物的生化，如果要论道，当然不能离开万物。

实际上，我还认为：如果要描写"道"的话，"道"还是先有"有"，再有"无"，但是这个"有"不是指"有具体的物质"为有，比如"太极"，它没有阴阳之判，但还有一个气在，有一个东西，有一个"象"在那里，有一个"有"。那个"有"的特点是抓不住，看不见，所以我们用"无"来描述它。名之以"无"，"无，名天地之始"，"无"是一个名称，用以描述那个看不清楚，抓不着的"有"，所以，说他"无名"。

如果说"道"是真正没有的话，"无"中怎么生"有"？这个问题就严重了，科学家也很难解释，我们不知道生物里面，如果真正没有的话，从"无"怎么生出"有"来。相反地，"道"本身是有这个东西，只是看不见，只是用"无"来描写，慢慢地，道的这个"有"的特性就发展出来，就有天地，有万物了。

所以，"道之为物"的"物"不是一个具体的物，只是显现道是有东西、惚兮恍兮的，是一种生化的体用上的本质性的东西，虽还是看不清楚"道"的这种体性，但是其中有象，就好像有了表现。有了"象"，我们才可以说，太极为阴阳未判，但太极里面还是有阴阳的潜性，即有意象，到了外面才有形象。


三、什么是精


"窈兮冥兮，其中有精。"窈兮冥兮跟惚兮恍兮、恍兮惚兮不一样了，是指我们头脑清醒地进一步探索下去，往很深很远去看。窈很深，冥很暗，在暗淡中，往很远很远处看，其中有"精"，即有精气了。这个精也不容易看得清楚，很深很深，好像有精，但还是看不清楚。

这个"精"就是实实在在的有，并不是想象出来的。为什么这么说呢？是因为有"信"，王弼注"信，信验也"，有信验，就是在现象之间，我可以找出信去了解那真正有的东西。"信"也是沟通"道"跟"人"之间的一个桥梁。


## 四、什么是信

什么是"信"？首先是一个对"真理"的信，我们看宇宙、人生历史的发展，任何东西发展到极端，都会走下坡，这是真的"信"。这就是道的作用，真正的道理。"信"也是"作用"，从道的作用里面，我们会悟出来人生是不是真的有道，虽然我们用眼睛、用耳朵，用手抓不住这个"道"，但可以由"信"去把握它，这与人们信奉宗教、西方人信奉基督是一样的，信神、信佛、信上帝，都是看不见、抓不到的，但却可从信念里面去体验。老子写"道"，一定也是他从人生体验里面，悟知天地之间有个道。所以他讲，信是现象与事实，是人生可以把握到的，所以"自古及今，其名不去也"。从古代到今天，我们一直保有"道"这个名称，是因为有信。信是道在人生的交流作用。

有的版本把"以阅众甫"的"阅"改成"说"。因王弼注："众甫，物之始也，以无名说万物，始也。"其中有"说"字，没有"阅"字，他们解不通阅字，便把它改成说字，这是现代注家的特点，常常拿王弼的注去改原文。但我们仔细推敲，"阅"反比"说"字好。"阅"即睁开眼睛看，意思是：道就在那里，看尽人间的沧海桑田、生生死死的一切变化。"甫"即开始，"众甫"即万物的开始、万有。以阅万有指出的是：道一直跟万物在一起，就像阅兵一样地看着，意境很美的，若改成"说"字就没有韵味了。

"我何以知众甫之状哉？以此。"我怎么知道万物变化是如此的呢？我们人为什么知道生死的变化，为什么知道事情会发展到这样，就因为这个。为什么知道做好事就有好报，做坏事就有坏报，知道这些因果的原因，就是因为这个，这个就是"道"。

# 第二十二章

曲则全，枉则直，洼则盈，敝则新，少则得，多则惑。

是以圣人抱一，为天下式。

不自见，故明；

不自是，故彰；

不自伐，故有功；

不自矜，故长。

夫唯不争，故天下莫能与之争。

古之所谓曲则全者，岂虚言哉！

诚全而归之。

## 语 译

能曲折才能周全，能绕弯才能伸直，能虚空才能求满盈，能敝旧才能有新生。少欲则有得，多求则迷惑。所以圣人怀抱冲虚之气为一体，作为天下万物的准则。不自以为有见，你的见识才能显明；不自以为是真理，你的思想才能昭著；不自夸成就，你的功德才会被肯定；不自骄才能，你的事业才能发展。唯有不争自我的名利，天下之人才没有办法和你去争。古人所谓"曲则全"，并不是空言，是实实在在的，你如果真能实践，必能归于大德之全。

## 解　义

### 一、曲则全

请注意"曲则全"，老子常常从经验里面去处理世事、从自然界万物的变化来提出智慧，"曲则全"是讲自然。自然界就像树木一样"曲"折，靠它的曲，才能够全，而不是直。譬如画一个圆圈，你要画弯的才能画成圆圈，要是直线的话，就不能画出圆来了。王弼把"不自见，其明则全"拿到这个地方来注解，不太恰当。如此一解的话，我们就忽略了自然界的道理本来如此。

"枉则直"，何谓"枉"，"枉"即木头不直，我们常说冤枉、冤枉，"枉"表示树木歪的样子，盘根错节、枝杈错综，但这正是树木的本性，弯弯的树木才能够长得高，木匠把它刨平刨直，树木就不能生长了。在人生运用中，受冤枉了，怀才不遇等是做自我检讨和反省的时候，然后才能获得成长。

"洼则盈"，也还是讲现象界，地上有低洼处才可以容水，才可以放东西进去，比如养鱼。

"敝则新"，"敝"即旧、破，万物旧了之后才会有新陈代谢，有新的生机。


## 二、少则得

以上老子讲的四点，我认为都是在讲经验上的现实，或者是宇宙事象。下面的"少则得，多则惑"，就开始讲到我们人事上的人生经验了。

事物简单，因为简，我们才能抓得住，繁杂的话就会迷惑。这是指人事，而前面四个讲物。把物与事归结起来，老子说"是以圣人抱一，为天下式。"


## 三、抱一

为什么要"抱一"？先看看"一"，很多书注解说"一"就是"道"，但如果"一"就是"道"，老子为何不直接说抱道？而且"道"怎么抱？道是无形无象，抓都抓不住，看也看不见，你怎么抱？抱不住！所以不是抱"道"。

这个"一"，最简单的理解，用老子的话来讲，有两种意思：

第一，是道在万物、在现象界的开始，道生一，一生二，无形到有形之间是"一"。到了二，就有形了，出现天地、阴阳。所以，"一"是"道"的作用，在一开始的作用。

第二，"一"在数目里面是最低的、最少的，上句讲"少则得"，有一句话叫"以一御万"，即通过把握"一"来处理"万"事。

这两个观念，一是道在开始的时候，万物生长的时候的"一"；一是我们欲望最少的"一"，两层意义是结合在一起的，因此，我对"抱一"的解释："抱一"就是抱虚而能生。"虚"和"生"两个字都要有"一"，抱虚不能生，就完了，整个虚掉了，"虚"而"生"就是"一"，"一"是虚，无形无象，"一"又能生，生万物，一生二、二生三、三生万物。"虚"而"生"，就"虚"来讲，是空掉自己的执着与观念。我们在了解了"曲则全，枉则直，洼则盈，敝则新，少则得，多则惑"的道理之后，要虚掉，不要执着在"全"、不要执着在"直"、不要执着在"盈"，不要一味地求"新"，总之，这一切都要虚掉，虚掉之后，还能够使得万物生长。

抱虚而生，就是老子常常用的"谷神不死"的"谷"，山谷的"谷"，谷是虚，"谷神不死，是谓玄牝"，是"天地根"，生长万物。人要抱的是这样的境界，这比抱看不见的道容易。

如果讲了这点以后，我们还认为"虚"不好抱，下面老子再解释说："不自见，故明。""不自见"，就是虚其见的意思，让我们自己没有成见，把它虚掉，这样的话，真正的意思才能明白显现，"明"即深入地、真正地看得清楚。"不自是，故彰。"不要以为什么事情都是我自己对，凡事以自己的道理为真理，我们不自以为是，真知灼见才能够显出来。"不自伐，故有功。""伐"即战斗、斗争，侵略别人，也是夸耀自己。

"不自伐"的意思，就是不要老是自己以为是对，而攻击别人的错，"故有功"是指由于不自夸，反而能保持自己的功劳。

"不自矜，故长。""矜"即爱怜、爱惜。自我爱惜，自恋，这是心理上的毛病，对镜自照，对影自怜，认为我那么漂亮，我那么好，这是毛病。另外，引申意思是，总是只讲自己好，每每给自己找理由，爱自己太过分，就没有发展，平白限制了自己。所以说"不自矜"的话，反而自己能够成长。

## 四、不争之德

"夫唯不争，故天下莫能与之争。"那些自见、自是、自伐、自矜的毛病都是争。不断地和别人争胜，总是强中自有强中手，一个人专心修自己的德，人人都修自己的德性，那还有什么可争的呢？抱一、虚而生就是不争的境界，自然地，"天下莫能与之争"，这也是老子的一套处世的智慧啊！

# 第二十三章

希言自然。

故飘风不终朝，骤雨不终日。

孰为此者？天地。

天地尚不能久，而况于人乎？

故从事于道者，道者同于道；

德者，同于德；

失者，同于失。

同于道者，道亦乐得之；

同于德者，德亦乐得之；

同于失者，失亦乐得之。

信不足焉，有不信焉。

## 语 译

很少用语言声教来表达的，这是自然的原理。由于自然的作用，所以暴风不能刮一整天，疾雨不能下一整日。是谁产生暴风疾雨呢？是天地。天地产生了暴风疾雨的强烈变化，尚不能持久，何况人类的诸多激烈的行为呢？所以我们从事学道的人，有的人真正体道，而能完全学道的无为；有的人切实修德，而能完全谨守不争之德。但也有些人把握不住道德的真义，而走上了与道德相反的路。由于自然的原理，合于道的人，自然道和他同在。修养德的人，自然德归向于他。失道德的人，也有自然不道不德的结果等着他。这是自然的感应，你自己诚信不够，别人自然不会相信你的了。

## 解 义

### 一、希言自然

"希言自然。""希"即是希望的希，也是稀少的稀，即少言自然，老子强调少言，并未说不言。照理说是无言自然，何以说少言呢？可见自然还是有言，只是少。"言"是人类交流的言语，言语加上个人的意向、主观的成见，在庄子里，即"言非吹也"，言论出于己见，不像风吹一样出于自然。风吹的时候没有意向，没有它的欲望，但是我们的言语，每个人讲的话，早就在心里面打过几个转才说出来。自然界也有一种言，但不是人类的言语，是自然之声，庄子讲的"天籁""地籁"就是天地的声音。也许我们听不到，但自然界各种声音都有，有蛙叫、鸟鸣各种声音，还有一些声音我们听不到。譬如：一个种子在地下慢慢发出芽来，也是有声音的，但是我们听不到。一朵花的开放，也有声音。此处老子是什么意思呢？老子是说，自然不是整天在那里讲话，但是它确实有话，自然的话是什么？就是真理事实，它以事实来说明，而不以言语来说明。

讲到这里，我就想到孔子。孔子曾对子贡说："我不想讲话。"子贡说："老师你不讲话，我们怎么知道呢？"孔子说："天何言哉？四时行也，百物生焉，天何言哉？"天并不讲话，但四时运行，万物生长，这就是自然的语言。自然的语言就在四时的运行中，这是自然语言的规律，万物生生不已，就是自然的语言。自然有它独特的语言，不是我们人的语言。


二、飘风骤雨

现在，我们看看大自然，"故飘风不终朝，骤雨不终日"。"飘风"，即很大的风，但这种风不终日，即不能吹很久；骤雨，是暴雨，暴雨再大，也不能整天下，最多几个小时。天地自然造成骤雨、形成飘风尚且不能维持长久，这就是自然界的法则，何况人间呢？老子此话当然是指政治上的暴君。暴君违反自然，像飘风骤雨一样施行政令，这种暴政，是不合人情、不符人心的，就不能持久。在人生上，如果是狂热地去追求名利，或者过分追求延年益寿，这些也都是违反常理的，会变成病态，自然都不能长久的。

讲到此处，常常有学生问我：地震与台风是不是自然？地震是大自然的现象，我们想到地震就害怕。但是地震能不能长久呢？最多一分钟、两分钟，如果地震持续半个小时，那可就有大麻烦了。

老子此处以自然界的突变、反常的现象，来说明什么不是道。


三、如何从事于道

"故从事于道者，道者同于道。"这是说：真正追求道的人、顺从于道的人，一切生活都跟着道，顺任自然而发展。

接着，老子从"道""德""失"三方面来论述。

"德者，同于德"，德是合自然的作用的个人修养，如果一个人重视认同德，他的日常生活自然地会走到修德的路子上去。

"失者，同于失"，道是自然的本体、宇宙的法则，失道的人，也很自然的，他所作出的行为，就违反了道、违背了德，失去道德，缺乏了向上提升的力量，为人欲而向下失落。

"同于道者，道亦乐得之；同于德者，德亦乐得之；同于失者，失亦乐得之。"如果我们的一切生活跟道、德相和相同的话，道也不是高高在上，道就跟在我们后面，跟我们在一起。同样我们走在失的路上，也是很自然地就失掉一切了。这些都是很简单的道理，就好比我们信仰上帝，上帝就跟我们同在，我们信道德，道德就在眼前。这三句看似前三句的重复，实则前三句作用在指引方向、肯定努力，这后三句重实践，点出的是来自于自然本身的发展，付于我们实行的动力。

现在我们要回头检视一下。

首先看"乐"，"乐"就表示它跟着你很快乐。"道者同于道"，如何去同于道？不要把道看得太高，道是自然之道，不是高高在上，高不可及的。今天早上我突然联想到，我们参观北京故宫时，感受到这是三百年前的故宫，皇上就住在这里，非常有感，哦，这是皇上的位置，现在却开放了，大家有这个感觉对不对？但是回头想想看，我们今天看到老子的书，有没有这个想法？老子的书，是老子的哲学，去想想，老子讲这些话是在两千多年前，一个很有智慧的老人写下了这些话，我们念的这些文章是 2500 年前一个人所写的。如果我们这样一想，念起来就感觉味道大不同啊！我们带着这种心情来靠近老子的书，会感觉与老子面对面交谈，非常快乐。

那什么又叫"失"呢？以前跟诸位提过，在台湾有一位很有名的钱穆教授，有学生找他请教博士论文。钱穆先生说："你要写什么题目呢？"他说："我要写一篇论文来批评庄子。"钱穆说："你都还没好好念庄子，就先要批评他，这样的论文我没有办法指导。如果我们研究庄子，就要先去念庄子的思想，在还没研究之前，就先有一个概念，认为庄子值得批评。概念先入，我们怎么能够了解庄子？"这就是"失"！"失者同于失"，这个学生先有一个观念，认定庄子是错的，以这个观念来念庄子，"失亦乐得之"，他所有看到的问题就都是批评、都是错的了，因为先有这个观念在里面。所以，他的观念本来就错了、失了，他早就失掉东西了，再去念去研究的话，同于失，研究当然是失败，根本抓不住精神了，这是很自然的反应。

所以我刚才提道：我们念老子，这是两千五百年前的东西，如果放开兴趣去念的话，感觉味道就不同了，在两千多年前，那么古老的年代，这个老人居然会讲出这样的话来，把我们今天都还没想明白的道理说得清楚明白。我们面对的是这样一个了不起的哲学家，两千五百年前，老子说：飘风、骤雨是天地之间突然变化，不是自然常貌。如前面学生所问，是不能否认地震是自然界的现象，但我认为它不是老子讲的自然，飘风是自然界的现象，但"飘风不终朝"，才是老子讲的自然；骤雨是自然现象的事实，但是"骤雨不终日"才是老子讲的自然。地震是一分钟的现象，但是地震之后一片宁静，世界又归于宁静，这才是老子讲的自然。

老子的自然是"常"。我们中国几千年的历史长河中，不知道有多少次的地震，不知道有多少次黄河的泛滥，不知道有多少自然灾害，但那都是一个个的飘风骤雨而已。但是，今天去看神州的大地，还是一片宁静自然，这就是老子讲的自然、是常态，这是常。那飘风、骤雨、地震、水害是反自然的，对老子来说，是反自然的突变，虽然是一个自然现象，但是反乎常态，是一种变态。

四、信与不信

最后两句话："信不足焉，有不信焉。"意指：如果我们自己诚信不足，人家就不信任我们，因为"不信"所以"不被信"，这也是自然的，一切都是自己造就的。

信不足，不诚信是不是自然呢？这也是现在的社会现象，但自然现象不是等于"自然"。"有不信焉"是老子讲的"自然"，你不诚信，就有人不相信你，这是一个自然，是一个理，而且这是"常理"，也就是老子讲的"常"，"常理"就是老子讲的"道"。道就是常理，道就是常态，变态会有，地震是变态，骤雨是变态。变态是天地之间的一个事实，有这个现象，但是维持不久。"维持不久"四个字就是"常"，就是自然。如果是讲"自然"，就是"长长久久"的道理。

譬如，你们今天来到这个地方，一切顺乎自然，没有反常，大家都高兴，都来坐定学老子，这就是合乎道。如果你们一天的生活都是顺顺当当展开，我认为，这就是"道"，"道"不是那么遥远不可及的，我们说要"求道"，道就是在我们的日常生活中，只要顺其自然走，道就在那里。

# 第二十四章

企者不立，跨者不行。

自见者不明，自是者不彰，自伐者无功，自矜者不长。

其于道也，曰：余食赘行，物或恶之，故有道者不处。

## 语　译

踮起脚，有所企求，是站不稳的；大步疾走，以求速达，是走不远的。这两者都是由于自我欲望在作祟。所以自以为有见解的人，反而没有真知；自以为什么都对的人，反而不能彰明真理；自己显耀功劳的人，反而无功；自己夸大成就的人，反而不长远。这四种自我观念，对于道来说，都好比是多余的食物，不该有的行为。人们都会计厌别人的"自见""自是""自伐""自矜"，而自己又会常犯这种毛病。所以修道的人，特别留心，而不犯这种毛病。

# 解　义

## 企者和跨者

"企者不立，跨者不行。""企"《说文解字》："举踵也"，提起足跟，即企望，企望就是把脚跟提起来，抬起头有所希冀期望的样子，如果脚跟抬起来的话，人就站不稳了，那就是有所求的状态。同样的，"跨者不行"，"跨"就是步子很大。为什么步子要很大？因为想要比人快，抢占先机，跨者即是对欲望的追求，一有这种欲望，步子走得过大的话，就行不远，所以要行远反而需要慢慢走。老子是拿我们提起了脚尖、大跨步走来做比喻，我们用此来反省自己，有多少人一辈子都在那里提着脚跟，跨着大步，拼命去追求。所以，老子说"自见者不明，自是者不彰"，自以为看得见的人，看不清楚；自以为是的人，他的思想也不能表现出来。"自伐者无功"，自己吹牛的人就无功劳，"自矜者不长"，什么事情都自我为谅，自以为美，自以为好，就什么事都是自我膨胀、夸大而不会长久。

所以，自见、自是、自伐、自矜，对道来讲，就是多余的。我们要注意！并不是说你没有见，没有是，而是确实有见有是，但你要自以为是，自以为见，这个"自"字加上去，就是"余食赘形"，是多余的行动、不必要的言行。本有功，但是却夸赞自己的功，这个"自"字加上去也就是疣赘！

我们看王弼的注，有些注，比较简单明了的，我就不多讲了，比如他说："其唯于道而论之，若邾至之行，盛馔之余也。本虽美，更可秽也。本有功而自伐之，故更为疣赘者也。"这些东西就像什么呢？如同"邾至之行"，"邾"是弯弯曲曲，道是平直的，弯弯曲曲是走捷径。为的是尽快达到某个目的，不走平坦的大道，而想走捷径，反而多出一些不必要的让人讨厌的言行来。

我们中国有一句古语叫"安身立命"，"安"字很重要，企者不安，跨者不安。人先要把步子走得稳，安身才能立命，立什么"命"？即天命，顺应天命。天交给我多少，我就发挥多少，这就是天命。如果你能够把自己的步子走得稳，安于你的天命的话，你就是顺着道在走了。

# 第二十五章

有物混成，先天地生。

寂兮寥兮，独立不改，周行而不殆，可以为天下母。

吾不知其名，字之曰道，强为之名曰大。

大曰逝，逝曰远，远曰反。

故道大、天大、地大、王亦大。

域中有四大，而王居其一焉。

人法地，地法天，天法道，道法自然。

## 语 译

有一个浑然一体的东西，在天地产生之前就早已存在。它是如此的空寂无形，它的本体超然于万物，而不与万物迁变；它的作用又是周流宇宙，而生生不息。它对万物的孕育之功，可以算作万物之母。我不知道如何称呼它，就叫它为"道"吧！

勉强地形容它，就称它为"大"。它的"大"是一直向前的。它的一直向前是没有止境的。它的没有止境不是一去不返，而是周流不息在大化之中。所以说道是大的，天是大的，地是大的，圣王之道也是大的。在这宇宙中，有四大，圣王之道是其中之一。我们人，应以"地"的谦卑为法，"地"以"天"的智慧为法，"天"以"道"的生化为法，而"道"乃是以它所流行的自然原则为法的。

## 解　义

### 一、道是混成的

"有物混成，先天地生。""有物"当然是指"道"，"道"这个东西看不见摸不着，混成一片，但确实又在天地之间。因为天地要根据道而来，没有道的话，天地就不能长久。天地之所以长久，以其不自生，天地顺着道走。这个东西"先天地生"，此处还没有讲出来"道"字，只是说有一个东西，这个东西"寂兮寥兮"，"寂"就是孤寂，"寥"就是"漠"，广漠，这是描写道没有声音，空无形体。虽说寂兮漠兮，但"独立不改"，"独立"不是两立，它是一个东西。它不是相对的，不是两个东西。独立不改，是指道的本体，"道"这个东西的本体是不变的。

## 二、道的独立和周行

这个不变的道，并没有高高在上，它跟我们有什么关系呢？跟万物又有什么关系呢？它"周行而不殆，可以为天下母"。一个不改的东西，在人的现象的观念中，它一定是回旋的。春夏秋冬四时，是回转的。"周行"有两个意思，一指它的回旋，有学者将"殆"解释成"危险"，我认为解作无尽不穷较妥，因周行而不止；二是周行，就是指它的普遍流行，即"道"普遍到万物，只要有万物的地方，就有道。如果有万物的地方就有道，"道"还会不会穷尽呢？当然不会穷尽，因为万物生生没有穷尽！所以，殆是当作"穷尽"解释的，周行而不穷尽，并没有危险之意。这两个观念非常重要，拿中国哲学来讲，一方面，道是绝对的，是超然的，最高的；一方面，道又向下，跟宇宙万物同在。这两句话就包括了一部中国的形而上学和宇宙论。"独立不改"，是形而上；"周行而不殆"，就是宇宙论。中国哲学就这样非常简单的两句话，西方哲学要用两本书、三本书都写不完。

这个"道"一方面是独立不改的，一方面是周行不殆的，这两个观念又是怎么合在一起的呢？接着又说"可以为天下母"，是指它生养万物，生生不已，这种性能又和前两者如何联结的呢？"独立不改"的"不改"就是常，周行不殆，即周流不息，也是常。这即是常道。如天道流衍，大气流行，为无止境地生生不息的万物提供一个如母般养育、滋生的空间，这就是"道"的体和用。体在常，用在不息。

### 三、它叫什么名字

我们不知道它叫什么名字，所以给他一个名字叫做道，"道"实际上本身是一个名称，你可以称呼它为道，也可以称呼它别的，比如叫上帝也可以，佛也可以，但是老子说：我叫它为"道"，"吾不知其名，字之曰道，强为之名曰大"。"大"好像比"道"容易了解一点儿，甚至于"道"不好讲，加一个"大"字上去，还可以讲成"大道"，一个"大"字出来，就具体了，什么是"大"？一想到大就会想到小，一有大小，这已经是相对论了，绝对不是"独立不改"，所以真正的道的"大"呢，它永远是"大"，不是相对性的大小之大。

### 四、日逝、日远、日反

下面三句话是老子来解释形容"大"是什么样的。
"大曰逝，逝曰远，远曰反。"
我对此句有两种解释：一是就现象来解释，现象，比较容易讲。"逝"是消逝，任何东西由小而变大，它过去的状态会越变越不一样，对过去来讲就是消逝，从婴儿长到了成年人，乳臭未干的乳臭就消失掉了；从成人长到老人，成人的青春美貌消逝掉了；最后从老人到死亡，整个生命都结束了，消逝了。"逝"作"消逝"时是现象，而且消逝到最后，远、远、远，就变成一个相反的东西，婴儿变成骷髅了。相反的东西又返回去，到了骷髅以后化成尘土，又在天地之间运行了，这也是庄子讲的，是现象界变化。

另一个是如果我们不讲现象，而讲本体，就是讲道。这个"逝"就不是消逝了，而是往前走，"逝"即往前。譬如《论语·子罕》孔子曰："逝者如斯夫，不舍昼夜。"孔子在河边看到流水的逝，是往前流动的，而非水消逝了、水流干了。当我们在河边看到河水一直往前奔流，滔滔不绝，并不会想到这条河会流干了，而是看见河水不止息地往前流。我们的生命也就像河流一样，滔滔不绝往前。"逝者，往也"，道不会一直停在那里不走，道一直往前走。天地之间的变化，也一直往前走。

为什么"逝"往前了，又说"远"呢？远即一直往前而无止无境，道往前的发展是无穷尽的，"远"到最后为什么又"返"呢？道怎么返回去呢？实际道无所谓返回去，道一直往前走，所以"返"字的意思是"不去"，是指还在那里，并没有失掉，这个"反"也是常在，道像水一样一直往前走，最终也没有走失掉，道还是始终在这里，跟万物一起，跟我们在一起。

这三句说明白了：道一方面是往前，一方面是无穷，一方面又是常在。

我想到一个有趣的问题：时间和空间，西方哲学家对时间空间可讲得太多了。我就想到时间的特点，也是一直往前、无穷无尽，又常在，并没有流失掉。

老子这三句话，就把抽象的观念统合在一起。道没有本体，并没有一个东西是在那里就叫道的，道是虚的，但道又是生生变化之理，这种生生变化之理是存在于万物中，不是虚脱的。万物有生生之理就是道，道就在那里。如果万物都没有了，这个世间还有没有道？地球如果毁灭掉了，没有我们观念的道了，但是宇宙之间还有一个道，因为还有星球、星系呢！

### 五、域中的四大

"故道大"，道是无形之大；"天大"，天是有形之大；"地大"，地也是有形之大；"王亦大"，这当然指圣王。圣王也指人群社会中之大。一共有四大，在这四大里面，老子是对君主来讲的，圣人居其一焉，是四大里面的一大。圣王即大了，就应该有大的胸怀，大的境界，怎么去"大"？

### 六、道法自然

"人法地，地法天，天法道，道法自然。"这几句话相当重要。

人也包括了圣人。法地，地有什么好法的？因为地养育万物，我们所有的资源都来自于地。人要学地，取法于地即是学地之养物。地为什么要法天？天生物，地养物，天给地气，《易经》说阳气到地，然后有阴阳相合，万物产生。天为什么要法道？道是一种自然规律，道是生生不已的。天很高，但天高到一定程度，会有一个毛病：天就变成权威性，变成人格化的神。老子为了要除去天的权威性，或者除去神格化的天，就指出天要法道。道并没有权威性，道是以虚为体。天不法道的话，就不能虚；天不能虚，天也会作怪，飘风骤雨来了，飘风骤雨都是天，是宇宙的不常。法道就法常，道是常的。天地有时候也会制造孽种、变异的现象，法了道以后就不会，就知常。所以天要法道，道法自然。道为什么要法自然，是自然比道高吗？道即是自然，我认为自然是宇宙万物的自然，到了道之后，道就又回归自然。道又在我们日常生活里面，道法自然是往下走的；人法地，地法天，都是往上走，到了天法道之后又虚掉，开始往下走。道以自然为体，有两层含义：第一，道以虚为体，道并没有自我存在，道岂不是空掉了吗？但是不要怕，道投胎到自然去了，他以虚为体，他与自然万物同在，所以天地要法道。第二，所法的究竟是什么？"不自生"，不自生就是道的作用。"人法地，地法天，天法道，道法自然"，实际上也就是人法自然。如此一层层法下去，为的是人法自然。

何以不直接说人法自然？现在很多人学"自然"，说老子重自然，道家是自然主义，我的很多学生说："老师啊，我有很自然的想法，看到漂亮女孩子，爱她，我去追求她，是不是自然呢？"这里欲望也变自然了。当然，人欲本来就是一个自然现象，所以我们不能否认人欲，人欲就是自然现象，地震也是自然现象，但是，人欲发展出来，如果按规矩来行动的话就没有问题。但追求女孩子也好，结婚也好，如果都像飘风骤雨一样，那就违反了常态。所以"道法自然"的"自然"不是现象界的"自然"，现象界法地，地就是现象界的，天也是现象界的，仅仅是现象界的天地自是不够的，那个是有飘风的、有骤雨的、有地震的、有突变的天地，所以还要回到道，经过道以后，虚掉自己，再法自然，自然就是常态、自然是常道了。这是人从物理一般现象的一步步提升中，去体验天地之先的大道自然

　　这样的一个自然，在老子里面才是最高的自然，是讲德性，是德性的自然，不是生理自然，不是物质和物理现象的自然，而是生命精神层面的自然。人法了这最高的自然之后，就像孔子一样，"七十而从心所欲不逾矩"，这也是老子所法的自然，从心所欲，那个欲虽然本来是人欲出发，即使孔子也要吃饭的，也有病痛的，但从欲中发展出来的道却是自然形，不会违反天命，不会违反天理的。

## 第二十六章

重为轻根，静为躁君。

是以圣人终日行不离辎重。

虽有荣观，燕处超然。

奈何万乘之主而以身轻天下？

轻则失本，躁则失君。

### 语 译

"重"可以作为"轻"的根本，"静"可以作为"躁"的主宰。所以圣人在整天的行旅中，必然不离开装载有衣物器用的辎重之车。他虽住在极为富丽的宫殿中，心却恬淡无欲。万乘大国的君主，又岂可逞一己的欲望或才能，而轻率地操纵天下万物？因为这样地轻率而为，就会失去你自己的德性；这样地急躁而动，就会失去你无为而治天下的智慧。

## 解　义

### 一、重为轻根

“重为轻根，静为躁君。”“重”是“轻”的根本，“轻”是往上发展的，“重”就是它的根，中国人就是强调“重”，要举止稳重，不可轻浮。“躁”就是躁动，有欲望的人，性情就躁，静则无欲，就平静不乱动。

“是以圣人终日行不离辎重。”辎重即载重的车，圣王到外面去巡游时，带了很多车子，其中最重要的一部车子用来放衣食等东西，称为辎重车。这里是比喻根本，是生命所需的东西，不能离开，这是描写做任何事情不要离开根本，这个根本就是指德行，也是道。

### 二、燕处超然

“虽有荣观”，虽然有漂亮的楼台，华丽的宫殿，“燕处”，即是安处，指日常生活的安处，“超然”，是指心境超然于这些，即不被漂亮的宫廷所迷惑，日常生活还是很简单、很淡泊、很朴素的。所以“奈何万乘之主而以身轻天下”，是指身为万乘的大国的君主，怎么可以只为了一己的欲望而轻视天下！

“以身轻天下”，可以回溯到第十三章，“贵以身为天下，若可寄天下；爱以身为天下，若可托天下”。老子劝导君主的观点是：要爱自己的身体，要贵重自己的身体，这并不是为了自己，而是为了天下。历史上很多的君主却违反了这种原则，他们为了一己之欲望，而视天下人民为草芥。

老子说这样的君主失掉了根本，"重"指德性，"轻"指欲望，"重"是以人民为重。在老子看来，国家之重是人民，人民为根本；"轻"是个人的私欲，轻则失本，君主若只强调自己的欲望，就会失去了道的根本，也会失去人民。"躁则失君"，"君"即心君，欲望多的话，就失了去了我们的心，不能"安身立命"。

# 第二十七章

善行无辙迹，善言无瑕谪，善数不用筹策，善闭无关楗而不可开，善结无绳约而不可解。

是以圣人常善救人，故无弃人；

常善救物，故无弃物。

是谓袭明。

故善人者，不善人之师；不善人者，善人之资。

不贵其师，不爱其资，虽智大迷，是谓要妙。

## 语　译

一个善于处事的人，顺事理的必然，因此不会留下一点儿扞格不达的痕迹。一个善于说话的人，把握事情的要点，因此不会留下可以挑剔的语病。一个善于了解万象理数的人，不用算盘筹码等去计谋一切。一个善于防邪杜奸的人，不用那些外在的门闩重锁，恶人也不得其门而入。一个善于和万物相交的人，即使不用绳索契约，万物也不会和他分离。所以说：圣人的善于救人，能顺人之性，而没有一人被遗漏；他的善于救物，能任物之性，而没有一物被遗弃。这是在于他能承顺天道的明智。由于这种明智使他知道，善人是不善之人的师法；而不善之人，也是善人关怀的资粮。如果不能重视善人以为师，不能关怀不善之人以为用，那么他空有其智，也是离道失德的，这就是道的精要微妙之处。

## 解　义

### 一、善行无辙迹

"善行无辙迹"的"行"当"行为"讲，同时也代表"修行"。走路善行的人不留痕迹，做好事的人不留名，顺着自然走。

"善言无瑕谪"，会讲话的人一定根据时机，什么时候讲什么话，讲得很得体，不会有毛病。

"善数不用筹策"，会算的人不用筹码，人算不如天算。真正会算的人根据天算，不用跟人算，人再算计，也总有穷。

"善闭无关楗而不可开"，"闭"就是"关闭""防守"。如同关门防盗，是要靠门闩、靠锁，任凭你有再好的锁，也有最会开锁的小偷，什么锁都挡不住他。真正的善闭是自然的闭，根本不需要锁，没有东西可偷，小偷就不会来。

"善结"，"结"即结合在一起，人与人真正关系的联结，不需要有契约，也不可解。需要有契约的，如做生意的人，写了契约，结果又毁约，男女结婚有结婚证书，也有离婚的解约。真正的结合，好比父母儿女，就是天结，不需要契约，但是不可解，也逃不掉。这是自然的结合。

这几句话，老子的意思都是指自然。

## 二、常善救人

"是以圣人常善救人"，真正会救人的圣人，没有一个人会被遗弃。用某种东西去救人，譬如以财物去救人，财物总有限，你救了这个人，救不了那个人，救得了一时，救不了一世，救助就都是有限的。佛教行布施，布施就是救人，有三种：一是财物布施，是最低的；一是法施，是讲佛法，这样救人比较久、比较远、比较多了，所谓佛法无边；三是无畏施，无畏就是真正使人了解生命的道理，不怕生死，无畏是精神施。心理学讲人的意识，也就是心理健康，但还有一个精神的建设最重要。心理跟精神是两个层次，我们常常把精神病和心理病混在一起。圣人救人着重于什么呢？圣人以道德救人，不以财物救人。具体来说，中国古代的圣人，比如周公建立了礼乐制度，这也是救人，他救了我们两千多年，使得我们的社会能安定延续。如果我们中国三千年前没有周公制礼作乐，没有一套好的礼制的话，很难说中国是否能生存至今天。尽管这个礼不能说没有毛病，但是它维系了安定的社会，这也是真正的救人。

同样，"圣人常善救物，故无弃物"，物尽其用就是救物。每个东西都有它们的用处，没有一个东西该被遗弃。不要有一个标准衡量哪些东西有用，哪些东西没有用，如果有标准的话，难免把其他东西都变成没有用的了，一花一草一树木，都有它的用处，都要尽其用。《大学》主张格物，格物就是研究每个东西的效用，以便物尽其用，这样的格物才能致知啊。

### 三、什么是袭明

"是谓袭明"，把东西加以覆盖叫"袭"，即盖掉它，也是指盖住你的明，不要以为自己有聪明才智，可以控制万物。

圣人要"绝圣弃知"，不要以为自己有圣知，才能"民利百倍"；"民利百倍"才是常善救人，常善救物。一用智的话，就一定得树一个标准：这个是对的，那个是错的，这个是好的，那个是坏的，这样，就有分别观念了。所以老子说："故善人者，不善人之师；不善人者，善人之资。"这就更具体了，善人固然重要，一个国君治理国家去鼓励善人，使得不善的人以善的人为榜样，但是也不要忽略了不善的人，不要排斥不善的人，也要注意到不善的人。没有不善的人的话，善的人就没有行善的对象了。注意，资是资本，不善的人反而是资本，是可以运用的。世界上都是好人的话，我们的牧师、法师便没有可说法的对象了。

"不贵其师，不爱其资，虽智大迷，是谓要妙。"此处的

"智"是聪明才智，并不是智慧的智，在老子书里面所用的"智"字都是指的聪明、才智，其实是大迷惑。"是谓要妙"，即这就是道的要点、妙处。因为越是有聪明人才智的人，越容易自是自见，越容易走入迷途。

# 第二十八章

知其雄，守其雌，为天下谿。

为天下谿，常德不离，复归于婴儿。

知其白，守其黑，为天下式。

为天下式，常德不忒，复归于无极。

知其荣，守其辱，为天下谷。

为天下谷，常德乃足，复归于朴。

朴散则为器，圣人用之，则为官长。

故大制不割。

## 语　译

　　知道雄强的一面，把握雌柔的一面。能做天下最幽静的小溪，这样才不致离失了真常之德，也才能回归于婴儿的无欲境界。知道纯白的一面，把握玄黑的一面，能做天下最谦卑的模式，这样便不会和真常之德有差别，也才能回归于无极的虚旷境界。知道光荣的一面，把握垢辱的一面，能做天下最低洼的山谷，这样才能使真常之德圆满充足，也才能回归于素朴的自然境界。当素朴的自然境界被割裂之后，才形成了许多器物。圣人善用这个素朴的自然，才能成为万民的领袖。所以说治国的大法，就是要用朴，而不流于支离割裂的治术。

## 解　义

### 一、知雄守雌

本章是一个概论，把老子道的运用分成三方面来讲。第一方面是："知其雄，守其雌，为天下谿。为天下谿，常德不离，复归于婴儿。"请诸位注意这第一段，"知其雄"的"雄"就是代表强、有力，代表外在的争、争强斗狠。政治上的运用、权力的运用都是"雄"。知道"雄"的一面或强的一面，但是"守其雌"。"守"字很重要，是一种功夫。譬如像"守身如玉"，出污泥而不染，这不容易！特别是讲到大环境里面，人要怎么守？守不住的话就赶快离开，我们还能保持住一点儿自己的尊严，不然的话，就同流合污了，守相当不易。我们常常把"雌""雄"和"阴""阳"对立起来。此处，"守其雌"的"雌"不是跟"雄"对立的，"守其雌"是一种德，"知其雄"是知。把"知"转化为"德"在中国哲学里很简单，只一句话："知其雄，守其雌。"但在西洋哲学里面，亚里士多德认为知识跟道德两个观念就不能相通。知识越多的人不见得越有道德，在西方的确是如此。但是，中国哲学马上用"守"字就转过来了。"雌"要比"雄"更大，"雄"只是强的一面。"雌"代表柔、代表不争、代表能下，处下的地方代表"雌"。"雌"代表顺万物，雄先雌后；"雌"代表生万物，天下之母。"雌"的代表涵义相当丰富。"雄"往往只是一个面向的表现，但雌却是全面的。我们一定注意，不要把雌用来跟雄去斗争。因为守其雌是一种德，以德来处理，守在"雌"的位置。"守"有"防守"之意，防守外在的东西侵入、影响我们，我们要处于"雌"的位置来应付，即为"守"。太极拳也是守雌，不跟对方正面去搏斗，尽管对方用强、用力，我们却自守其雌。

"为天下豀"，"豀"字的结构很有意思，"谷"字旁，左边还有一个"溪"的右半部"奚"。这里"豀"跟"谷"意思不同。豀在谷中，还有溪水。谷的话，常指空谷。豀中的小溪，却绵延不断，让万物得以生长，一条溪水即使得万物生。这也呼应前文谈为什么要"守其雌"呢？"雌"也是代表生，能生万物。"雄"只会争斗，不会生、不会养。所以，"为天下豀，常德不离"，所不离的就是"守其雌"之常德。"复归于婴儿"，为什么说回复到像婴儿一样呢？婴儿代表柔软、无欲，也是雌的表现。

## 二、知白守黑

"知其白，守其黑"的"白"代表知识，"知其白"即看得清楚，思维很清晰，也即逻辑的"白"。但是知道"白"之后，我们却不要定在"白"里面，反而是要站在"黑"当中，"守其黑"，又是一个"守"字。那"黑"代表什么呢？"黑"跟"白"并不是对称的。白是有限的，黑却是无垠的、广大的，"黑"代表玄，玄之又玄即是"黑"。"黑"代表深，"深不可识"即是黑；"黑"代表无知，超知；"黑"代表无明，但不是佛教的无明，而是不显不露。

日常生活中，"白"指向光亮、纯白，是大家所喜欢的，而"黑"通常指黑暗、污浊，是被大家所厌弃的，但老子却是积极赋予"黑"以正面意义：玄深及浑融，"黑"代表了老子提倡的不自见，不自是，不自彰，不自伐，不自矜。"黑"是一种功夫修养，"白"代表观念认知；相较于"白"的知识，"黑"代表智慧。在佛学中，知识和智慧的定义是：知识与意识是有分别心，称为"白"；智慧则表示不分别，在老子的语意中，不分别就是"黑"，"黑"的好处很多。所以能够"守其黑"，"为天下式"，这个"式"，我认为即"法则"，为"天下式"即为天下的法则。

"为天下式，则常德不忒"，"不忒"即不差离、差错、错失，我们就不会脱离常德，而"复归于无极"。中国哲学里面"无极"两个字最早出现在老子的书里面，"太极"则是出现在《易经·系辞传》。老子中只提到一次"无极"，后来宋明理学家提出"无极而太极"，把无极放到太极的前面了，这等于是在讲知识论。

### 三、知荣守辱

讲人生和人事上的运用，是"知其荣，守其辱"。注意：这个"辱"并不是说做了坏事情的耻辱，或受到别人的侮辱。"守其辱"也不是鼓励人们不要有羞耻心，去做坏事情，那可就糟糕了。这个"辱"是指一般人所不喜欢的方面，通常，大家都是崇尚光荣，追求名、利、荣、誉，没有人喜欢无名无利。站在最低的地方是大家不喜欢的，一般人都喜欢在高处。假定我们处"辱"，好像是在卑贱的地方。世人都慕荣，往好的方面去追求，我们却自处低下而问心无愧，知道自己的天命应该要在这个位置上，于是就守住，并不去羡慕别人，这就叫守辱！譬如处在卑弱的地位，你也很知足，守辱的前提是善于知足，不知足的话就守不住。想要做到知足，就要"虚其心"，把"守其雌""守其黑""守其辱"这三方面加起来。我认为关键是一个字"藏"，收藏的"藏"，即藏己。藏己就是不显露。"守其雌"也是藏己，是不争，不跟人家争强斗狠；"守其黑"也是藏己，不要人家认为自己有聪明才智；"守其辱"，自足于所处的环境，不跟别人去比较，要了解自己，不去强求。

"为天下谷"，"谷"跟"谿"不太一样，"谷"就是深谷、虚谷，所以这里重点是讲"虚"。能虚的话，就能够超乎荣辱。"常德乃足，复归于朴。""朴"即素朴，是木头没有被砍伐时候的原始状态。"朴散则为器"，如果把朴打散，如同砍下原木，做成桌子、椅子等器物。"圣人用之"，用"朴"，而不只是流于用器，"则为官长"，即能为百姓的官长。


四、朴用于政治

老子的政治哲学就是一个字："朴"，"朴"就是"一"，"一"也是"朴"，以一驭万，以简单驭复杂。

"故大制不割"，原文是"不割"，因为王弼注："故无割也。"所以我手上这个日本注家的本子就把《老子》原文的"不割"改成"无割"，这是注家最大的毛病，拿注来改原文。我们来看看什么是"不割"。

"大制"是伟大的制度或伟大的政治，什么叫割？割至少有两层意思。第一，割就是把东西割成一块一块的、支离破碎。支离破碎就是我们所谓的头痛医头、脚痛治脚的毛病。我们传统中医一直注重整个身体，把这四部分：人的肉体、意识、心跟精神看作一个聚合的整体，不能割裂，不能分开。分开的话，就是头痛医头、脚痛治脚的支离破碎了。第二层意思：割就是伤害别人。伟大的制度照顾全域，不会伤害人民，而是尽量保持它的完整。

这是讲在政治上，怎么样做到"不割"。前面用"守其雌""守其黑""守其辱"这三个方法就是为了达到"不割"。

我们就"守其辱"来讲，古代的君主都是称呼自己为"寡人"，意思是：我不是人民领袖，我是寡人，寡德之人，我是道德不完善的人，这是"辱"。君主要谦，有这种守辱的精神，他才能做到"不割"。"绝圣弃知"也是守辱、守黑、守雌。

延伸开来说，为师之道也如出一辙。做老师的人，不要自己以为是伟大的老师，有真知灼见了，很了不起，就强迫学生必须跟着老师的看法走。老师授业解惑之后，要保持不自见、不自是。如果学生有意见跟老师不一样，老师就很生气，那学生日后还怎么能有发展？这个道理讲起来好像很简单，但是今天的学术界，很多人成为大师之后，他培养的学生都是走他的路子，只念他的书，完全只受他一个人的影响。历史上也是有前车之鉴，譬如华严宗、天台宗，还有唯识宗，是玄奘开了这个学派，这些宗师开了宗以后，第一代学生还可以，第二三代学生就没有好的传承发展了。所以，做老师的不要自以为是开宗祖师，而挡住学生的发展道路，一定不能忘了"生而不有，为而不恃"，王弼注得很好："不尽其性，不塞其源。"

在政治上"朴"的境界也是把"守其雌""守其黑""守其辱"这三点结合起来。"朴"是简朴、简单、不争、不繁杂，政治上不复杂，以简驭繁，守雌不雄，不先于人、不争强斗狠。朴也是黑，把原木砍了，做成的有形之物，桌子是桌子，椅子是椅子，分别清楚即是白，保持朴的原木初始的状态和本性。光彩耀人时也要朴，要能过简单的生活，能怡然自得。所以肯去守雌，能够守黑，才会守辱，也才知道守朴。把握"朴"之后，就是大智，整个伟大的智就在"朴"。

朴虽然很简单，但简单的里面含有很多运用的原则。"不变"也是朴，以不变应万变，日常生活之德就是朴。人若在日常生活之外要追求一个怎么样的生活，就离开朴了，就加上欲望了，这就是要想雄、想白、想荣，就离开了常德。"朴"也是你的本位。了解自己即是"朴"，我有多少能耐，我满足我自己，能够朴，能够自足，就能知止。

　　朴在老子来讲是一个政治的运用，我们把"朴"换成两个字，就是"恬淡"，能够安于恬淡，很重要。安于恬淡的人，做学问也好，政治上也好，他就不会去渴求，进而沦为欲望的奴隶。

# 第二十九章

将欲取天下而为之，吾见其不得已。

天下神器，不可为也。

为者败之，执者失之。

故物或行或随，或歔或吹，或强或羸，或载或隳。

是以圣人去甚，去奢，去泰。

## 语 译

如果我们将会拥有天下来治理的话，我看我们不应太高兴，而要有"不得已"的心情才好。因为天下万物是自然的神妙之物，是不可以凭一己之意去施为，逞一己之欲去控制的。如刻意去施为，便会坏事，执意去控制，便会失误。所谓自然界的万物，有的是行于前，有的是跟于后；有的缓缓嘘气如阳春，有的急急吐气如狂风；有的禀性刚强，有的赋性柔弱；有的尖锐能锉物，有的脆弱不能自持。总之这是自然现象，不可偏执。所以圣人要顺自然之理，做事不走极端；生活不求奢华；要求应忌太高。

## 解　义

### 一、取天下而为之

"将欲取天下而为之，吾见其不得已。"意思是：君主要想取天下、占有天下，用自己的看法见解、加以施为，我看到了他的不得已。"不得已"，即做不到，达不成目的。

"天下神器"，王弼注："神，无形无方也。器，合成也。无形以合，故谓之神器也。"我认为这句注得不好，玄味太重。我们去了解"神"字，这是《老子》中第一次出现"神"字，我们用《易经》十翼的"阴阳不测之谓神""神也者，妙万物而为言者也"来理解它。我认为，此处，"神"就是万物生化之妙的"妙"，不要把"神"当做一个具体的有形象的神仙，它只是万物生化的"妙"。天下万物自有他生化的道理和妙处，君主是不可能凭着一己之欲来操纵的。好比人心，也是生化之妙，君主能操纵人心吗？故君主不可以拿自己个人的意愿去"为"。要为的话，就会有目的和一定的标准去为。老子说："为者败之，执者失之"，过于"为"，反而成了阻碍，失去了生化之妙。

王弼注："万物以自然为性，故可因而不可为也，可通而不可执也。物有常性，而造为之，故必败也。物有往来，而执之，故必失也。"这里注得不错，万物以自然为性，"自然"就是生化之妙，王弼说万物之性就是生化之妙，所以"可因而不可为"，只能顺着它，不能操纵它。


二、万物变化莫测

接着老子举例来描述生化之妙："故物或行或随，或歔或吹，或强或羸，或载或隳。"在现象界，"故物或行或随"王弼的注："凡此诸，或言物事逆顺反复，不施为执割也。"这句话中有四个字很妙，即"逆顺反复"。

"或行或随"，为什么"逆"呢？我们认为行在前面，认为自己做领袖；或随，就有人跟在后面打我们的主意，这就是"逆"的道理，大家要注意。

什么又叫顺呢？王弼用"顺"作为"或歔或吹"的解释："歔"就是天气很冷时，我们嘘一口气，想要求暖；"吹"是很热的时候去吹凉，无论是为了热而"嘘"，为了冷而"吹"，都是都是一个道理，吹一口气而已，可以求暖，也可以求凉，都是顺，这是顺着气而作。

"或强或羸"，王弼是用"反"来讲，人想求强，结果反而弱了。拼命去跑步为健身，结果跑出心脏病来了。

"或载或隳"，"载"王弼注本作"挫"，是挫自己；后面这个"隳"，与"挫"用意不同，就是挫别人，你想打败别人，结果打败了别人，也毁了自己，这就是"复"，很多事情都是这样的。

老子举出这四种现象，以此说明人世上的经验都是相对性的，不是绝对的。不要执着，不要强行追求相对的一面，比如"或行或随"，不要在"行"上求"先"人，以为自己走在别人前面，了不起啊，"或歔或吹"，不要在声势上夺人；"或强或羸"，我认为老子是说不要在意志上显得强势。"或挫或隳"，也就是不要在竞争上要求胜人。


### 三、要三去

《老子》此章最后三句话就是真正的目的："去甚，去奢，去泰"。"甚"就是过度，做任何事情不要过度。"奢"是过多，任何事情不要过多。"泰"就是过好，任何事情不要过分求好。这三个过，就代表欲望超过了我们应该有的本然需求。老子不反对人有欲，但不能"过"，破坏了物性的自然，所以要三"去"。

# 第三十章

以道佐人主者，不以兵强天下，其事好还。

师之所处，荆棘生焉。

大军之后，必有凶年。

善有果而已，不敢以取强。

果而勿矜，果而勿伐，果而勿骄，果而不得已，果而勿强。

物壮则老，是谓不道，不道早已。

## 语 译

以道来辅佐君主治国的人，不会用军事武力来雄霸天下，因为战争之事往往是有报应的。凡是师旅所处的地方，都会变成废墟，荆棘杂草丛生。凡是大战役之后，必然破坏了农耕，紧跟着的便是饥荒连年。善于辅佐君主以道治国的人，自会因行道而达到救国救民的成果，绝不敢以军事武力来争强。他们得到成果后，却不自以为了不起；他们得到成果后，也不自夸功劳；他们得到成果后，更不会因此而骄狂。因为他们得到成果是顺乎自然的，即使有时要用兵，也是为了卫国、卫民，是不得已的，所以他们不会以这种成果为强大。这样的强壮，会快速地使他们衰老，因为这种好强的欲望是不合乎自然之道的，不合自然之道，便会很快衰亡。

## 解　义

### 一、不强兵

下面两章都是讲军事、战争的。

"以道佐人主者，不以兵强天下，其事好还。""还"指兵家之事会有报应。我认为王弼的注中没有注意到这一点，很简单，但对于"还"字，注得太玄妙了，"有道者务欲还反无为，故云其事好还也。""其事"是指兵家用兵之事，用兵强天下，这种事情会有报应。他在下文加以说明。

"师之所处，荆棘生焉。"君主认为军队可以铲平对方的国家，结果铲平之后就是一片焦土，"荆棘生焉"，有什么用呢？墨子反战思想也是这样讲的，老子认为"大军之后，必有凶年"，用了"大军之后"，以为战胜了，结果连年五谷不生，这就是天道好还。

## 二、不敢取强

所以，军队之事，"善有果而已，不敢以取强"。善战者只求结"果"，是什么结果呢？老子还不是完全绝对的反战者，而是反侵略，这一点跟孔子一样，孔子是足食、足兵、民信。老子主张兵还是要有，老子、孔子同生于春秋时代，这时的战争还不是很惨烈，战国时期的战争就太可怕了。所以战国时期的哲学家，孟子、墨子都是非常明显的反战。但老子认为战争是防御、防卫，是必要的，"果"就是达到防卫自己国家的效果而已，就够了，所以用一个"而已"，只以防卫为目的，并不是拿军队来"取强"，来表示自己的强大。

"果而毋矜"，达到这个结果就好了，千万不要"矜"，即自大；"果而勿伐"，"伐"即自夸，不要夸大军事力量；"果而勿骄"，达到制敌的结果不要骄傲。矜、伐、骄就是多余的。"果而不得已"，只要达到防卫国家的结果，战争是不得已的，战争不是好东西。没有办法的时候我们只好保卫国家。所以"果而勿强"，达到结果不要以兵"强"。

根据天道来讲，"物壮则老，是谓不道，不道早已"，一个东西很强壮了就会变老。强跟壮不合乎自然之道，这样，就"早已"，是一定会自取灭亡的。王弼注："喻以兵强于天下者也。飘风不终朝，骤雨不终日，故暴兴必不道，早已也。"这种自取灭亡，也是自然之道。

扫一扫
进入课程

# 第三十一章

夫佳兵者，不祥之器。

物或恶之，故有道者不处。

君子居则贵左，用兵则贵右。

兵者不祥之器，非君子之器，不得已而用之，恬淡为上。

胜而不美，而美之者，是乐杀人。

夫乐杀人者，则不可以得志于天下矣。

吉事尚左，凶事尚右。

偏将军居左，上将军居右，言以丧礼处之。

杀人之众，以悲哀泣之，战胜，以丧礼处之。

## 语　译

精锐的兵器或军队是不祥的东西，万物似乎都厌恶它们，所以有道之士都不依靠它们。君子在平常生活中是以左边的位置为高贵，可是在用兵的时候，却是相反的，以右边的位置为高贵。可见兵器或军队是不祥的东西，而不是君子所使用的。在万不得已的时候，如果使用了它们，仍然以恬淡无欲的心情为上。即使战胜了，也不认为美好。如果赞美战胜的成果，便是喜爱杀人。一个喜爱杀人的人，是不可能达到平治天下的心愿的。吉庆之事是以左边位置为高贵，丧葬之事是以右边的位置为高贵。在军队中，副将在左边，上将军在右边，这是以丧礼来对待军事。杀人甚多的战争，应以悲哀的心情来哀悼它，在战胜之后更应以丧礼的态度来对待它。

## 解　义

### 一、兵是不祥之器

第三十一章全都是讲战争、军事的，结果王弼一个注解都没有，其他各章都多多少少有注，可见王弼对这一章的不重视。

"夫佳兵者，不祥之器。"有清代学者把"夫佳兵者"改成"夫兵者"，我认为还是《老子》的原文好，"佳兵"，就是精锐的兵器，兵器越好，越是不祥之器。"物或恶之"，万物或恶之，老子用"或恶之"，因为大家都喜欢佳美的东西，所以有些人认为兵器精锐很好、军队越强越佳，也有些人会害怕、忌讳它，并不是所有人都持同一个态度，所以用"或恶之"，说明不是所有的人都如此，是指有道的人恶之，不会强调、夸耀它。

## 二、君子贵左

"君子居者贵左，用兵则贵右"，军旅之事不是君子所从事的，老子用礼来说明，中国古代的礼，日常生活中，左边是代表地位高的，右边是代表地位低的。老师或者长辈的位置坐左边，君子平居以左为尚，用兵却不然，在军队里是相反的，以右为贵，之所以相反，就是说明用兵不合正常的礼，是因为有肃杀之气。

## 三、恬淡为上

"兵者不祥之器，非君子之器，不得已而用之，恬淡为上。"君子出于保国卫民，不得已而运用时，还是以恬淡为上，恬淡即是无欲，不骄夸战果，拥兵自豪。

"胜而不美，而美之者，是乐杀人。"打了胜仗也不要以为军队是好的，不要歌颂赞美，认为自己的军队天下第一。如果赞美军队，就等于是赞美杀人。"夫乐杀人者，则不可以得志于天下矣。"这是说喜欢杀人的人，违反了天地的好生之德，不可能得到天下人的推崇，无法成就天下和平。

"吉事尚左，凶事尚右"，传统上，结婚是嘉礼，祭祀是吉礼。在日常生活喜庆的时候也一样，都是左边是高、尊位，右边是低、卑位；但是出殡这种凶事，则是右边高，左边低，之所以反常，是因为不吉利。在军队里面，偏将居左，军衔高的上将军反而居右，倒过来了，这表示军队是反常之礼。为什么反常呢？因为此表示以丧礼处战事，取胜了也以丧礼处之。

《老子》这章的话很深刻。警示君主，不要战胜了大家就举杯庆祝，像举行婚礼一样，这是反常的，你杀了多少人啊，我们要有这个悲哀的心情。

也有很多考证的学者认为这一章不是老子当时的作品，而是战国时期的著作，他们的根据是什么呢？梁启超考证"大军之后，必有凶年"，认为在老子、孔子的时候，还没有所谓大军，到战国的时候，一次战争几万人的死伤是经常的。春秋时也没有偏将军、上将军的名号，这是战国时候的称呼。老子如果说是春秋时代的人，他怎么知道后来两三年后战国时候的名称呢？所以认为，这一章可能是战国人写的东西，或者是战国时的注解混到里面去了。

# 第三十二章

道常无名朴，虽小，天下莫能臣也。

侯王若能守之，万物将自宾。

天地相合，以降甘露，民莫之令而自均。

始制有名，名亦既有，夫亦将知止。

知止可以不殆。

譬道之在天下，犹川谷之与江海。

## 语 译

道常用无名之朴，这个"朴"看起来虽然似乎很微小，可是天下却没有一人能够臣服它。侯王如果能好好地把握这个"朴"，天下万物便自然地宾服、顺从他们。天地阴阳之气和合，自然地降下了万物所需要的甘露，同样君主不必多加政令于人民，人民也会自然地均平地发展。在创始万物或制度时，必然需要名称或职位。但当名称或职位有了之后，我们必须知道静止，不可贪婪执着。能够做到静止，便不会有被欲望驱使的危险了。这种"知止"的功夫，正如道之无心于天下万物，天下万物却自归于道；又如江海的无求于山谷流水，而山谷流水却不期然地汇入江海。

## 解　义

### 一、无名之朴

"道常无名朴，虽小。"有的版本断作："道常无名，朴，虽小"或"道常无名，朴虽小"三者皆可，意义相通。难点在此处何以有一个"常"字？王弼注："道，无形不系，常不可名。以无名为常，故曰'道常无名也'。"是说道是无形的，不系于物，即不黏着在任何一个东西上，所以认为是常不可名，也即以无名为常，我觉得这话有点儿问题。道之常是无名，而不是道以"无名"为"常"，"无名"只是一个形容词。本句是强调常道，常道不可名。因不可名，我们用最简单的东西去指它，就是"朴"。"朴"就是最简单的，几乎近于无名了。什么叫"朴"？是原木，没有形状的，没有加工的，当然不可名了。可名的是做成器具后，或方或圆的，或桌子或椅子，这些是可名的。"朴"是用来描写无名或最不得已而用的名，虽小，但正因为朴是无名的，所以"天下莫能臣"，即天下没有人能够把它当臣子来看，使它臣服，也即天下没有人可以做朴的主人。

## 二、用朴之道

侯王如能把握住"朴"，即"守之"，人民自然会跟着他走，"万物将自宾"。王弼注："夫智者可以能臣也。"我们如果认为自己很聪明，人家就利用我们的智商，让我们做他的臣子；"勇者可以武使也"，我们如果认为自己很英勇，人家就可以给我们一个名号来利用我们的勇武。"巧者可以事役也"，我们如果认为自己处事很有技巧，人家就利用我们的技巧，让我们为他服务。"力者可以重任"，我们如果有力气，人家就会给我们很多工作让我们去卖力。所以只要我们一夸耀自己的知、巧、勇和力，都会被他人利用。但是"朴"，因为它无名，不是智、不是巧、不是勇、不是力。王弼说："朴之为物，愦然不偏，近于无有，故曰'莫能臣'也。""愦然不偏"的"愦然"是糊糊涂涂，正因此，所以不偏于这边，也不偏于那边，不偏于智，不偏于勇，不偏于巧，不偏于力。所以，朴虽小，但是"莫能臣"，因其微不足道，反而令人无法控制，这个"朴"反能成其大，无欲则刚。朴的本色自然，运用起来也就自然无为。

## 三、天地相合自均

接下去老子说："天地相合，以降甘露，民莫之令而自均。"天地阴阳相合，降下甘露来，没有人命令老天下雨，可是雨水自均，万物都受到雨的滋养，雨露共沾，没有厚薄之别，也从不会只落在某些地方，滋养某些草木，使其他地方的草木不能受它的滋养。因此唯有天道自然才能使万物自均。

## 四、知止不殆

"始制有名"，订立制度，一定要讲"名"，名器、名分、名称，即抬头（Title），任何东西都有一个名。朴本源无名，但"朴散则谓器"，造成器具后就有名，当"名亦既有"之后，要小心了，"夫亦将知止"，一定要懂得知止，懂得限制，不要设立太多名号。为什么不要设立太多名号，因为没有办法控制呀！"名"就是代表"欲"，"知止"也就是"知足"，知止和知足二者稍有不同："知止"是从外在来讲，在事上论，知道有所限制，不要太过分；"知足"是从心里面来讲，于心上能知足，不要欲求过度，一直不满足。"知止可以不殆"，殆有两义：一指危险，一指不穷。知止，然后才能不穷，不知止的话，欲望过度，个人的心性就会有穷，欲望也会带我们走入穷途危险。

"知止"跟"知足"是否会限制人的发展？

我们先讲"知足"，知足代表心的满足、心的平衡、心的安定。这很重要，如果内在不安定、不平衡，我们在外面发展得越高，就越危险，也许一下子就崩塌掉了。

"知止"也是一样，了解自己的实力是有限度的。如果一个人不知道限度，不知常，妄作凶，就会自招危险。

我们回头来看常道，永恒也是常，自然也是常，还有平常，我以前讲了三种"常"。现在，我还想到了正常，即顺其自然、正常的生活，这很重要。譬如食物也是一样，并非哪一种食物更有营养，其实要讲的是平衡。某种食物对你有用，但你拼命吃，说不定就吃出病来了，有营养的好东西你也不能拼命进补，平衡很重要。再如自我了解，即是自我开放，怎么开放？即不要自我设限，一设限就不开放了。限低，自卑；限高，自夸。如果一定要达到某种目的，这个设定目标就对你形成一种压力，也不是对自己的了解。真正的了解就是开放，我们在日常生活中，照应该做的去做，就是自然，就是开放了。我们看孔子解释什么叫"知"？"好学近乎知"，孔子不去替"知"下定义，不去定义知识多高深，不讲知识怎么样包括一切，知识怎么伟大，而是说只要好学就是"知"。好学的人虽然仍在很低的程度上，但因为好学，就会不断提升，但不能骄傲，自以为聪明、了不起，达到很高明的境界了，这也是自限，就不是好学了，所以好学就是无限的开放，并且无求。因为一求的话，就把自己设定了，求什么？求名，求利，求胜人一筹，都是求，都是役于外，而不是真正的好学。

一定不要欲求太多，不要自我设限，如果我要真正了解老子的"知止"两个字，即明白唯有"知止可以不止"，一个人真正知止的话就可以不止，不会停息的，知止不是自我设限，而是一步一步地踏踏实实地走，永不停息。

最后一句，"譬道之在天下，犹川谷之于江海"。道在天下，处在最低的地方，就像江海处在最低的地方一样，所有川谷中的水都流向了江海。为什么把"道"比作江海，这是跟前面的"道常无名的朴"对应。道像无名之朴，因无名的小，万物却不能控制它，江海处在最低的地方类似"朴"，看似不起眼，但它的心胸却无限地大，可容纳百川。

# 第三十三章

知人者智，自知者明。

胜人者有力，自胜者强。

知足者富。

强行者有志。

不失其所者久。

死而不亡者寿。

## 语　译

　　知道别人的人是有才智的，而能知道自己的人才有最真切的悟解。能战胜别人的人是有力量的，而能战胜自己的人才是真正的强者。知道满足的人内心必然富有。努力实行的人一定有坚毅的意志。做任何事都不忘深体本源之处才能持之有恒。虽然躯体必死，但能契合生生之道，便是生命真正的不息。

## 解　义

### 一、自知者明

"知人者智"的"智"并不是佛家智慧的"智"，因为在《老子》中的"智"都是代表聪明才智，这句话的意思是：用自己的知去了解别人，这是一种聪明才智。"知人者哲"，是《尚书·皋陶谟》里面的话，"哲"代表有聪明才智，这是向外的知的方面。

"自知者明"，注意这里意蕴的转化，"自知"代表德，"知人"是代表"智"，马上从"智"转到"德"。这里的"明"，并不是指普通知识上的"明"，而是类似佛学里的"悟"和"觉"，即"自觉觉他"。什么叫"佛"？"佛"就是"自觉觉他"，"自知"就是"自觉"，"明"就是觉悟。

### 二、自胜者强

"胜人者有力"，能够战胜别人说明自己力量大，依赖自己比别人的优势，以争斗取胜，这是讲外在的体力或智力。"自胜者强"，这个"强"，不是体力、智力的强，而是精神的强，是指"德"，能够自胜是德的修养，克服自己的缺点和贪欲；战胜别人是靠力，战胜自己却要靠修养的功夫，道家推崇"自胜"。佛教"五蕴皆空"，而要"观自在"（《心经》），也就是自己要做自己的主人，不受外在的影响，实际上也是自胜。道家跟佛学在这方面可以相通，这些都是运用在人事上的。

### 三、知足者富

"知足者富，强行者有志"，如果按照前面的体例，我认为"强行者有志"，应是放在前面的，然后"知足者富"。"强行"是勉强而行，说明这个人有意志力，但是要能够知足才是真正的富有，"知足者富"也是"德"，这个"富"不是钱多，而是心的满足，是有德。这几句话是以排比的方式来讲述的。

### 四、不失其所

接着，老子说"不失其所者久"，"所"是我们所处的位置，即《易经》中讲的"位"。"不失其所"即不失其位，不要失去自己的位置。这个位置是什么？是自己！不失自己者，有三层修养功夫，我们要知所，要守所，还要顺其所。知所者要知己，守所者要守己，顺所者要顺己。这样我们才能够保持长久，用道教的话说就是长生不老。"不失其所"，用佛教的话来说，就是不妄求，无求乃乐。不要妄求，知道自己有多少才能，做事情就稳稳当当，不会有危险，这样的人"死而不亡者寿"，后来道教说，身体死了，还有东西不亡。我们看看什么叫"不亡"？"不亡"代表什么？"死"当然很清楚了，肉体死了，但还有什么东西是"不亡"的呢？我认为有三个东西可以不亡：

一、心常在，虽然肉体死了，比如父母之于儿女，父母死了，父母之心还在，还是想着儿女，还在儿女身上。我们与子女心心相印，死了以后是不是还心心相印？会！儿女还在想父母亲啊，那不是相印吗？所以这个心是可以常在的。

二、对道家来讲，尤其庄子，认为精神长存，生生之道不亡。

三、功不灭，三不朽，立德、立功、立言。譬如夏禹死了，我们认为他还是治水有功，所以建庙来纪念他。

# 第三十四章

大道泛兮，其可左右。

万物恃之以生而不辞，功成不名有，衣养万物而不为主。

常无欲，可名于小；

万物归焉而不为主，可名为大。

以其终不自为大，故能成其大。

## 语　译

大道是广漠无边，不分左右的。万物依靠它而生生不已，但它却永远和万物在一起，而不离开。它使万物滋育化成，却不占有万物。它抚育而营养万物，却不做万物的创造主。它永远地本着无欲的境界，而无任何的意向企图，所以我们往往称它为"小"。可是万物都以它为本，而它却不为万物之主，所以我们又称它为"大"。由于"大道"不以自己为大，所以才能真正为万物的根本，而成就了它真正的"大"。

## 解　义

### 一、大道泛兮

"大道泛兮"，"泛"指普遍，大道就像水一样普遍流通，可以左，可以右，不分左，不分右，不偏于一面，是全面的。道的施于万物，是均等的，第三十二章言"民莫之令而自均"，本章说"万物恃之以生而不辞"，万物都要靠道而生。"辞"字有两种解释：一是言辞的辞，道从来没有说话，从不说它对大家有功；另一是辞谢的辞，道从不推辞，万物靠道而生，道附于万物，尽量施予。以上二义，不管是哪一种意思的"辞"，都是说功成而不有，道使得万物都能够生长发展，但从来生而不占有，"功成而弗居"（第二章）。

### 二、道不同为主

"衣养万物而不为主"，道给我们衣穿，给我们食物吃，但从来不认为自己是主人，道无欲，而且还"常无欲"。道的本体是"无欲"的，所以"不为主"；不辞、不明有，我们看不见，摸不着，所以"可名于小"。"小"就是微小，也看不见，虽然小，但是万物还是自然地归于它，"万物恃之以生"。我们依道而生，自然离不开道，但它还不为主，这种精神，"万物归焉

而不为主"，本来"可名为大"，一方面微小到看不见，一方面
又无所不在地伟大。


### 三、道不自大

道之所以能够由小而大，"以其终不自为大，故能成其大"，
道不自以为大，所以超越了"大"和"小"的相对，反而能够
成就它真正的伟大。

这一章的意义很清楚，要点是道不自大、能小、能居小
的地方。普通人都不甘于"小"，但能"小"才能守得住自己。
人不要把自己放得太高，不然会守不住自己，唯有"德"才是
"大"。大家要注意，真正自居小的人，已不是通常讲的那个小
了，不是那种自卑的小，他做了很多大事情，但是却把自己放
在最低处，自居于小，认为自己并没有什么了不起的。

人若能自居于小，在小里面也自得其乐，做一点儿自己应
该做的事情也就知足了。所以，不要去比较小、大，虽然说"以
其不自大能成其大"，但那是自然的，并不是刻意求来的，也
不要去想能不能成大，这不是人所能决定的，那是天命。成大
不一定能做到，也许你可以，也许你不可以，但是自居于小的
这个功夫，却人人可以做得到。

# 第三十五章

执大象，天下往。

往而不害，安平太。

乐与饵，过客止。

道之出口，淡乎其无味，视之不足见，听之不足闻，用之不足既。

## 语 译

把握住生生不已的道的大象，可与天下万物共发展。在发展的过程中，没有贪欲的阻碍，便能和天下万物安处于平静康泰的和谐之境。贪执美妙的歌乐和美味的食物，都会使我们这些人生寄旅的过客恋栈不前。可是道却不一样，它尝起来，无味；看起来，无象；听起来，无声；但是用起来，却永远用不完。

## 解　义

### 一、执大象

"执大象，天下往"，何谓"大象"？道浑然一片，"惚兮恍兮，其中有象；恍兮惚兮，其中有物"。大家还记得这句话吧？"大象"即大道之象，但此处为何不说执大道呢？道没有形象，道不可执，但是象可以执，大象就是大道的表现。圣王可以把握道的"大"的表现，仁民爱物都是表现，都可以说是象。如果我们有大道之象，天下人就归向于我们。

### 二、安平太

"往而不害，安平太"，当天下人都归向于我们，我们就能够使得天下人都安、平、泰，不受伤害，能安和顺通太平。"安"是安定；"平"是平静；"太"即"泰"，指通达。

"乐与饵"，"饵"即美食，"乐"是音乐，也是娱乐的乐，即悦耳的音乐，此处两者都是负面意义。好比现在的观光事业就是"乐与饵"，"过客止"，用音乐和美食来吸引观光客，到这里来享受、挥霍，这是以欲望引诱别人，这和圣人执大象，使天下人都能都安平泰，完全不同。

### 三、道淡而无味

"道之出口，淡乎其无味"，"乐与饵"有味，而道之大象无味。道是无味的，我们可以永远吃它也不会伤胃，像米饭、白开水一样。因"淡乎其无味"，所以"视之不足见"，道无形，不能见，我们看它也不能看出什么花样来，"乐与饵"倒是够看，但却伤神。"听之未能闻"，指听也听不清楚，听也听不到，"用之不足既"，用它也用不完，最为实用，比如水、空气一样。有形之物尚且如此，况无形质的道呢！

# 第三十六章

将欲歙之，必固张之；

将欲弱之，必固强之；

将欲废之，必固兴之；

将欲夺之，必固与之。

是谓微明。

柔弱胜刚强。

鱼不可脱于渊，国之利器不可以示人。

## 语　译

当一件事物将要收缩时，必定会先膨胀；当一件事物将要被削弱时，必定会先强大；当一件事物将要被废除时，必定会先兴起；当一件事物将要被剥夺时，必定会先被赋予。这是自然界极微妙而又非常明确的事实。如果我们了解了这个微妙的变化，便能了解柔弱之道最后能胜过刚强的道理。因此我们要像鱼儿一样自处于莫测的深渊，当我们有利国的器物时，千万不要以此夸示于人。

## 解　义

### 一、用反之道

本章排比使用"将"，谁来"将"？主体是谁？

可能会有两种：一是道，一是君主。中国文字的使用习惯，好多时候并不会先把主语说出来。

"将欲歙之，必固张之。"先就"道"来讲，道将欲歙之，必固张之，这是指自然。"歙"，即合，向内收缩。东西若是要合的时候，开始都是先张，然后慢慢合，这是自然的运作。自然的发展是一高一低、一张一合的。没有张怎么能合呢？如果就"君主"为主语来说，也是把握这自然之道。所以要收缩一个东西，先把它伸张开来，一旦张开，就产生一个要合的力，再顺其势而合之，这也是利用自然的情势的。

"将欲弱之，必固强之。"要使对方衰弱，也用自然之道，由弱到强，由强到弱，这是自然之道。一个东西要衰弱时，它一定先强大，物极必反。君主利用自然之道，要使对方弱，先使它强盛，一强了，就志得意满，结果骄兵必败。

"将欲废之，必固兴之。"废、兴，亦同此理。事物的兴衰都是自然的，国家兴盛过头，就渐渐衰微。君主要想废掉对方，不妨先让它兴起，当它强调自己的兵力、强壮，就转而走向衰微之途，这也是一样的自然变迁。

"将欲夺之，必固与之。"上天给予我们生命，结果又让死亡来临，把我们的生命又拿回去。自然之道生生死死。一个人有身体的生命，死了以后，上天又赋予我们另外一种生命，这就是自然之理。

君主就利用这一点，要夺掉别人的，先给与他。"夺"和"与"相互关联。

我们把自然之道与君主的运用，拿来比较，去认识：在自然之间，合合张张，强强弱弱，兴兴废废，夺夺与与，现象界事实就是如此发展的，老子此处只是向我们描述现象界的事实，但并没有鼓励、推动我们一定要这样去做。只不过，一般的君主看到了这种现象，就拿来利用。比如两军对垒，把弱的放在前面，让敌方以为弱，就降低防备心，而强的埋伏在后面。这是利用、掌控人心，有好有坏。好的一面是：政治上可以运用，兵家也可以运用，达成目的，获得胜利，我们称之为谋略、战略。坏的一面：君主用这种谋略达到目的后，继续用下去，忘记了要回到正道。譬如说：别的国家侵略我们，我们防卫抵抗，当然要用兵，用谋。用完之后，还要回到正道，兵是不得已才用的，用了之后不要强调。

二、微明之理

中国人常讲：害人之心不可有，防人之心不可无。谋略要用，但不拿去害人，老子没有强调使用谋略，而说："是谓微明"，道理又微又明，看不清楚。

的确，在历史上，老子之后的兵家、纵横家，中国政治家都在用这些自然之道，一直用到今天。所有的政治都离不开这个道理，但我们不能据此批评老子在强调权谋之术。宋明理学家经常凭本章的这几句话说老子用权谋，我不同意，老子绝对没有讲权谋，从其他各章来看，也都没有讲权谋，这种权谋的说法与老子的思想体系不符，我们要从文气、文意的整体性来领会老子思想，老子是在阐明自然和人生中正反相因的事实。但王弼的注确实注得有点儿权谋，他说："因物之性，令其自戮，不假刑为大。"这就是权谋了。


三、柔弱胜刚强

我们继续看下面的结论。老子讲"柔弱胜刚强"。注意这个"胜"字，不是说跟其他人打架时，要战胜对方，"柔弱"怎么能战胜"刚强"呢？真正打架的话，女人通常柔弱一点儿，男人强壮一点儿，女人跟男人打架，虽然也有打胜的，但一般来讲，好女不跟男斗，男的体力强嘛！老子可不是说：你要去打仗，战斗争胜，最终柔弱会胜过刚强。"胜"不一定是靠打架胜过。好比龟兔赛跑，乌龟柔弱，但它一步一步地走，最后获胜，兔子却因骄傲而失败。女人跟男人相比，通常女人的寿命比男人长，这就是胜。这个道理也"微明"，又暗又明，道理是有，但是一般看不清楚，微里有明，明在微里。

## 四、鱼不离渊

"鱼不可脱于渊"，鱼不要离开深渊，渊，水很深，鱼沉在深渊，捕鱼的人是打不到鱼的，捕鱼的网都在水面，难以深入到海底，但鱼要跑到上面来表现自己，离开自己的基础，夸耀自我，就被渔家抓住了。前文提道：我们有智慧，君主就要利用我们；我们有力气，君主就会控制我们；我们凸显了某方面的才能，就会因此而被利用，被控制。所以"渊"就是三十三章中"不失其所者久"的"所"，"所"就是我们的本位，我们不要离开本位。除了被人利用之外，另外有一层意思，每个人都有自己的所长，为了要表现自己，就会超出自己的专长，离开本位，讲外行话，做外行事，这也是脱于渊的毛病。

"国之利器不可以示人"，有两种解释，一是说：国家真正的秘密武器从来不会展览给别人看的，武器展览一定是第二流的武器，卖给别国的都是第三流的，最好的武器绝对不会展览、暴露。另一说出自王弼的注，较特别，他说"利国之利器也，示人者任刑也"。王弼认为"利器"就是刑罚，治国的利器就是"刑"，刑不要示人，不要用刑，用刑的话，国家就治理不好了。

无论如何，从结论中的几句话来看，老子并没有强调我们要用权谋方法，人要自处柔弱，不离开根本，不要强调利器，这才是老子的目的。

# 第三十七章

道常无为而无不为。

侯王若能守之，万物将自化。

化而欲作，吾将镇之以无名之朴。

无名之朴，夫亦将无欲。

不欲以静，天下将自定。

## 语　译

　　道是恒常地自然无为，而又能自然地作用于万物，使他们没有被遗漏的。侯王如果能遵循这个自然无为的道理，便能使万物自然地化育。然而，当万物自然地化育时，慢慢地产生欲望，我便进一步去用无名的素朴的方法，釜底抽薪，加以净除。这个无名的素朴的方法，就是做到"无欲"，也就是君主"不见可欲"。使人民的心归于宁静，那么天下便自然地趋于安定了。

## 解　义

### 一、道常无为而无不为

"道常无为而无不为"，又见到"常"字，"道常无为"，"道常无名"，何以老是讲一个"常"？有什么作用，可以略去不讲常吗？比如：道无为而无不为，好似也可以讲通，为什么要加一个"常"呢？

我认为：这个"常"，即真常、恒常，是道的常体，道的本体是"无为"。道生万物的恒常无为，不会有毛病，但君王要去用无为，会有问题。此处用一个"常"字指道体，区分出道体的无为和君主运用的无为，两者意义相同，层次却有不同。

### 二、侯王用无为

我们看下文："侯王若能守之"，侯王如果能够"守"这个无为，"万物将自化"，这是运用道的无为，"化而欲作"，这个就是用，君主要无为，让人民自己化。可是人民的欲望产生了怎么办？这是指运用的无为有后遗症，怎么办？还是要处理，怎么处理？"吾将镇之以无名之朴"，君王用了无为，久了之后人民的欲望却越来越多了，这时，君主还得用"无名之朴"来转化人民的欲望。

"无名之朴"的"朴"是什么呢？老子解释说"无名之朴，

夫亦将无欲",还是在无欲。历史上,原始人类本来没有多少欲望,但伴随着人类的演化、发展,欲望慢慢变多,当人的欲望多了,就有争、有斗。于是儒家站出来,以道德和礼制来规范、舍去欲望。当道德礼法不够,法家出来,用刑罚来限制。儒家的礼制、道德,法家的刑罚都是属于外在的。老子认为根本的处理不能靠外在,要釜底抽薪,才能扬汤止沸。

"薪"就是欲望,还是同一个问题,要减少欲望。当人民欲望产生之后,怎么样化?还是要讲"朴","朴"就是生活简单化,朴素、素朴。

接下来讲:什么叫"无欲"呢?"不欲以静",老子点出来"静"字。譬如,有人说:我学道家,准备用老子的"无为"方法去处理我家里的矛盾、我孩子的问题,都不管用,以致把"无为"当方法来用,还是有毛病的。真正的无为是让他们"自化",孩子有欲望、有毛病怎么办呢?"自化"也不是不管,而是不强调外在打骂的方法,要他们从内心了解,让他们自动、自愿地改变。

君主在用无为的时候,更是要小心、谨慎。老子说:"治大国若烹小鲜。"烹小鲜需要谨慎,并不是煎小鱼那么简单。朴,实际上就是小心,朴不大,一大就太复杂、太多样了。朴是根本,是从釜底抽薪,很简单的方法,把柴火抽掉几根,火势就慢下来了,抽掉几缕欲望,心也就平静下来了。

总结一下,我认为老子讲的"无为"有两个层次:一是道本身的无为,一是运用的无为。

在运用层面,无为会有毛病。从儒家到了法家,韩非就说:

"君道无为，臣道有为。"君主如果无为，臣子也无为，大家都不做事，都无为，那国家怎么能治理好呢？所以是有前提条件的：君主无为，臣子要有为。君主的无为就是要使得臣子可以有为，这很重要。君主无为，看似好像不做事情，但是他的重要性：是使得每个臣子都发挥他们的才能，是考虑如何增加臣子的有为。君主如果太有为的话，自己做这个、做那个，都控制好了，臣子就都不能做事了。在家庭里也一样，父母太强势，儿女就不能发挥他们的才能，如果父母控制儿女，一定要安排儿女学这学那，那都是父母的愿望，儿女很多还怕父母，都不是根据他们自己的本性所向去选择，怎么能积极主动地学好、做好呢？所以父母养育儿女时不要太强势，不能管得太多。

# 第三十八章

上德不德，是以有德；

下德不失德，是以无德。

上德无为而无以为，下德为之而有以为。

上仁为之而无以为，上义为之而有以为，上礼为之而莫
之应，则攘臂而扔之。

故失道而后德，失德而后仁，失仁而后义，失义而后礼。

夫礼者，忠信之薄而乱之首。

前识者，道之华而愚之始。

是以大丈夫处其厚，不居其薄；

处其实，不居其华。

故去彼取此。

## 语 译

　　最高的德行，不自以为行德，才是真正的有德；一般的下德，念念不忘道德名相，反而无德。最高的德行，自然无为而没有任何的意图和目的；一般的下德希望有所作为却是有意图或目的的。最高的仁德，虽然是有所作为，但却没有个人的意图或目的。最高的义行，是有所作为而且更有个人的意图或目的。最高的礼敬，是有所作为，可是却得不到别人以同样的礼敬回应，于是便会卷起衣袖，伸长臂膀企图把别人拉过来，向自己礼敬。由于这种不同的层次，所以当人们不能生活在"道"中时，便推崇德。可是当他们不能处上德，而流为下德，于是便提倡仁德，希望返于上德。可是当他们连仁德也把握不住，只好大声疾呼地用"义"来规范人心。然而当"义"也失去力量时，便只有设立"礼"制，去约束人们的行为了。到了只知用"礼"时，恰恰反映的是人们忠信与德行的薄弱，这也就是一切祸乱的开始。自以为有远见卓识的人，自诩他们的才智，其实那只是道的花朵而已，华而不实，这正是人们以此互相欺骗的愚行的开始。所以真正有气概的大丈夫，要处忠信之厚，而不居礼敬之薄，要处道的根本，而不居道的末节，这即是所谓舍浮华的表面，而守笃实的本质。

## 解 义

### 一、上德不德

　　第三十八章是《老子》中最重要的一章，王弼注了很多，最高道德的人，最高善行的人，不德，即不以为有德，不强调他的德，反而有德。也就是说不自大，反而能成其大。下德的人，不失德，认为他有德，生怕失掉德，执着于这个德，反而无德。可见老子首先把上德和下德分开，那么道是最高的，最高的下面是德，先是上德，上德已经接近于道了，说上德已经几乎跟道相通，道是宇宙之道了。凡是人的行为都是德，说德有层次，有上德下德，下德就是指我们一般今天讲的道德，儒家讲的所有的道德，都是属于下德。那么上德，因为是靠近道的，它是无为而无以为，因为道是无为，所以说上德是无为没有错，而"无以为"的"以"就是理由，就是目的，所以它的无为，也是没有任何理由和目的而为，它做任何事情都顺其自然。下德不然，下德是指一般的道德，它是为之，它一定是为。我们说忠，就要忠君；说孝，就要孝父母；说爱，就有东西所爱，光说爱，从来没有表现，怎么是爱，所以是为。而有以为，是说有一个理由和目的而为。那么我们再回过头来，上德无为而无以为，这个无以为还可以作上面无为的注解，它无为，这个无为是无以为的，要注意。如果我们无为，把无为当作目的，那个无为还是有目的，就不是真正的无为了。


二、下德不失德


接下去讲下德，在下德里面有上仁，上仁是最高的仁了，在儒家来讲仁是最高的德，说上仁，是指仁的最高境界。可见有上仁，也有中仁，也有下仁。仁的境界不同，每个德都有不同境界，不同的仁。有不同的境界，所以现在举最高的来讲，即使最高的仁，"为之"，仁一定要为，仁爱嘛，不爱、不为，怎么能称为仁。但是毕竟它是最高的仁，所以无以为，如果把这个仁当作爱，上爱为之，爱人民而无以为，无以为即没有条件、没有目的，所以是无条件的爱。儒家的仁道，以孔子的《礼运·大同篇》来讲，他讲到大同小康，大同是尧、舜，是指很高的境界，是大同。后面从夏禹开始，禹、汤都是有条件的了，称为小康，是家天下，夏朝跟商朝都是家天下的，所以它是有以为。

### 三、道德的坠落

仁如果做不到，往下坠落，就讲"义"，义也有不同层次。就最高的义来讲，即"上义为之而有以为"，注意了，"义"，当然是"为之"，但"有以为"，一定是有标准、讲对错、论是非的，有标准就是"有以为"。爱可以有无条件的爱，但义不会是无条件的。

义如果还做不到，又坠落下去了，讲"礼"，《礼记》中礼的层次不少，但无论高低，"礼"常是"为之而莫之应"。我们讲礼，却没有人反应，于是便"攘臂而扔之"，扯着手臂把人家拉过来，不同于"爱"的无条件，"礼"就是有这个毛病，就是要强调：我对你好，你要回报我的好；如果我对别人好，别人没有回报，就要指着人家数落抱怨："你这个人怎么这样不知礼数！"礼的流弊在于：一般人都疏于反省自身是否合乎

"礼"，而一味地去要求别人。"礼"本是一种相对的关系，可是人心失去自反之德，往往变成单方面的要求。

道就如此这般地坠落下去了，大道废，而后有仁义、讲德。德又下坠，大家不讲德了就讲仁、不讲仁然后讲义、不讲义的最后只有讲礼。一直下去：礼被强调，只讲礼，说明出了大毛病。

## 四、礼是乱之首

"夫礼者，忠信之薄而乱之首。"礼为什么会产生忠信之薄呢？人与人之间的信赖不够，不讲忠、不讲信，忠信就薄了，信赖不够就只好定下礼制以作规范。礼制一定了之后，大家只看见礼的制度，反而更不注意它的本质。虚伪跟着产生，还拿礼来操纵人，这就是乱之首。礼，在当今还可以换一个说法，如讲民主，民主是以民为主。但如果人民的教育水平不够，反为政客所操纵，这不正是忠信之薄，也成为祸乱之首了吗？

"前识者"，前识即先见，那些自以为有先见者，定下礼跟法，但这只是助长了"道之华"，即道的表面的虚华不实，而不是道的根本。这便是"愚之始"，即愚笨的开始和愚弄人民的开始了。

"是以大丈夫处其厚，不居其薄"，老子强调"厚"，"厚"就是德，敦厚，浑厚，也就是《易经》坤卦指大地的"厚德载物"。要处在德的深厚处，而不是在表面上做功夫，导致华而不实。

礼就是"道之华","故去彼取此","彼"指"华",就是指外在的礼,强调"取此","此",是实,是厚。

我们现在看王弼的注,王弼用很大的篇幅去注本章。这一篇注的文章可以代表王弼的道家思想。

"德者,得也。常得而无丧,利而无害。""德""得"同音,音相同,意相通。德不是一个空泛的名词,德就是我们有所得,老子的思想就是内在之德。譬如我们说"知足",知足则心安理得。心里很宽舒即内在有所得,人不知足的话,内心便感觉有失。德是讲内心有所得,"常得"是永恒的,而非暂时、片面的得到。譬如我们追求一个女孩子时很快乐,但今天很快乐,过了两天她离开了,又不快乐了,这就不是"常得"。暂时的快乐,比如得到钱很快乐,这是利;结果钱来了又被用掉了,两手又空空,这种快乐也不是常得。"常"字很重要,"常得而无丧",不会因为外在的来或去而影响心情,这才是"常得",是"利而无害"的。

"故以德为名焉,何以得德?"怎样才能得到德呢?"由乎道也。"这很清楚,在第二十一章里就有:"孔德之容,惟道是从",顺着道,通过道才是真正的德。德如果不通过道,就不是老子的德。

"何以尽德?以无为用。"这个注也很清楚,解说如何尽德,如何修这个德的功夫。功夫在哪里,方法在哪里,就是要用一个"无"字。"无"什么:无自私,舍弃欲望、执着;无自是,不自以为是;无自见,不要执着自己认为的见解;无自大,不自以为大。这些都是"无"的功夫，各方面都可以用"无"，"以无为用，则莫不载也。"你可以载万物了。

"故物无焉，则无物不经"，有的版本认为"物"字是赘文，删掉，改为"故无焉"，两者都可通，意思都是说不要执着于物，这样我们才可以通向万物。

"有"，如果你心里存着"有"，有一个执着、有一个观念、有一个欲望，则"有焉，不足以免其生"。这里，"免"字不好解释，有的版本解读为"不足以久其生"，不足以使得生命长久，这是一种解释。而免也可以是免除生活、生命的拖累。"是以天地虽广以无为心"，天地虽然广大，但天地无心。天地如有心，那可麻烦了，天想做这个，地想做那个，天地吵架，万物如何安居？

王弼接着说："圣王虽大，以虚为主。"圣王虚其心。"故曰以复而视，则天地之心见。"王弼曾注过《易经》。《易经》中的复卦，六爻中，阳爻在最下面，阳生又回来，即天地之心复，"复"就是回来，春天了，阳气上升，观"复"卦象，去感受阳的回来，我们才知道天地之心是生生不已的，生而又生了，这里王弼用的是《易经》的原文："复其见天地之心。"但要注意，注《易经》时，王弼是用道家思想去注的，对复卦注得不够好，他把"复"注为"归"，认为是复归静而本无。

"至日而思之"，什么叫至日？在《易经》里面指冬至，这一天君主闭关，所有的城门都关起来，做生意的人也不去做生意，商旅不行。为的是什么？大家坐在家里面"思之"，即反省，因为春天一来，一切都将要发展，在冬至那一天，就要来想想：

这一年，我有什么事情做错了吗？思考、反省。至日而思。冬至那一天，君主不但下令，百姓闭关，君主自己也在宫殿里面不出去，出去的话就会扰民，让人民没有办法思。君主在宫殿里面，也希望大家都在家里面不要乱跑。"则先王之至睹也"，"睹"，观览周遍，这里的"至"是意志的"志"，是意志、想法。君主的意志就遍布天下了。

"故灭其私而无其身"，除掉私心，不要强调自我。如果可以做到的话，"则四海莫不瞻，远近莫不至"，圣王就能够吸引四海远近的人民到自己身边，大家都敬仰君主，即"执大象，天下往"。反之，君主如果"殊其己而有其心"，把自己看得跟别人不同，认为我是君主，我高高在上，心里面老有一个念头，认为我是圣王，则"一体不能自全"，人一有私心就不平衡，连自己的身体都不能保全。"肌骨不能兼容"，自己的身体各部分都开始打仗，不能兼容，耳朵认为耳朵好，眼睛认为眼睛好，眼睛看到耳朵不承认，耳朵听到眼睛不承认，就产生内耗。

"是以上德之人，所以唯道是用，不德其德，无执无用。"上德不以为自己有德，也不执着，也不以自己的聪明才智去用。如是，"故能有德而无不为"，反而可以做到：有德，但不以自己的看法去为，能够照顾人民，"不求而得，不为而成"，君主没有欲望，没有一个目的去求，反而能够有所成就。

"故虽有德而无德名也。"不强调德，不强调名，实际上有德。

相反，"下德"，有意识、有欲望、有求，要想追求德，"求而得之，为而成之"，做什么事情都拼命做，一心想有成就，"立善以治物"，定下一个善的标准来治理万物。标准一定，就不能够照顾全面，因为标准总是单面的。

"故德名有焉"，德的名字固然是有了，但"求而得之，必有失焉"，一方面得到，另一方面必有所失。记不记得第二十九章"或行或随"，有行有随。"为而成之必有败焉"，经过人为而达到的，最后一定有人为不到的地方，注意不到的事情，就种下失败的种子。

"善名生，则有不善应焉"，我们有一个好名声，同时也会有不善应之，就会有人批评我们。

"故下德为之而有以为也。"所以下德的人一直努力，为了一个目的而为。"无以为者，无所偏也"，为什么要讲"无以为"呢？只有一个标准的话，必定会对某一面有所偏，所以不能够以"无为"来为之，这都是"下德"，即"凡不能无为而为之者，皆下德也"。

"下德"是什么呢，"仁义礼节"，王弼注得很清楚："仁""义""礼""节"都是"下德"，他接着说："将明德之上下"，德有上下，讲仁、讲义也有上下，王弼说："辄举下德以对上德"，我要举下德以对上德，"至于无以为，极下德之量，上仁是也"，没有一个目标去为，在下德的量、数目、层次里面，最高的是上仁也。

说"上仁"，"足及于无以为而犹为之焉"，上仁很高时，碰到道的无以为，相差无几，但上仁还是为，是有为之。仁一定是要为的。"为之而无以为，故有为为之患矣。"有为的作为还是有患、有毛病，所以王弼说："本在无为，母在无名。"根本要在无为，母也是根本，根本要在无名。"弃本舍母，而适其子，功虽大焉，必有不济"，我们如果去掉根本，舍本逐末，舍掉母而求其子，"子"就是运用方法。那么我们的功虽然做得很大，但也一定有不周到、不能照顾全域之处。我们对人民有义，对一些人有义，不见得对另一些人有义；对人有义，不见得对动物有义，总是会有所不济。"名虽美焉，伪亦必生"，名声虽美，别人赞美我们，很好听，伪也必然伴随产生，也会有人只是虚情假意的。

所以，这是不能够"不为而成，不兴而治"，"兴"是有意，这是说我们还总是为之，这好像儒家，儒家有宏大、普遍、博施于民、仁爱于物的最高理想。"故有宏普博施仁爱者，而爱之无所偏私，故上仁为之而无以为也。"这已经不错了，我们还能够照顾人民而爱物、无所偏失，这是上仁的做法，虽有为而能无掉目的，即无以为，这也是很高的境界了，值得赞美。

接下来，麻烦来了，如果给出去的爱偏向于一面的话就不能兼、不能无条件，就掉下去了，"爱不能兼，则有抑抗正真（直）而义理之者"，我认为"抑抗正真"四个字是四种方法，"抑"即压抑，"抗"即推举，举高赞美，"正"即纠正，真（有译本考为"直"）就是顺从，顺他的直道。因为你要做这些功夫，有标准了。对某些人你认为要抑他、对某些人你要赞美、对某些人你要纠正他、对某些人你要奉承他是对的。这四种方法，是用义。即用义的标准来处理、对待人事，往往就有偏向了。

"忿枉祐直，助彼攻此，物事而有以心为矣。"忿，即不高兴；不高兴的是枉，我们就要纠正它；祐，即帮助，帮助我们认为是正直的人，这时候我们就拿出标准来了。这样一来，帮助这个，批评那个，一旦定标准就有偏颇，对于万物万事都是拿自己的标准，拿你自己的看法去做。这是"义"，"义"就是用标准来治理万物，"故上义为之而有以为"，"上义"是"有为"，但是"有以为"，有一个标准去为的"义"也就有漏洞、有偏向了，"义"还做不到的，又落下来讲"礼"了。

"直不能笃"，"直"，正直的；"笃"，笃实的，顺直而不能使他很切实，于是，"则有游饰修文礼敬之者"，你拿文辞来修饰它，拿礼、拿敬来掩饰它，这就是"礼"。"尚好修敬"，我们非常推崇修养跟礼敬，拿这种礼来"校责往来"，"校责"即纠正，纠正别人、批评别人。一往一来，我们拿这种礼来纠正别人，别人也拿那种礼来批评我们，彼此之间，拿礼来互相应对，人与人之间在应对之间，"则不对之间忿怒生焉"，别人批评我们无礼，我们不高兴，于是愤怒就产生了。

"故上礼为之而莫之应"，所以最高的礼仪是"为之而莫之应"，别人批评我们，我们不理他们，不做反应，"则攘臂而扔之"，于是他们就拉起手臂把我们扯过去，要我们就范。

王弼讲完这些，由"道""仁""义""礼"回到"夫大之极也，其为道乎"，说宇宙间最大的就是道。"自此已往"，除了道之外，"岂足尊哉"，没有什么东西比道更值得我们尊敬的了。"故虽德盛业大，富有万物，犹各得其德，而未能自周也。"这是《易经·系辞传》里的话了，德盛业大，"富有之谓大业"。故圣王的德很伟大，他富有万民，使得人民都很富有，富有万物，但还是"各得其德"，那还是属于他自己的德，并不周全，

"未能自周也"，是指德还是不普遍的。就如同："故天不能为载，地不能为覆，人不能为赡万物"，天不能为载，天虽高高在上，但天不能像地一样载万物；地虽广大，地也不能像天那样覆万物。天地都各有一面的功能。人更是不能赡养万物，圣王也不能像地那样地养万物。所以我们"虽贵以无为用，不能舍无以为体也"，虽然我们强调"以无为用"，但是不能"舍无"，舍即舍弃，不能舍掉"无"，不能把"无"舍掉，要以"无"为"体"，不能离开，否则"失其为大也"。为什么"失其为大"呢？试想，如果天不能以无为体，天不能载万物，地不能以无为体，地不能覆万物，天地都有所偏，天地如果只强调他们各自作用的话，如何周全？"以无为体"才是"大"，我们如果不能以"无"为体，而是以"有"为体，以某一个性能为体，性能都是有所偏的，就不是真正的大，所以"失道而后德也"。即失道之后，只好请德了。

万物"以无为用，则德其母"，"无"是母，能运用万物"以无为用"，我们就把握了"母"，"母"生生不已，这样的话，"故能已不劳焉，而物无不理"，我们自己不会受苦、劳累，而无物不理，因为可以顺着万物，万物就都能够发展，一旦发展，万物自相治理，不需要我们了。不然，就"下此已往"，掉下来，要去讲仁、讲义、讲礼了，"则失用之母"，失掉"无"，不能"无为"，就强调"博施于民"，这是"仁"，不能做到仁的博施，"而贵正直"，强调"义"，"义"是"正直"。"不能正直，而贵饰敬"，就是讲礼，所以这叫"所谓失德而后仁，失仁而后义，失义而后礼也，夫礼也，所始首于忠信不笃。"礼在一开始就代表了我们讲忠、讲信，但并不实在，"通简不阳"，因为不信，忠信不够的时候，人与人之间的交流失去了真诚，不能够畅达，只好讲礼了，在外面的语言态度上粉饰，可是内心里面钩心斗角，这就是"责备于表，机微争制"的意思。

王弼又说："夫仁义发于内，为之犹伪，况务外饰而可久乎？"即使仁义讲得很好，发于内心，但仁义本来是内在的，人们却在外面为之，有时候还是存在虚伪的，更何况只讲外表的礼，那外面的装饰，可以持久吗？当然不可久！

"故夫礼者，忠信之薄而乱之首也。""前识者，前人而识也，则下德之伦也。竭其聪明以为前识。"前识者，比一般人先认识到礼的重要性的人，其实只是下德之人，不是上德。所以设礼制的先知者，竭尽他们的聪明，以为是有先见，"役其智力以营庶事"，用智力来设定各种情境事物，"虽德其情"，也许抓住了很多人情人性，但是他们设定的这个礼制以后，"奸巧弥密"，反而导致很多人钻法律漏洞，甚至很多人用礼制来做虚伪的事情，这种情况更频繁地出现。"虽丰其誉，愈丧笃实"，虽然好比周公，我们认为他制礼作乐，"丰其誉"，赞誉他，使得一般人只是从事于外在的礼制，而失去了本身的真实，以致"劳而事昏"，拼命做事，反而把事情弄得迷糊了，"务而治秽"，拼命有为，政治反而搞得一塌糊涂，"虽竭圣智而民愈害"，虽竭他的圣智，人民反而受到害处更多，所以《老子》第十九章说："绝圣弃智，民利百倍。"

"舍己任物，则无为而泰"，我们要舍掉自己的看法，舍掉自己的以为是，而顺着物性走，反而能国泰民安。"守夫素朴，则不顺典制"，这个地方要注意，王弼原文是"守夫"，夫字，日本学者考证是"失"，"守失素朴"，改得莫名其妙，仍应该是"夫"，"守夫素朴，则不顺典制"，是说如果我们守住自己本身的素朴，就不需要顺着那些外在设定的礼乐典制，不要去强调那个典制，那些都是外在的。"听彼所获"，"获"即典制，如果我们让自己顺着外在的典制，才认为有所收获，典制怎么怎么好，礼乐怎么怎么棒，"弃此所守"，抛弃掉自己应该守的素朴而去讲礼，那就糟糕了。我们不懂得"前识者道之华"，那些只是表面，"而愚之首"抓住了表面的文饰，却失去了实质，实在是愚蠢的开始，既愚弄了别人，也愚弄了自己。

"故苟得其为功之母，则万物作焉而不辞也，万事存焉而不劳也。"我们在表面上所做出来的都是"功"，建功立业、制礼作乐都是"功"，但我们要了解建功背后的"母"，因为"功"是"子"，儿子的"子"，"母"是"道"。所以我们要抓住"道"，就不要流于表面，如果把握住"为功之母"，把握住"道"，"则万物作焉而不辞也，万物存焉而不劳也"。

运用万物，不执着它的形；控御万物，不以形名，"用不以形，御不以名"，就是把握住"母"，把握住"道"，这样的话，仁义反而可以彰显出来，礼敬也可以发扬光大，"故（名）仁义可显，礼敬可彰也。夫载之以大道，镇之以无名，则物无所尚"，因为我们追随大道来为，以无名来教，所以万物都没有野心，"尚"即顺，万物都顺着自己走，并没有一个标准在那儿，不需要依照某一个标准而抛弃了应该走的路，去靠拢标准。"志无所营"，每个人的志向就可以无所求，"营"就是求。"各任其贞"，顺着万物的真性，做任何事情，都真真实实的，"事用其诚"成就真实，则"仁德厚焉"，归于厚道，我们行的义就是正道，我们讲的礼自然会很清，不会虚伪，"行义正焉，礼敬清焉"。但如果我们"弃其所载，舍其所生，用其成形，役其聪明，仁则（诚）［尚］焉，义（其）［则］竞焉，礼（其）［则］争焉。""所载"即母，以母来代万物，如果你抛弃"母"、舍弃"生"，舍弃掉我们生命的本体即"道"，而偏偏在形式上来讲究，来利用聪明，仁就成就了，因为仁一旦成就，义就竞争了，义提供有一个标准，以互相竞争，最后以礼去争，大家就开始都争这个礼了。

"故仁德之厚，非用仁之所能也。"这一句话注得真好！仁德之厚不是嘴巴上拼命讲仁所能达到的，是要在根本上少思寡欲，见素抱朴，"仁"才会显现出来，拼命讲仁的话，实则虚伪、变成道德仁义，甚至导致我们为道德所绑架。

"行义之正，非用义之所成也。"行义得正，并不是用义才能成就的，也是要回到根本上，不要拼命讲义。墨子讲"一人一义，十人十义"，所以大家都说义，究竟谁是义，谁是不义？

"礼敬之清，非用礼之所济。"礼敬也是一样，礼做得清，也不是空讲礼的条文所能达到的。

这些东西都应该用道来载它们，"载之以道，统之以母"，"母"是道生万物，以母来统，才能"显之而无所尚"，显明它们，而不是将此当作一个大家崇尚的标准，"彰之而无所竞"，虽然发扬它们，但是不需要大家去争取表现。

王弼又说："用夫无名，故名以笃焉；用夫无形，故形以成焉。"能用无名，我们的名反而可以笃实；能用无形，反而可以照见真正的形。"守母以存其子"，守住了"母"才能保存"子"，母没有了，还有子吗？子是母所生的，"崇本以举其末，则形名俱有而邪不生"，这里并不是在否定形名，而是要在"本"上做到无形无名，功夫做在根本上，形跟名才发展得好，邪念就不会产生了。如果我们只是在表面上强调仁义道德，很多人就用仁义道德之名来投机了。

"大美配天而华不作。"这一句话很美的，"大美"是真正的美，现在我们讲的美都是人造的美，真正的美是天造的大美，自然的大美，王弼说：自然的大美"配天而华不作"，不是外在的、浮华的、表面的，华即表面的漂亮。

"母不可远"，不可以离开母，"本不可失"，"仁义，母之所生"，仁义是道之所生，我们要在道上下功夫，而不是在仁义上做文章。

仁义"非可以为母"，不要错把仁义当作母，当作根本的东西，"形器，匠之所成，非可以为匠也"，就像外在的所有的形器都是工匠所制成，但那个形器不是工匠，不是母。

"舍其母而用其子，弃其本而适其末，名则有所分，形则有所止。虽极其大，必有不周；虽盛其美，必有患忧。功在为之，岂足处也！"如果我们现在放弃道德的根本，弃本适末，舍掉智慧而只用知识，只讲名，产生各种分别，所得到的都是有限制的，并不是无限的。因为我们不注重道，不注重本体，名讲得过分，形讲得过分，还是不周全的，还是有偏，虽然很美，也必有患忧，只强调功，但功在为之，一定要人为，要去做，要有形、有名，这样的话，根本就不是长久之道。

　　我认为王弼这一篇文章写得非常好，虽然他只活到二十四岁，但很聪明，这一篇文章里，他讲的东西，就把握住了道，只不过实践方面他还是不够的。但是我们要注意他只有二十几岁，还是年轻小伙子。年轻小伙子浪漫一点儿，这本来也是很自然的现象，如果王弼能够活到五十岁，或者六七十岁的话，他的成就绝对不会只限于此。

# 第三十九章

昔之得一者，天得一以清，地得一以宁，神得一以灵，谷得一以盈，万物得一以生，侯王得一以为天下贞。

其致之。

天无以清将恐裂，地无以宁将恐发，神无以灵将恐歇，谷无以盈将恐竭，万物无以生将恐灭，侯王无以贵高将恐蹶。

故贵以贱为本，高以下为基。

是以侯王自谓孤寡不縠。

此非以贱为本邪？非乎？

故致数舆无舆。

不欲琭琭如玉，珞珞如石。

## 语　译

在以前，万化都是"得一"的。"天"能"得一"才能表现它的清明；"地"能"得一"才能显现它的安宁；"神"能"得一"才能发挥它的灵性；"谷"能"得一"才能满盈它的生机；"万物"能"得一"才能维护它们的生存发展；"侯王"能"得一"才能为万民的楷式。由于这个"得一"的作用，"天"如果不能由"得一"而清明，那么它的清明便会被割裂；"地"如果不能由"一"而安宁，那么它的安宁便会导致灾变；"神"如果不能由"一"而灵明，它的灵明便会趋于枯干；"谷"如果不能由"一"而丰盈，它的丰盈便会衰竭。"万物"如果不能由"一"而生长，它的生长便会很快地走向灭亡。"侯王"如果不能由"一"而处于高贵之位，他们便会从高位上坠落。所以说：贵是应该以贱为它的根本；高是应该以下为它的基础。因此侯王都以孤独之人、寡德之人，或不能生养之人等名词来称呼自己，这不正是以贱为本的例子吗？不是吗？越想多求名位，反而越得不到名位。所以我们不要贪求外表的光泽像美玉一样，也不要逞勇好强，像外表坚硬的石块一样。

## 解　义

### 一、"一"的不同意义

第三十九章的重点在阐述"一"。

"昔之得一者"，"一"字的注解很麻烦，什么是"一"？王弼注："一，数之始而物之极也。"这个注让我想起了《庄子·天下篇》里惠施讨论"一"，"至大无外，谓之大一；至小无内，谓之小一"。至大，最大是一，是一；至小，至小是一，也是一。

那"一"到底是什么意思呢？

"一"的第一层意思：是纯、朴。纯粹是一，朴也是一。第二层，"一"也是我们生命的本体，"一"也是"道"，宇宙万物生生的理也是"一"。第三层，"一"还是"玄"，"此两者同出而异名"。

道开始的时候是"一"，道，无名、无象，看不见，摸不着，道到现象界开始的发展就是一，故道生一。有人说"太极"是"一"，有人说"一"是"气"，"一气"，整个宇宙是一气回旋。"一"还会延伸出很多种其他的解释，如少欲等。

老子用一的意蕴在于：一是数之始，是开始，最小。大家都不喜欢最小、最少，都喜欢最多。譬如：万，大家喜欢万，并没有很喜欢一。但"一"被老子运用起来，也指称无欲。

我认为："一"是从"无"到"有"，道假定是无形、无名、无象，那么道生一，一生二，二是阴阳，二是天地，二就是道来到现象界，呈现相对性。"一"正好是由无形到有形，从无到有的桥梁。所以我对"一"的注解是：从无到有，一是虚，虚是无，到有以后就是生，"一"就意义上说，是一"虚"，一"生"，两者作用在一起，是虚而生。

就意义的讨论，"一"很玄，但实际的运用比较重要，我们怎么用"一"呢？

先讲儒家，《论语》中，孔子说："吾道一以贯之。"对这个"一"，曾子认为是"忠恕"，由忠到恕，一以贯之。儒家思想最重要的是仁，用"仁"一以贯之，来贯通其他各种思想，用在伦理上，用在政治上都可以一以贯之，这个"一"就可以解释作仁。

到了《中庸》，讲了九经，"凡为天下国家有九经，所以行之者一也"，九经的道理只有最后一个原则，"一"。"一"是什么？"一"是诚也，是一个"诚"字，诚者，天之道，贯通万物的"一"。

我们再看看《庄子·齐物论》讲"齐一"，"万物齐一"，也是"一"。《庄子·逍遥游》里面讲道："藐姑射之山，有神人居焉，肌肤若冰雪，绰约如处子，不食五谷，吸风饮露；乘云气，御飞龙，而游乎四海之外。其神凝，使物不疵疠而年谷熟。"它的神凝，精神凝聚，也是"一"。《庄子·人间世》还有个故事："回曰：'敢问心斋。'仲尼曰：'若一志，无听之以耳，而听之以心；无听之以心，而听之以气……气也者，虚而待物者也。唯道集虚。虚者，心斋也。'"把意志、念头统一，也用了"一"。

在禅宗里也用"一"，所谓"万法归一，一归何处"。

所以，中国哲学里面各家都用"一"，我仍可以概括地说："一"是虚，"一"是生。

最近我想到荀子，他也讲"一"，《荀子·解蔽》："心何以知？曰：虚壹（一）而静"，他把"虚""一""静"三个字放在一起，认为我们的心可以藏所有东西，但心又是"一"，"一心"；另外，他说我们的心一方面很满，可以放入所有东西；一方面又很虚。心既满又虚。心能动，欲望很多，但心生的念头又很静。一方面是"多"，一方面又是"一"。


## 二、老子的"一"

现在我们来看看老子怎么讲"一"。

"天得一以清"，天何以清，因为天虚，没有自我意志和私心，不会一下要做这个，一下又要做那个，天的清明，是由于它的"无"或"虚"。

"地得一以宁"，地何以宁，因为地虚。地让万物自己发展，没有任何的私心和分别。

"神得一以灵"，"神"不是神仙的神，就庄子来讲，"神"就是生化之妙。宇宙万物生生化化之妙之谓神，神也是虚而一，才能虚而灵。

从天和地，接下去讲生化，天地之间万物生化之妙能够虚则灵，"谷得一以盈"，具体来讲：山谷，能虚才能化蓄万物的生长。"万物得一以生"，万物如果都能得一而虚，就不会互相冲突争竞，草就照草的模样发育，树就照树的性子生长，各自循本性而发展，并不会互相妨碍，万物都有虚，都能使得自己有存在发展空间，也给其他万物更多空间生长发展。

"侯王得一以为天下贞"，侯王能虚，"绝圣弃智"（第十九章），不以为自己聪明，"圣人无常心，以百姓心为心"（第四十九章），虚则"为天下贞"，这个"贞"就是正道。

"其致之"，是指所有这些境界能够达到，就是"一"，就是"虚"。

## 三、"一"的运用

老子还是怕人们不懂，接下去继续解释。

"天无以清将恐裂。"什么叫"无以清"，此处有省略，王弼注出来了，"用一以致清耳，非用清以清也"。注得很好，为什么不用清呢？为了清而求清，就像一杯浊水，我们要让水清，拼命搅动，结果越想清越浊。功夫要下到"一"上，用到"虚"上，把那个水就放在那里，它自然慢慢就清澈了。所以是："天无一以清"，没有"一"，而求清，反而不清，"清"是结果，"一"是方法，"一"是功夫，"一"是内容。

地也如出一辙，地要求宁，拼命求宁，求不到安静。由一而虚掉才自然宁。地如果不能"一"，拼命求宁，板块就要移动了，就产生地震了。

"神无以灵将恐歇。"天地生化如果不能清而宁的话，什么妖魔鬼怪都会出现，就像我们的精神，我们要想追求精神的灵，要求所谓的神通，真正要用精神的大用的话，就要在"一"上下功夫，保持宁静，精神才会有清明的用，我们不在"一"上下功夫，拼命要用精神，越用精神，精神越乱。

"谷无以盈将恐竭。"如果谷只求满的话，就糟糕了，所有的花都开得满满的，没有空地了，保持"一""虚""空"，使得谷里面能够实现生态平衡，互不干扰地生存发展。

"万物无以生将恐灭。"万物不能够虚，不能够一的话，每个东西为了自己的生存要求，就会开始自相残杀以致灭种。

"侯王无以贵高将恐蹶。"侯王如果不能够以"一"而贵高，自以为自己位置很高，强调以高为贵，这个高位置就站不住了，会掉下来。不能虚一，只在高位的话就危险，亢龙有悔，权位就会倾覆。

### 四、贵以贱为本

接下去说："贵以贱为本，高以下为基。"这是转到伦理道德和政治方面了。因为"一"是数的开始，"一"也代表少，"一"代表没有欲。要谦虚，在高位的人都是以低位的人为基础的。

"是以侯王自谓孤寡不穀。"侯王无欲、少思寡欲。古代的侯王君主都自称"孤家寡人"，"孤家"就是只有我一个人，也不以为我自己了不起；"寡人"是寡德之人，少道德的人；又称"不穀"，穀是生，不穀是不能生，像女孩子不能怀孕生子的，就叫"不穀"，这些"孤寡不穀"都是不好的名字，君主用来称呼自己，这都是表现其谦虚的态度。

"此非以贱为本邪？非乎？故致数舆无舆。"《庄子·知北游》说至誉无誉，这里舆也和誉相通，都是指名利、地位、欲望。求名誉反而无誉，不求反而有，车子是"舆"，也可以代表贵重的东西，古代的车子是代表有钱人，有高位置的人才有车子，普通人没有车子，数舆是指车子多，致数舆无舆，也即一旦你求很多很多的财物，反而得不到。

"不欲琭琭如玉，珞珞如石。"王弼注："玉石琭琭珞珞，体尽于形，故不欲也。"意思是：不要求漂亮。"琭琭"，指称像玉一样漂亮；"珞珞"，很坚硬，像石头一样。玉漂亮，石头坚硬都是形体，不要着迷于外形的美好和坚硬，而忽略了内在的虚和柔。

# 第四十章

反者，道之动。

弱者，道之用。

天下万物生于有，有生于无。

## 语　译

相反相成，或返本归源，这是我们所观"道的动变"。运用柔弱或自处柔弱，这是我们所行"道的作用"。我们之所以如此，实在是因为天下万物都是生成于"有"，可是这个"有"离不了"无"，所以又必然会归本于"无"的。

# 解　义

## 一、反者，道之动

"反者，道之动。"动是指现象界的万物都在动。所有人和物都在变动，现象界的动，就是一个"反"字在那里变化。什么是"反"？第一，相反，任何东西都在变化，变化就是由正面变到反面，正变反，反变正，一直在交替变化。现象界中，比如我们人，生下来是婴儿，婴儿变为儿童，儿童变为成人，成人变成老人，然后死去，由生到死。这个变化都在反。反，就是跟以前不同，形成相反的东西，任何的变化最后都有相反的结果变出来。

"反"，也是回返的"返"，变化成相反的东西，变到最后又返回去，我们常常不太看得到回去的"返"，那要从宇宙大化中才能看到。我们一般人只是看到由生到死，拿生命来讲，一般只看到生命由生到死的结束，但是从宇宙本体上看，接下来还在继续变化，除了我的身体之外，我死了以后，这具肉体解体，解体的每个部分都一直在变、变、变，变成什么气也好，变成蚂蚁也好，变成泥土也好，就一直在变、变、变。

整本《老子》，可以说都是在讲"反者，道之动"。从"道可道，非常道"开始，"非常道"就是可以道的道，是变道，变道就有反，有反才能变，变化一定反，既然如此，那我们该怎样在道的反作用的不断变化之中去求生存？怎样去把握这种变化？把握的关键就在能用好一个"弱"字。


　　二、弱者，道之用

　　"弱者，道之用。"弱的对面是强，人生有弱、有强，强弱弱强，不断回旋。我们可能会思考，为什么不先从强去把握呢？这是一个趋向，既然有弱有强，我们先走强的话，下面马上就是弱，把握弱的话，事情就又会往强的方面走。

　　其实我们研究老子的思想，总提要劝人先"低"，因为低的时候还可以往上走，如果先高的话就上不去了，只会往下走。有人会问，那即便先从弱开始，弱将来会走向强，强又走向弱，还不是一样吗？我们要注意，生命不是这样发展的，我们的生命只有一段，不会让你强了又弱，弱了再强，很可能由弱到强就完结了，生命只有那一段，不可能让你走完变化的全程，所以，如果我们把握住弱的话，至少还可以走到强，这是就现象来分析的。

　　另外，这个"弱"不是"虚弱"的"弱"，老子的"弱"有好多意思，柔也是弱，处下也是弱，少思寡欲也是弱。弱是一个象征，一个"弱"包含了《老子》一书中所有的谦虚、柔软、婴儿，等等。为什么老子要用一个"弱"字呢，因为一般人最不喜欢"弱"，而《老子》整本书都在讲"反"，讲"弱"，"反"是讲理，"弱"则是讲用。

　　我用三角形图来解说，"常"是讲道、本体，"反"是讲理，而"弱"是讲用。如下图：

## 三、有无相生

　　"天下万物生于有，有生于无。"许多注解都说成：天下万物是从有生来的，有是从无生来的。但是从无怎么会变有，无中生有在科学上就没有办法解释。我的解析是：有生于无，无生于有，这是相对的，叫"反者，道之动"。万物都是有，这个有，无名无象，并不是一个宇宙论的发展过程，而是一个哲学的道理。

　　实际上，无是指"虚"，在运用上"虚"，有是指"理"。"天下万物生于有"，是说天下万物的发生、运行都有理。而这"理"的产生基于无，为什么？"无"是指"虚"，万物都在虚中变化。道，它能够虚的话，所有万物都会和谐，不会冲突。所以这个"理"又是"虚"，"说有生于无"，就是在说理的本身是虚的。老子讲的是"虚""无"，而不是我们普通意义上"有"的理，知识的理。

# 第四十一章

上士闻道，勤而行之；

中士闻道，若存若亡；

下士闻道，大笑之。

不笑，不足以为道。

故建言有之：

明道若昧，进道若退，夷道若纇，上德若谷，大白若辱，
广德若不足，建德若偷，质真若渝，大方无隅，大器晚成，
大音希声，大象无形，道隐无名。

夫唯道，善贷且成。

## 语　译

第一等的人士听到了"道"，便努力从实践中去体验。中
等的人士听到了"道"，由于徒逞知解，缺乏行证，因此对"道"

的认识是似有若无，不够真切。最下一等的人士听到了"道"，由于他们的浅薄无知，而又自以为知，反而大笑"道"的迂阔。其实，"道"如果不为他们所笑，反而显不出它的深不可识了。所以相传的许多有卓识的话说得好：光明之道，不显耀于外，看起来好像暗淡无光。前进之道，是依照自然的循环而发展，看起来好像落后退步。平坦之道，是存在于物性的参差不齐，看起来好像崎岖不平。最高的德行，谦冲自牧，有如虚谷。最纯洁的心灵，常处污泥之中，好像负耻辱之行。为德求广，似乎永远感觉不足。质地真纯，没有成见，好像赋性多变。最大的方，近乎圆，而无棱角。最大的器皿，需要时间的磨炼，精雕细琢而成。最大的音籁乃自然之声，是人间不易听到的。最大的垂象，乃天道的作用，不留有形的痕迹。"道"常处于无名无状的境地。正因为"道"能善于贷养万物，而把自己的生命寄托于万物，所以"道"才能成就自己，长住而不迁。

## 解　义

### 一、上士闻道

"上士闻道，勤而行之。"第一流的人才听到了道，体验出道，立刻勤勉付诸实行。王弼注得不好，"有志也"，什么叫作有志？老子是"虚其心，弱其志"，"志"在老子书里面并不是一个正面的字。

　　并不是说"有志也"，而是行道也。"勤而行之"，即顺着道走。

中等人士，就像我们一般的学者，我们听到道，"中士闻道，若存若亡"，好像有，又好像无。闻道实在不容易，孔子说："朝闻道，夕死可也。"即便是孔子，也还是认为闻道不易。

我们再具体讲讲，什么是"道"？"道"是"虚"而"生"，这个"虚"在运用上，就是少私寡欲，上士闻听道虚而生、少私寡欲，他每天就去实践虚而生。人的"勤而行之"就是实践。中士闻道呢？他是理解的、分析的、研究的。就是像我们这样的人，我们现在就在分析道，解释道，虚而生也是我讲的，我研究的结果。"道"是不是这样？诸位要自己体验了。

从研究上来讲，"若存若亡"有个好处，好像有、又好像没有，那你还要不要行？这就是你自己的事情，自己要行，那你就见道，你不去行，表示你不相信道。"道"没有给你保证，"道"本身对于我们一般人来讲是"若存若亡"，"道"并不很清楚，"道"如果清清楚楚地摆在那里，因为行道有好处，大家就都去行道了。道从来都没有保证过什么，同样，上帝也是一样的若存若亡。

"下士闻道，大笑之。"他们一定会大笑，"不笑，不足以为道"，他们不笑的话，说明道太浅了，大笑，反而显出那个道来。大家不要哀叹，我们一讲道，那些粗俗的人都笑我们，他们越笑，越说明道的高明。下士没有办法了解道，所以他只有用笑来表示他们的高明。

## 二、用反之道

老子认为，我们听见道，不要去分析研究，只要顺着道走，自然而然。

"故建言有之"，即以前所建立的话里面有这种说法，老子讲这些话的时候，这些道理已经存在了。老子强调这些话不是他创造的，是前人已讲过的话。老子的思想集合了前人的智慧，这是中国哲学跟西洋哲学不同的地方。无论是儒家、道家，中国哲学里，各家思想都是聚合以前人的智慧，把它融合起来或者系统化。西洋哲学家都是关起门来写他们的著作，康德写那么多著作，都是关在书房里面写的；柏拉图也是关在书房里写出他的《理想国》。

老子聚合前人智慧，就"反者，道之动"展开说理：

"明道若昧"，光明的道如同黑暗一样，读到这里，下士不会大笑之吗？这都是什么荒唐话？一定大笑。让我们玩味一下：光明为什么会像黑暗一样？先讲一个故事，白云守端禅师正在念书，看见苍蝇从门缝里飞进来，它想要出去，由于纸窗有亮光，苍蝇认为那是光明之路，就拼命撞，结果总是撞到窗纸上，再怎么拼命撞也撞不出去，转了好久好久，最后才从黑暗的门缝里出去了。"反者，道之动"，从黑暗里面反求光明。回到佛性上，人怎么知道佛性？佛性就是想要明，明心见性，就要从人性里面去知道，从无明才知道真如。但是我们要注意"若"字，若是像，如果把它们化作等号，把人性等同于佛性就错了。人性无明就好比暗的，从黑暗里面去寻找明道，从人欲里面去体验天理。

古代的儒家哲学把天理和人欲截然分开来，尤其是宋明理学家，认为天理和人欲，一定要分得清清楚楚，灭人欲，才能存天理。但实际上，天理在人欲当中，我们要去修持、去下功夫，才能显发那天理。如果要追求光明的道，我们就不要执着于一面去看光明，而是要绕到黑暗的地方去看。"反"就是"知其白，守其黑"。"白"就是明，我们知道明道，但是运用在于"黑"。

"进道若退"，就道本身来说，哪里有进退，但此处有"进道"即前进，但我们前进到哪里去？今天西方的政治、哲学、文学等方方面面，只是往前走，但是去到哪里，大家谁也不知道，只管前进、前进，目标在哪里呢？实际上，老子认为，真正前进的道好像反而是"退"。为什么好像是"退"？比如今天我们读《老子》，这些是两千多年前的东西，不就是退吗？很多人说：两千年的东西都是死东西，但是我们真正用在今天的社会，老子的东西却大有用处，这就是若退。"进""退"是相对的观念，什么是"进"，什么是"退"，很难说！如果我们讲到对科学知识的追求，这一面是"进"，但人类另外一个目标，我们全人类真正的幸福快乐，可能不是进而是退了。在"进""退"两个观念上，老子认为，要打破对立，不要执着在知识的"进"，以为只有科学的"进"才是"进"。实则，进退乃是就我们人的观念来描述，"道"在现象界的作用是无所谓进退的。

"夷道若纇"，"纇"是一个较生疏的字，"纇"即参差不齐，"夷"即平。真正平的道使万物都能够生长，万物生长就会自然有高有低、参差不齐，如果要依理均平的话，那不是自然。平道，即是使得万物的物性都能够发展，又各自有所不同。因物之性，山高水深，才是真正的"平"。

　　"上德若谷"，这个容易懂，"上德"是最高的德，虚怀若谷，谷即虚，"上德不德，是以有德"，虚怀若谷。

　　"大白若辱"，王弼用"知其白，守其黑"来注解。真正的"大白"为什么"辱"？此处，"辱"并不是说你做了坏事情而感到耻辱。这个"辱"是代表很多人不喜欢的，看低的，认为是脏的、不好的地方。"白"是心灵的纯净，"大白若辱"是一种心灵的修养，如出污泥而不染。

　　"广德若不足"，"广"指内在智慧的广或德之广，还感觉不足够、无限发展，不拘一体一相。这还是一种不以为有德的虚怀。

　　"建德若偷"，"偷"即畏畏缩缩。建立我们的德行，在表面上看起来好似畏畏缩缩。为什么呢？因为我们知道，大德难以言辞表达，有一点儿善德时，不要志得意满地认为自己有德，而是要永远感觉自己还不够，非常小心，就如同第十五章"豫兮若冬涉川"，像冬天过河一样战战兢兢。所以，道德越高的人，反而整个人给人的感觉是什么都不敢做，讲话也不敢讲得很直率。"偷"即表示他的小心、谨慎。

　　"质真若渝"，渝即常常改变，这里指质地真纯，好像很会变。小孩子本性真纯得很，但是他们就是很容易变，我们常称不容易改变的是"老顽固"，顽固的人往往不知变通。

"大方无隅"，四方形有四个角，五角形有五个角，六角形有六个角，多边形的角也是多个的。多边多到最大是圆，圆就没有角了，真正的"大方"是到"圆"，它就没有角，这是就现象来讲的。如就道理而言，大方即指正直。正直的人没有角、不存私心，私心即角，所谓大方无私。

"大器晚成"，一般人认为小时候很聪明，长大了必定成大器，其实不然。很多人小时候非常聪明，十二岁就念大学，好似天才，到最后看看他的生平，最多做一个教授。小时候很聪明的人容易骄傲，被人利用，生活就限于念书，十二岁的少年大学生，生活范围里只有书，根本没有办法跟其他大学生相交往，也不能像别人一样谈恋爱，没有这些宝贵丰富的人生经验。大器何以晚成呢？一个"晚"字说明加以经验的累积，不止单说这样一个学生例子，我们历史上一直都是如此。王弼，二十四岁就死去，尽管绝顶聪明，没有办法，成不了大器。颜回是孔子眼中最好的学生，死得太早，才三十多岁就亡故，结果今天没有颜回的作品留下来。所以庄子讲："道隐于小成。"如果小有成就，追求大道反而是一个障碍，会让他把自己局限在框子里面，偏于某一面。天地之大器在于不求速成，不求盈满，所以经验永远开放，知识不断翻新，生命日新又新。

"大音希声"是说：真正了不起的天上的妙乐，人间能得几回闻，我们每天听到的都是刺耳的噪音。真正的"大音"是什么？"希言自然"，希言指声音少了、稀声，自然没有那么多声音。天籁的造化之声近乎无声，这才是"大音"，我认为

"大音"也就是宇宙生化、变化之音，"希声"代表少有人能听得到，不能用耳朵去闻，只能用心去听。

"大象无形"，凡是有形的、看得见的都是小象，桌子、椅子、山川都是小象。"大象"即大道之象。道无形，道在现象界的作用即"大象"也无形。

最后一句话是结论："道隐无名。"有名的话即有声、有形、有象，道并不要表现在名上，也不需表现在形里面，那它表现在哪里？

"夫唯道，善贷且成。""贷"即贷款、借贷，道生万物，既不像母亲生孩子，母亲是母亲，孩子是孩子，是两个个体。也不像银行贷款给万物，要收利钱，还要拿回本钱。道是把那个生生的原理带给万物，第一不生利，第二不要回来。同时要注意，道把它自己借贷给万物，使得万物都能够成其自我，万物的生生发展都是道的发展，道跟万物并不是两个东西。就如同太极生阴阳，阴阳生万物，阴阳都有太极，阴阳能够相合；如果阴阳没有太极，阴即阴，阳即阳，两者不相合，独阴不生，孤阳不长。太极本身有一个整合的本体，太极也在阴阳里面，阴阳因各有太极而相合。道生万物，万物都有道，万物都能够相合、相应，生生不已地随道的发展而发展。王弼的注说："贷之非唯供其乏而已，一贷之则足以永终其德。"意思是说：道把生生带给万物，并不只是说万物需要借道，道一次性地贷给它们而永终其德，是永远给予万物的。《易经·系辞传》里面也说"曲成万物而不遗"，"曲成万物"的曲字即顺着万物自己的需要而成，树需要雨露多一点儿就会给多一点儿，小草需要少一点儿，就少给一点儿，就照它们的需要供给它们，然后使它们得以发展，这即是道的曲成，使万物都得其道，没有被遗漏的。道之所以能成就一切，就是因为"道"是虚的，没有自我观念，所以能顺万物而生，这是道的无私的作用。

# 第四十二章

道生一，一生二，二生三，三生万物。

万物负阴而抱阳，冲气以为和。

人之所恶，唯孤寡不穀，而王公以为称。

故物，或损之而益，或益之而损。

人之所教，我亦教之，强梁者不得其死，吾将以为教父。

## 语　译

道的生生，先形成浑然一气，由一气而形成阴阳两种作用，由阴阳两种作用而形成阴阳及阴阳调和之气的"三"，再由"三"而助成万物的变化。万物的变化中，都是背着阴，抱着阳的，再由冲虚之气，使它们能和谐地发展。人们不喜欢的，乃是孤独、寡少和不能生养，可是王公自谦，却以"孤家""寡人"和"不穀"来称呼自己。把自己置于低卑之地，这是由于在万物的变化中，减损了反而能增益，求增益反而遭减损。一般人所教的道理，我也以它来教人。就是前人的那句话"强悍的人不得好死"，我就奉它为教人的主旨。

## 解　义

### 一、道生一

"道生一，一生二，二生三，三生万物。"这个"生"字是生发的生，生命的生。但道生万物，道和万物是不分离的，道生一，一也是道，在道的发展中，第一步发展出的是"一"，"一"可以是太极，也可以是一气，"一"是由无到有，由虚到生的开始，而后"一生二"，"二"可以为天地、阴阳、有无。"二生三"，"三"也可以是"天、地、人"。

接下来是就"阴阳"来讲"万物负阴而抱阳"，阴阳是"二"，任何万物都有阴有阳，只是有的阴少阳多，有的阳少阴多。阴阳已经有二，加上"冲气以为和"，"冲气"的"冲"，就道家思想来讲，"冲"常常被解释成虚，虚气以为和。"冲"为"虚"，阴要虚，阳要虚，阴阳才能合。如果阳满满的，阴也满满的，阴阳对峙不下，就不能和。气为"有"，必须虚其气，才能使气产生转化，气若不能虚，阴阳便会偏颇发展，而破坏了阴阳连续的和谐性。阴气、阳气，加上冲虚之气将它们调和。"冲"字还有一说，冲茶的冲，把水冲进茶杯，同样，冲气，是让气冲进去。这个气怎么冲进去呢？本来是阳气，阳气到了地下就转为阴气，面朝太阳为阳，背对太阳叫阴，地下有很多阴气凝聚，尤其是冬天，待春雷一声打到地下，春天的阳气进入地下，即冲气，冲到地下，与地下阴气相和，万物的种子就会萌生。

## 二、人生的冲气

前面这几句话似乎讲的是宇宙论，从道德混融之体、有无不分，到一气化生，从无到有、阴阳之判、有无相对，到阴阳冲气以相合有无相用，因此好多学者都把它当作宇宙论。我认为老子并不是有心去要建构一个宇宙论。老子讲宇宙论、讲形而上，目的是为了服务人生。

"人之所恶，唯孤寡不穀，而王公以为称。"前面也讲过，君主都称自己"孤家寡人"以示虚怀，"故物或损之而益，或益之而损"。损损益益，就是"反者，道之动"，益之反而损，损反而有益。要立定在"损"上，损人欲也好，弱其志也好，都是"损"。

## 三、强梁者不得其死

"人之所教，我亦教之。"老子强调：我不是在创造自己的学说，是根据一般人的说法，"强梁者不得其死"，这句话见于《说苑·敬慎》所引周代的金人铭，是一个成语。以"强梁为戒"，好强的人不得好死。可是老子把它系统化，用柔、重谦、戒强梁，归到天道思想，总结出一个"虚"来，"吾将以为教父"，指老子拿它作为教化人的准则。为什么用"父"？因为"教"是父的责任，生养是母的功劳，父亲是要管教孩子的。

# 第四十三章

天下之至柔，驰骋天下之至坚。

无有入无间，吾是以知无为之有益。

不言之教，无为之益，天下希及之。

## 语　译

天下最柔软的东西，可以驾御天下最坚强的东西。没有形质的东西，才能穿透没有缝隙的铜墙铁壁。由此，我才真正体验到"无为"的益处。在施政上的这种不重政令言教的无为之治的好处，天下又有几个人能够理解、能够实行的啊！

解 义

## 一、至柔对付至坚

"天下之至柔，驰骋天下之至坚。"天下最柔弱的东西可以驰骋游走于天下最坚实的境地。驰骋，就像骑马一样跑来跑去，可以让它们东奔西跑。这有两种意思，一是最柔的东西像马一样活动在最坚的地方，二是如果我们在最坚的地方活动，我们的坚跟别人的坚就会相碰，相互摩擦，只有至柔的东西可以在至坚的地方运用自如。

## 二、柔是什么

"柔"是什么？王弼注："气无所不入，水无所不（出于）经。虚无柔弱，无所不通。无有不可穷，至柔不可折。以此推之，故知无为之有益也。"气，是最柔的，无所不入，水也是最柔的，却无所不经，经是通的意思。实际上，就《老子》全书来讲，主要还是讲一个"水"。老子讲最柔的地方都是以水作比，对气讲得不多。王弼原注说："水无所不（出于）经"，日本的版本把"出于"两字改变成《老子》原文"出于无有，入于无间"。改得并不好，什么叫"出于无有"？水能出于无有吗？"入于无间"，如果是最坚实无间的东西，假定是一个铜墙铁壁，什么东西进得去？连水可能都进不去，只有"无"可以通过，

"无"可以无所不入。但"无"又怎么进去？要照禅宗的话讲：不进去就是进去了。我一开始就强调：今天学老子，我们还不只是研究他的文字而已，如果只是研究他的文字和注解，"气"是无有，是无有入于无间，一滴水也可以把最坚硬的东西滴穿，即渗透进去，也就完了。这一章也好解释，并不难。

但我们要深入进去思考：在生活上，怎么用？什么是气？什么是水？水和气是外在的东西，在生活中如何理解？我的把"气"与"水"转换一下，把"气"当作精神。气是一种精神，孟子所说的养气就是养精神；而"水"是德，精神是无有，德也是无有，并不是一个具体的东西，精神当然可以进到最坚、无间的东西里去。我们坐在这个房子里面，但精神可以穿透铜墙铁壁，到任何地方，不只是道教阳神出窍可以周流嘛，我们的精神也可以。不只可以超出这个屋子，精神还可以到远方，到天上，德也是如此的。


## 三、精神的作用

我们先讲精神，《庄子·逍遥游》里说藐姑射之山有一个神人，说不定也许活了一两百岁了，肌肤若冰雪，像少女一样，她不吃五谷，吸风饮露，但是神凝，精神凝结，使得万物都能够生长发育。精神凝结是内在的，但为什么能使得万物都可以发展呢？因为它不伤害万物，可以与万物和谐。这就是精神和万物可以并生而发展，这是一种精神作用，精神可以穿透人与人之间的隔阂，对外在的铜墙铁壁当然照样可以穿过，多远它。

都可以达到。

我们常说一句话："其德感动天，无远弗届。"《易经·系辞传》也说："子曰：君子居其室，出其言，善则千里之外应之，况其迩者乎！居其室，出其言，不善则千里之外违之，况其迩者乎！"如果一个人讲的话是善言，即使住在家中，千里之外，也有人呼应他；否则，出其言不善，千里之外，也有人反对他。这就是德。你讲对讲错一句话，千里之外的人都会知道，会有所呼应或反对，这不就是德可以越过千里之外吗？我们再看"诚"，至诚的诚，"精诚所致，金石为开"，金石至坚，也可以被我们打开，可见德的力量有多大。

德在《易经》来说，一是谦虚，一是诚孚。水的柔弱就是谦虚，所以我们把这个道理一转过来用在自己身上。怎样才能"天下至柔，可以驰骋天下至坚"？我认为一是精神的作用；二是德行的作用，它们都是至柔的，但可以打破、软化至坚的东西，所以老子才说："无有入无间，吾是以知无为之有益。"

下面又说"不言之教"，这跟"至柔""无有入无间"有什么关联？就君主来讲，"不言"就是君主不要整天颁发文告，要求人民做这个、做那个。君主要无为；另一层"不言"的意思，做父母亲的，不要讲太多，以言传不如以身教。以身教就是以德教，不要整天教训儿子讲道德，结果自己不守道德。父母亲真正自己实行道德的话，儿女就会受感化，这也是"无有入无间"。这一章，老子是强调至柔的运用，然后我们把这个柔字转化在"精神"与"德行"方面来运用，自己能虚心、虚气、虚己，便能无为而天下万物万事自化、自定了。

# 第四十四章

名与身孰亲？

身与货孰多？

得与亡孰病？

是故甚爱必大费，多藏必厚亡。

知足不辱，知止不殆，可以长久。

## 语　译

　　虚名和自己的身体哪一个与我们更亲切？我们的身体和财货哪一个比较重要？得到名利和损害身体哪一个是我们的祸患？明白这一点，我们才能了解爱名太过必导致耗损生命精神；希望占有太多必导致牺牲更多。所以心中能知道满足，便不会引致外来的羞辱；行为上能知道适可而止，便不会有无妄之灾。这样的话才能延年益寿，使生命久长。

## 解　义

### 一、保身第一

老子先问："名与身孰亲？"名与身，一个是外在的，一个是切身的，一般人都会回答，自身重要，那老子为什么故意问这个问题呢？因为，虽然谁都答得出来，但在实际行动中多数人做不到，大多数人为了名而牺牲身体，这是我们一般人最容易犯的毛病。老子再问："身与货孰多？"我们的身体重要呢？还是钱财重要？谁都知道，身体重要嘛，没有身体的话，拿什么东西去享受金钱呢？但是同样的，在行为上正好相反，人们常常是为了钱财命也不要，问题出在哪里呢？是世人把"名"当作"身"，把"货"当作"身"，二者搞混了。

### 二、得失孰病

接下去，第三问："得与亡孰病？"得到与失去哪一个是祸患？世人皆说得到好，失去当然不好了。那么，为了得到名而失身，为了得到货而丧命，究竟哪一个有毛病？我们在观念上从来都没有想通透过啊！

老子接下来一层一层地揭示，他说：我知道毛病出在哪里，"是故甚爱必大费"，"甚"字加在"爱"之前，说明爱得过分了，过分就糊涂了，"大费"就是失掉身体、失掉精神了，因为爱得过分，就忘记了危险。

我记得日本曾经有过一个报道：一位有名的法官到图书馆去偷书，因为太爱书了，爱到忘掉法律的程度，身为法官怎么会不知道偷窃犯法呢？当然知道不能做这个事情，但因为他爱得过分，就失去理智，不知自己在做什么了。


## 三、多藏厚亡

"多藏必厚亡。""多藏"当然指财物，很多年纪大的人爱钱，年轻时还好，年纪大到都快要死的时候，还是拼命爱钱，明知道带不到棺材里面，但就是忍不住爱财藏物。一个"爱"，一个"藏"，对道家来说是大忌讳。在基督教中"爱"是很重要的，道家和基督教两教中"爱"的含义不一样，前者爱己，后者爱人。这里的"爱"是带私心的爱。"厚"就是多，"藏"得越多，失掉得越多，不管你藏多少钱，死了是不是有多少钱都没有用了？都会失掉。不只是财物，我们的知识也是一样，我是很有感慨的！我们学的知识越来越多，如果只是藏着给自己，不能运用的话，也是一样带不到棺材里，也是完全要"亡"掉的。

后面还有两句话总结："知足不辱，知止不殆，可以长久。""知足"是就内在的心来讲，即知道满足，"知止"是指向外对事情上发展，我们要知道什么时候应该有所限制，不要追求太多。整体上，老子所讲的"德"是什么？就是"知足"跟"知止"。主要还在"知足"，知足的人就不会拼命向外去追求，去跟人家竞争，就不会遭别人妒忌，外人就不会反对我们或者是对我们不满。为什么"知止"可以"不殆"？"殆"的意思就是穷尽、山穷水尽。有同学问："我们要不断地发展，如果知止，知道自己有限制的话，会不会就不能发展潜力，不能够达到更高的理想了呢，怎么能叫作不殆呢？"实际上，"知止""知足"并不是限定你自己，这是知道满足是一种心态，一种精神方面的修养，我们在外面照样可以发展。"知止"会帮助我们面对任何事情，都要知道不能做得太过分，太过分就危险，太过分也耗尽我们的精力。不知止的人，做事就强求，强求就不合乎自然。所以，"知足"与"知止"并不是说什么都不做，而是要了解：在这个环境里面自己只能得到这些，内在要学会坦然接受，但外部，事实上你还是在发展的。

"知足"的反面就是抱怨，抱怨会影响我们的心理，得到的少抱怨，得到的多又怕失去，跟人家一比，又是抱怨，这样一来整天活在抱怨当中了。孔子说："不怨天，不尤人。"这就是"知足"，满足天给我的一切。

# 第四十五章

大成若缺，其用不弊；

大盈若冲，其用不穷。

大直若屈，大巧若拙，大辩若讷。

躁胜寒，静胜热，清静为天下正。

## 语　译

最大的成就好像有缺陷似的，这样，它的作用才不会破弊。最大的充盈好像是空虚似的，这样，它的作用才不会穷尽。因此，最大的正直好像屈曲似的，最大的技巧好像笨拙似的，最大的辩才好像口齿不清似的。由于躁动可以克服寒冷，虚静又可以克服燥热，所以修心清静才是处天下的正道。

## 解 义

### 大成若缺

"大成若缺，其用不弊。"我们先从"大"字来看，《老子》《庄子》《易经》中的"大"，都是指无穷的发展，而非"小""大"对立的"大"，相对的"大"，不是真正的"大"。譬如说房子比桌子大，这是相对的"大"，但两者和山川比起来都归于"小"。真正的"大"，是"至大无外"，是无限的发展。"大成"是无限发展的大成，却为什么若缺？"缺"即有失，好像有所失、有所不足，这是为什么呢？因为无穷的道一定有发展，若没有 space（空间）的话，那就是相对的大，就限制在那里了。若要追求真正无限发展的话，一定要留 space（空间）、留缺，即有所欠缺，这也就是为什么《易经》六十四卦在既济之后还要变化出未济。既济即完成，但所有完成的事情都是小道，不是大道，任何的完成、任何的成功都不是真正的大成。有所缺、"其用不弊"，烦恼即菩提，烦恼即有缺憾，在缺憾中才有发展的余地，才能永远地日新又新。我们要追求伟大的德，对于小德的方面，有时候就不要执着，不拘小德，才能完成大德。一个人如果整天局限在小德上，整天在那里斤斤计较，盯住日常生活中人与人之间纷争的话，怎么能够追求大德？一个人在生活上过分执着，过分讲究的话，被琐碎的事情给绊住了，还有工夫求大德吗？

"大盈若冲"，"盈"即满，万物丰富充盈，草木河山的宇宙即大满。"冲"即虚、空，在万物充盈的宇宙中到处有空间，任物发展。由于"冲"，所以能够一直用；如果没有空间，就不能用了，好比吃东西都不要吃到百分之百饱，八成饱，给胃留一点空间来消化。

"大直若屈"，"直"，直线，正直；"屈"，弯曲，冤屈。第二十二章也有"枉则直"。"大直"的人不会因为一点儿小事情就与人争执，即使受一点儿冤屈，他也不计较，因为他注意的是"大"。中国老话"吃亏即占便宜"，不太计较吃亏的人，会减少跟别人冲突，退一步海阔天空，这一步退下来，反而有更宽广的地方发展了。有的人为了五块钱就杀人，只为争那口气，不知道绕一个弯子。"屈"通曲，一方面能够忍受委屈，一方面能绕弯子，即"曲成"，肯绕一个弯子才是"大直"。

我们想想看，宇宙之间有没有"直"？并没有，都是圆圈，我们的地球实际上就是弯的。宇宙万物的发展本身不是我们想象的那样"直"。能够屈，才能够直。只讲"直"，执着在"直"。不能"屈"的"直"只是在观念上，是一种假想。

王弼注"大直"："随物而直。"这是对的。万物的发展都有它的直，但"直不在一直，"即不要拿一个标准来限制，比如规定树应该长多高，结果反而使得树不能生长了。"故若屈也"，屈，即曲，即能够吃亏、灵活转弯，这是一种处世的运用。

"大巧若拙"，跟"大智若愚"意思差不多。自然是"大巧"，我们人类再创造，即所谓巧夺天工，实际上都是破坏天工，破坏了自然之美。美是自然的，人的巧永远没法创造自然之美，那些自然不够完美的地方，其实很有作用，是预留了发展的空间。若天绝对完美的话，以后就没有发展了。如果上帝只造好人而没有魔鬼，社会就很单调，也不能发展。如果我们都是圣人，社会上所有的人都是圣人，圣人还有什么用？真正的完美都是有缺陷的，有缺陷的完美才是真正的"大巧"。所以，人的修养功夫好不好，要看他怎么度过人生低潮，而不能看他的高潮，人在高潮时，谁都捧着你。修养很简单，通俗地讲，就是患难之交不易，有钱有势的时候，大家都是朋友；做夫妻也是一样的，夫妻在患难的时候、低潮的时候，怎么样共处才是最重要的。

上帝也好，道也好，都不会创造全都是高潮的时候，全都是美满的东西或情境。总是给我们弄一点儿抽，让我们注意，在低潮、不完美、有欠缺的地方来训练我们的修养和功夫。

"大辩若讷"，"辩"即辩论，善辩就是很会讲话，讷就是结结巴巴。大辩为什么还要讷呢？我们举一个例子：上帝也好，天也好，道也好，假定我们埋怨、抱怨老天爷没有长眼睛、老天爷不公平，或者有的说上帝不公平，上帝会不会回答我们？不会。老天爷有没有回答我们？没有。都闷然无声，或好像结结巴巴讲不出话，无声无言。但他们早就回答了，溪声便是广长舌，不在于言语，自然给我们看的就是事实，自然不用言语去讲，所谓真理就是事实。对于看不见，摸不着的"道"，老子讲了很多，恍兮惚兮，看不到道在哪里，但道的运用，在现象界的一切发生，如物极必反，都展现在那里。爱辩的人，讲得头头是道的，都只是言语，言语总是会变的，"若讷"不是真正的言语不清，而是指不靠言语，却是显露真常的，在现象界的所有生物发展都不是百分之百的，所以老子才说"道可道，非常道"，可道之道，不是常道，常道才是百分之百的。

"躁胜寒，静胜热，清静为天下正"，这个地方可能有错简，我也承认。照理说"躁"是躁动，欲望的躁动，寒就是冷气。躁跟寒无法对比，静跟热也一样不能对比，所以几乎所有的学者都认为应该是"寒胜热，静胜躁"。我倒认为这也无伤大雅，"清静"才是最重要的。怎么样才能清静？就是"知足""知止"。"知足""知止"才能了解"若缺""若冲""若屈""若拙""若讷"。"知足"才能"清静"，静就是无欲、少私寡欲，一个人一旦躁动的话，欲望就多，当他静下来了，欲望就自然减少。

# 第四十六章

天下有道，却走马以粪；

天下无道，戎马生于郊。

罪莫大于可欲；

祸莫大于不知足；

咎莫大于欲得。

故知足之足，常足矣。

## 语　译

　　当天下有道，人们安居的时候，大家都停止驰马奔竞，而把马儿养在农场，用它的粪便来肥田。当天下无道，烽火四起的时候，所有的马儿都训练成战马，养在城郊外，随时待战。一切的罪恶没有比可欲之念更大；一切的祸患，没有比不知足更大；一切的过咎，没有比贪求占有的欲望更大。所以说只有知足的满足，才是永恒的满足。

## 解　义

### 一、却走马以粪

"天下有道"的时候，"却"，即停止、退却。"走马"，让马自由跑。"以粪"，拿马的粪去种田；如果"天下无道"，打仗了，"戎马"即军马，都在郊外随时准备出征。

### 二、知足常足

下面是重点，老子总结："罪莫大于可欲。"人们相互争夺的罪恶没有大过他们对于"可欲"的事物的追求的。"祸莫大于不知足"，所有的祸没有大过不知足的。一切的麻烦就来源于不知道满足。我就思考，如果是念佛学，麻烦在哪里？是无明。什么叫无明？即不知道光明，黑暗无知。什么是无知？不知足就是最大的无知。"咎莫大于欲得"，《易经》中"无咎"的"咎"出来了，"咎"是外在一切的责难和麻烦，最大的祸患就是来自有求欲得。从古到今，发生过多少的战争，战争的武器不断地被发明创造，越来越要求精密，威力强大，最早的可能只是用木棒石块，发展到今天的核武器，但是人类有一个东西从没有改变，就是欲望。有欲望就有战争，不知足就有战争，如果知足的话，"小国寡民……鸡犬之声相闻"（第八十章），社会就能安平泰了。"知足之足，常足矣"，常足是永远的满足；不知足是拼命地追求，永远把满足看成暂时的，而满足本身就变成欲望，永远只能暂时满足，接下去又是新的欲望得不到满足的痛苦。有的人中学毕业就满足了，他就找一个工作做，结婚生子，有的人不满足，念大学，大学毕业了，不满足，念硕士，念到硕士不满足，去念博士。博士毕业，满足吗？也未必满足。博士毕业干什么？又有新问题，那就升教授。升到教授之后还是不满足，永无满足。而"常足"的常，是永恒，常足是永恒的满足；常也可解作经常，经常性的满足，不是暂时的。你能不能对于生活中所经历的任何东西都感觉满足，而且是经常的满足？这种感觉和体验很重要。常还指平常，即使在很平常的生活里面，我们也能感到满足吗？平常，经常感觉满足，才会"常足"。

要想达到经常满足，在任何平常生活中都能满足的境界，就要"知足"。"知足"实际上也就是"知止"，能够知止，也能够知足，这道理很简单，可惜很多人都只是嘴上说说而已。

# 第四十七章

不出户，知天下；

不窥牖，见天道。

其出弥远，其知弥少。

是以，圣人不行而知，不见而名，不为而成。

## 语　译

不出大门，能知天下的事物；不看窗外，便能见到大道。如不能如此，他走得越远，反而所知越少。所以说，圣人的境界是：不需出外追求，便有真知彻照；不必见物形象，便能识物真体；不用有意作为，便能任物性而大成。

## 解 义

### 一、不出户，知天下

"不出户，知天下，不窥牖，见天道。"不出门可以知天下，不从窗口看外面就能了解天道，很多学者据此批评老子是唯心论。但我们要从《老子》书的背景来看：第一，这一章的对象并不是小孩子，小孩子不去念书，没有经验的话，当然不可能知天下，知天道，老子是对君主来讲的。一个君主有了知识，要把他的知识变成智慧，否则，知识永远是平面的，唯有变成智慧之后，才能像孔子称赞颜回那样，闻一而知十。多数人举一而知一，能举一而知二就很了不起啦，知识都靠推论嘛，怎么可以知十？举一知十，是把知识化成智慧之后的功夫。所以有了智慧，即使不出门，也可以了解天下的道理。

我们今天念老子的书，看他所讲的历史发展，无论讲政治，论战争，都是用智慧来感通，来评断的。我们就以研究战争为例，一般研究者会去看这场战争是为什么，那场战争又是为什么，其实根本不需要这样去研究。老子能评论战争，是因为他抓住了所有战争只有一个目的，就是欲望。我们可以想象老子也在房间里面写书，并没有出去，关起门来以智慧写下了这些话，两千年以后的今天，同样的问题还在发生，所以老子的话是功夫语，是可以验之于身、证之于心的，如《中庸》所谓："唯天下至诚，为能尽其性；能尽其性，则能尽人之性；能尽人之性，则能尽物之性；能尽物之性，则可以赞天地之化育；可以赞天地之化育，则可以与天地参矣。"一个至诚就是在我们心性之中的智慧。

相反，"其出弥远，其知弥少"。如果我们把握不住智慧，把握不了天道，盲目开门到外面去寻求，跑得越远，反而越迷失。我讲一个禅宗的故事：有一次马祖道一禅师说，我们自家都有宝藏，离家出走干什么，离家走得越远越失去宝藏。我们要先知道自己的东西，然后才知道：别人的东西哪里比我的好。先知己，"知己知彼百战不殆"。如果不知己，只是盲目地认为外面好，把自己所有的都丢掉了。为什么孔子说温故而知新，不温故，只知新，能知道什么？只是永远迷惑在那变、变、变的外在，今天有新花样说这个好，明天又有另一个新花样说那个好，也不知道新花样从哪里来。西方知识的新花样，也是从这几千年发展来的，我们只看到现在的新，忘了它的"故"。


二、不行而知

老子最后讲，"是以圣人不行而知，不见而名，不为而成"。什么叫"不行而知"？不要靠行，就能知道的才是真知，"不见而明"，用眼睛见到的明，只是表象的明。要用心去看，用心去体验那眼睛看不见的才是真正的明。"不为而成"，即不要用我们的聪明去为，也不要仗着我们的知识去为，而任由万物的自然而然，和万物一起生生不已。

# 第四十八章

为学日益，为道日损。

损之又损，以至于无为，无为而无不为。

取天下常以无事；

及其有事，不足以取天下。

## 语　译

　　为学的方法，是日日增加所知。为道的功夫，是日日减除人欲。减除之后又再减除，以至于达到自然无为的境地，自然无为便能无所不为。赢取天下人心在于任自然而无人为之事；如果多事造作，便赢取不了天下的人心。

# 解　义

## 一、为学与为道

　　此处讲"为学日益"，老子并没有否定追求学问，否定每天增加知识的学习，这没有什么错。方法上，为学也一定是每天增进，从来没有说学了会减少的，没有这个可能，所有的知识都是累积的，今天学一点儿，明天学更多一点儿，这是一个事实。但为道的路子并不一样，需要"日损"，而且要记住：并不是损掉所学的。怎么可能损掉所学呢？我们学到的知识就是我们所有的，怎么能损得掉？"为道日损"，不是说知识的日损，而是损减我们的欲望，"损"是内在的功夫。为学是向上的，为学不可能倒退；为道呢，每次减损一分欲，道就多一分向上。故为道看似在减少，实际上也是向上的；损了一分欲，提升了一分德；损两分欲，德又增两分。这才是为道的日损，是往上，不是损到下面去。"为学"的努力是有必要的，而且和"为道"并不矛盾，反而是相得益彰，并行不悖的。

## 二、损至无为

　　"损之又损，以至于无为"，我认为"无为"是一个很高的境界，无为不是低，不是损到很低处。不同于"为学"的往上，对德行来讲，"为道"也是往上，只是它的功夫要用在损欲上。我给智慧的定义是：知识跟德性融合起来就是智慧。一个人只有知识，没有德性的话，不可能成就智慧，且不说人行邪道，最多也就是知识的累积，念了很多书，只是一个图书馆。而且今天我们讲到知识，计算机一打开什么都有了，只有知识没有用。同样的，只有德性，没有知识也不能行，有的人德性很好，是好好先生，自己也很知足，但知识不够，不能够影响人。所以知必须配合德，"损之又损"，损到无为的境界，无为不是说什么都不做，无为而后无不为。把我们的欲望损掉之后，我们才有"无不为"的基础，才可以做更多的事情，才可以照顾更多人。有为，只能为一面，只能执着一个现象，不如无为宽广，能有大用，所以我们提倡知足，或者无欲，是因为只有在知足之后，整个天地才宽，但接下来还要走入这个天地，去化育万物。

## 三、无为而无不为

要注意，所谓的"不知足"都是在某个方向上的钻牛角尖。比如：在金钱方面不知足，我就拼命想赚钱，开始钻牛角尖；在某件事上不知足，我就在某件事情上一直钻牛角尖，往往都是偏于一面的。知足之后，我们的心量就扩大了，就不会再局限于一个方面的追求，就会有更好、更大的发展空间了，这就是"无为而无不为"。

## 四、无事取天下

"取天下常以无事","取天下"即取得、拥有天下人的心，真正能够知天下、平天下的人，常常要以无事的态度，"无事"实际上是"无为"的运用。什么叫"无事"？即不生事、不造事，不要今天一个念头，明天一个意见，这是无事造事。"取天下"，得天下人心，绝不是去打天下。老子不讲打天下，"以正治国，以奇用兵"。"用兵"是打天下，"以无事取天下"，可见那个"无事取天下"并不是用兵的，主词还是圣人，"圣人取天下，常以无事"。

无事不要生事，"无事"是老子的术语，不要生事是老子的思想。老子认为，当圣人有天下的时候，要了解天下老百姓真正的需要，"无事"也不是说他什么事情都不做，而是不要制造很多事。"及其有事，不足以取天下"，治天下不能用打天下的方法。打天下只是暂时的，有时候突变是可以的，那是革命；成功之后我们就要能够治天下，争取天下人的心，治理天下，取得人心，完全是另外一套方法，即懂得善用"无事"了。

# 第四十九章

圣人无常心，以百姓心为心。

善者，吾善之；不善者，吾亦善之；德善。

信者，吾信之；不信者，吾亦信之；德信。

圣人在天下，歙歙为天下浑其心。

百姓皆注其耳目，圣人皆孩之。

## 语 译

圣人没有固定不变的自我心，他是以百姓的心为他自己的心。他以"善"对待那些善良的人；同时，也以同样的"善"对待那些不善的人；这才是真正善之德。他以"信"对待那些可信的人；同时，也以同样的"信"对待那些不可信的人；这才是真正的信之德。圣人处天下，和万物相合而浑然一心。百姓都用他们的耳目，讲聪、讲明，可是圣人却以对待孩童的方法对待他们。

# 解　义

## 一、圣人无常心

"圣人无常心，以百姓心为心。"圣人以百姓心为心，所以没有固定不变的心。这里有一个耐人寻味的"常心"，"常"字本来很重要，宇宙间最根本的道就是常道，但为什么要"无常心"？"常道""知常"都是正面的意思，《老子》中的"常"字，只有这个地方的意思是负面的，这是何故？因这个"常"字被心所限制，"常道"的常正面是因为：常即自然，常即永恒，道本身即自然永恒。但"心"指什么呢？在老子的整本书中，心都是代表欲望的，这里要特别注意。

在《庄子》里面，谈到心，或者常心就有正面意思的，因为庄子讲的心不指"欲"。《老子》所讲的"心"也是观念意识，所以"常心"就会变成负面的意思，君主不要有自己不变的僵化的观念意识，不要有自己固定的心。所以说圣人要无心，"以百姓心为心"，"常心"实际上也就是心理学的自我之心，转用心理学的语言，即圣人没有"ego"，以天下的人为他的"self"。我教《老子》也满三十年了，每次教到这一章"圣人无常心，以百姓心为心"，总是跟随着传统的解释，解读认为：圣人没有他自己固定不变的心，而是以百姓的心为他自己的心。再说得浅显一点儿，即圣人不执着他自己的想法，而是以老百姓的想法作为自己的想法。这样来说的话，好像圣人没有自己的私心，无私当然是好的，没有 ego，当然是好的。

老子所说的"以百姓心为心"，那百姓的心是素朴的、自然的、少欲的，这是老子的前提。以老百姓的那种很素朴的、很少欲望的心为心的话，就不会错，但如果老百姓的心都已经有很严重的私欲，君主还以老百姓的欲望为欲望，问题就来了，"民之所欲"，我也欲之。这就是《孟子见梁惠王》中所提到的情境，"上下交争利而国危矣"。就老百姓整体而言，大家都希望社会安定，这是理想。但是若就每个人自己来说却不是，每个人的欲望都很强，更多考虑的是我要这个，我要那个，一个君主要以老百姓这样的欲望为欲望，那就是所谓的"爱拼才会赢"。君主也参加进去，我拼你，你拼我，这对社会民生其实是危险的。

老子的话与"民之所欲，常在我心"，两者截然不同。"善者，吾善之；不善者，吾亦善之；德善。"因圣人无常心，以百姓心为心，圣人不会有一个固定的观念去判断别人。所以对善的人和不善的人，都一样善，这是圣人本身之德的善。对别人善，是没有分别心的。对善的人，固然是善待他；对不善的人，更用善去对待他，或者感化他，"德善"是指本身的德行是善的。"信者，吾信之；不信者，吾亦信之；德信。"信任也是没有分别心的，不会先去分别对方值不值得信任。如果先在脑子里面有一个想法，认为某人讲的话可能不可信的话，你已经不信任对方了。对方信不信是他的事情，而我们信不信却是我们的态度。也有学生问我："这是不是很危险？假如一个女孩，突然看到一个人躺在地上，是不是要去救他，相信他？如果对方是假装的呢？是否很危险？"安全的做法是，她可以先打电话让警察来，而不是让自己进入危险之地，也可以找人来帮忙，大家要注意，处世的智慧和方法是另一回事。道可道，非常道，要注意变道的运用。老子这个地方讲德、讲信，都是就常道、就人的本性来讲的。

## 二、圣人在天下

接下来，"圣人在天下，歙歙为天下浑其心"，"歙歙"就是混合，与天下的人心浑然一片，此处如前所述，并不是民之所欲，我也欲之。如果君主跟天下人民同其欲，百姓拼命追求欲望，君主也跟他们一起追求欲望，这是有问题的。老子指出："百姓皆注其耳目"，"注"是注意，老百姓都注意自己的耳聪目明，都要看，都要听，都以为自己有知，但是"圣人皆孩之"，圣人以对待孩子的心态来对待百姓，把所有的老百姓都看成孩子一样。孩子虽然有时候会犯一些错，但不能因此就把他判成罪人、恶人，就像基督教认为：一般人犯了罪，是因为无知，要原谅他。所以，我们可以看出圣人之心。为什么"善者，吾善之；不善者，吾亦善之"？是因为百姓不知道、不懂得不善，就像小孩子一样，因不知而犯了错，圣人便不把他们判作坏人，就像孩子，他们虽然有时候会做一些不好的事情，本质上我们还要视他们为好人。父母亲对儿女都要抱持这个态度，父母都没有说他们的儿女是坏的，从头坏到脚，就抛弃他们了，一定还是想尽方法去帮助孩子，而且父母亲往往对调皮捣蛋的孩子，反而是更关心，有时候爱得更多。

我们看看王弼的注，这一段比较长，注得很好，也很精彩。

"皆使和而无欲，如婴儿也。夫'天地设位，圣人成能，人谋鬼谋，百姓与能'者，能者与之，资者取之，能大则大，资贵则贵。物有其宗，事有其主。如此则可冕旒充目而不惧于欺，黈纩塞耳而无戚于慢。亦何为劳一身之聪明，以察百姓之情哉、夫以明察物，物亦竞以其明（应）避之；以不信（察）求物，物亦竞以其不信应之。夫天下之心不必同，其所应不敢异，则莫肯用其情矣。甚矣！害之大也，莫大于用其明矣。夫（在）任智则人与之讼，（在）任力则人与之争。智不出于人而立乎讼地，则穷矣；力不出于人而立乎争地，则危矣。未有能使人无用其智力乎（与）己者也，如此则己以一敌人，而人以千万敌己也，若乃多其法网，烦其刑罚，塞其径路，攻其幽宅，则万物失其自然，百姓丧其手足，鸟乱于上，鱼乱于下。是以圣人之于天下，歙歙焉，心无所主也。为天下浑心焉，意无所适莫也。无所察焉，百姓何避；无所求焉，百姓何应。无避无应，则莫不用其情矣。人无为舍其所能，而为其所不能；舍其所长，而为其所短。如此，则言者言其所知，行者行其所能，百姓各皆注其耳目焉，吾皆孩之而已。"

"皆使和而无欲"，是指使百姓都能够和谐无欲，"如婴儿也"，像婴儿一样，因为王弼也注《易经》，所以他引用《系辞传》："天地设位，圣人成能"，天地定位了以后，上面是天，下面是地，人在当中，天、地、人三才，成就万物，圣人之时顺着去发挥万物的功能，任它们发展而不会加以干扰。"人谋鬼谋"，天地间人有谋求、追求。鬼，即不善之人。天地间有好人，也有不善之人，宇宙万物的一切变化，"百姓与能"，百姓都参与其中去发展他们的才能。"能者与之"，谁有才能，圣人就发挥谁的才能，"资者取之"，他有才，就用他的才。百姓中才能大的，就用他们的大；资质好的，就用他们的好。"物有其宗，事有其主"，任何万物都有它的根本，任何事情都有他的要点。

下面这几句话很有意思，"如此则可冕旒充目而不惧于欺，黈纩塞耳而无戚于慢"。这是举古代帝王的礼冠之饰为例，"冕旒"是礼冠，也就是帽子前垂下的串串珠子，作用是象征遮住帝王的视线。"黈纩"是帽侧两耳旁垂下的棉球，作用是象征阻挡帝王的听觉。这两者都是指君王绝对地相信人民，而不竭尽自己的智力去探查人民对自己的反应。其实，君王如果做好自己应做的工作，人民便能安居乐业，对政府自无怨言。否则，即使设再多的法网刑罚，最多只能禁民不说，并不能止民无怨。所以君王处天下，应与万物浑然一心，相忘于自然。"亦何为劳一身之聪明，以察百姓之情哉！"

"夫以明察物，物亦竞以其明（应）避之"，认为自己是用明去察万物，万物也用它们的明来逃避君主，万物自有它的本领，"以不信（察）求物，物亦竞以其不信应之"，君主不信万物，然后万物也以不信、以谎言来应付君主。"夫天下之心不必同"，天下万物的心都不同，每个人有每个人的心，"其所应不敢异"，君主要追究他们，他们也不敢不应，但他们是以谎言相应，"则莫肯用其情"，而不会用它们的真情。所以他说"甚矣！害之大也，莫大于用其明。"最大的祸害就是君主用自己的明察。

"夫（在）任智则人与之讼，（在）任力则人与之争。智不出于人而立乎讼地，则穷矣；力不出于人而立乎争地，则危矣。"意思是说：君主要强调才智，大家就跟君主讼；君主要强调能力，大家就跟君主争。做君主的人，才智不一定比所有人都好，结果却站在争取讼的位置上，耗竭精力，这样的处境是很危险的。

"未有能使人无用其智力乎（于）己者也"，在上位的君主不和别人竞知、争力，要靠自己不争的修为功夫，而不是强迫别人不跟自己争。先不跟人家争，人家也就没有办法跟自己争了。"如此则己以一敌人，而人以千万敌己也"，君主如果以己敌人，君主只有一个人，而老百姓却数以千万计的人来对付你。这样的话，"若乃多其法网"，君主只能设很多法网，"烦其刑罚"，颁布好多刑罚，"塞其径路"，塞断人民的路子，强迫他们说："不应该走你们旳路，要走我的这条路"。"攻其幽宅"，老是查人家的隐私，"则万物失其自然，百姓丧其手足"，于是万物失掉自然，百姓丧掉本性，"鸟乱于上，鱼乱于下"，从上到下，整个乱了。

"是以圣人之于天下，歙歙焉，心无所主也"，所以，最好的做法是：自己没有主观的成见，"为天下浑其心焉，意无所适莫也。无所察焉，百姓何避；无所求焉，百姓何应。无避无应，则莫不用其情矣。"与天下百姓之心浑然相同，也没有认为要考察这个、考察那个，对百姓没有什么要求，百姓也不需要来应付君主，百姓自然也不用逃避，反而可以表现他们真正的性情。

"人无为舍其所能，而为其所不能"，人不要舍掉自己所能的，而做所不能的。"舍其所长，而为其所短"，不要舍掉所长的地方，而用所短的地方，"如此，则言者言其所知，行者行其所能，百姓各皆注其耳目焉，吾皆孩之而已"。

前面讲了"我无为而民自化，化而欲作"，虽然老百姓的本性是"朴"的，但是在发展当中会有欲望、有竞争。君主对他们的欲望与竞争，不要去横加干涉，不要用刑罚，刑罚越多，老百姓越逃避刑罚，要用釜底抽薪的方法，也就是用"朴"的方法来减低他们的欲望，这样他们的竞争自然就减少了；一路走来，任其自化，慢慢地就能归于自然了。老百姓不是圣人，有欲是自然的。若把老百姓比作孩子，就能理解：孩子有欲望也是自然的，孩子有一点儿欲望，有一点儿不对，父母不会把罪责套到他们头上，非要去区分这个是好人，那个是坏人，而加以惩处，而是要慢慢去化掉他们的欲望，让孩子可以自己发展。

# 第五十章

出生入死。

生之徒十有三，死之徒十有三。

人之生，动之死地，亦十有三。

夫何故？以其生生之厚。

盖闻善摄生者，陆行不遇兕虎，入军不被甲兵。

兕无所投其角，虎无所措其爪，兵无所容其刃。

夫何故？以其无死地。

## 语　译

出生地而有生，入死地而致死。在这生死的现象中，趋于生生之路的人有十分之三，走向死亡之路的人也有十分之三。可是有的人因求生太过以致躁动，结果反而走向了死亡之路，也有十分之三。为什么求生反而速死呢？这是因为他们把形体的生命看得太重的缘故。曾听说真正善于养生的人，在陆地上行走，不会遇到野牛、老虎等猛兽；进入军事战阵，不会遭到兵器的伤害。他们能使犀牛找不到物件刺它的角，使老虎找不到目标施它的爪，也使兵器的锋刃没有地方可以斩割。为什么他们能如此？就是因为他们没有制造死亡的原因。

## 解　义

### 一、出生入死

"出生入死"，不同于日常我们动词化使用，老子"出生入死"的意思是，人从最初来到这个世界上是生，然后到死的过程，"出生入死"，也就是在我们有生命的这一段时期。由生到死的过程，每个人所走的路子不同。

"生之徒，十有三"，"徒"当路途、路子讲。使我们能够生存发展的路有十分之三。什么叫作生之路呢？欲望很少，行动合乎自然，注重营养、没有酗酒吸烟等不良习惯，不在外面跟人家逞强斗狠，当然我们就走上生之路。"死之徒，十有三。"什么是死之途呢？就是拼命追求欲望、无节制地喝酒抽烟，这样很快走上死路，也有十分之三。

"人之生，动之死地，亦十有三。"人们本来是为了求生，为了走生路，结果动错了，走到死路去的也十有三。譬如有的人本来是要求生，是要养生，要长生不老，结果拼命吃补药，吃几十种维生素；跑步本来是为健身，可是跑太多，超过身体负荷，最终得心脏病而死。很多人本来是想锻炼身体的，结果过分了，因为有一个过度的求生欲望，就反而走到死路上了。"夫何以故？以其生生之厚。"求生之厚，太过分执着于求生，反而速死。古代有很多君主都是想要长生不老，吃了丹药，结果很快死掉。

## 二、不死在于无死地

另外的十分之一是什么？我认为：就是我们的自由意志。

"盖闻善摄生者"，善于保养生命的人，"陆行不遇兕虎"，在陆地上行走不会碰到野牛与老虎，"入军不被甲兵"，到战阵里不会受到兵器的砍伤。因为"兕无所投其角，虎无所措其爪，兵无所容其刃"。没有地方供野牛拿它的角来戳，没有地方让老虎用它的爪子来抓，也不提供机会使兵器可以穿过他的身体。为什么能有如此境界？好像有神通，在道教里，后来就变成对神仙的描写。

但老子在此不是讲神仙，"夫何故？以其无死地"。这是结论，也是要点。因为没有死亡之地，即没有走向死亡的原因。"地"用得很好，ground，没有死亡的地方，就是没有死亡的原因，当然不会死。很多人走向死之路，是种了死亡的因，才会走向死之路；相反地，我们种了生的因，就会走向生之路。

对于"死亡之地"王弼注得也不错。

王弼注："十有三，犹云十分有三分。取其生道，全生之极，十分有三耳。"保全生命的路子，十分有三分；"取死之道，全死之极，亦十分有三耳。"走向死亡之途，完全彻底的自我灭亡，十分里面也有三分。"而民生生之厚，更之无生之地焉。"即太过重视身体的生存，结果走上死路，也十有三分。

"善摄生者，无以生为生，故无死地也。"真正保养身体、养生的功夫，是不要一直想生生、生生，我要生，我要活，拼命求生；恰恰是这个求生的欲望之强，反而导致了你速死。

所以他说："器之害者，莫甚乎兵戈"，是指兵器的锋利；"兽之害者，莫甚乎兕虎"，野牛老虎是兽里面最凶的；但"斯诚不以欲累其身者也，何死地之有乎"！如果我们自己没有欲望拖累身体，哪里有什么死地啊！

王弼还举例说："夫蚖蟺以渊为浅，而凿穴其中；鹰鹯以山为卑，而增巢其上。矰缴不能及，网罟不能到，可谓处于无死地矣，然而卒以甘饵，乃入于无生之地，岂非生生之厚乎？"蚖蟺类似四脚蛇，躲在深渊里面，还嫌不够隐，在深渊旁边还要凿一个洞躲进去，很难被找到。老鹰飞到高山上，结果山还不够高，还要在山上的大树上筑一个巢。所有的箭都射不到，罗网也不捕不到，本来应该很安全了吧，可以处于无死之地啦。然而，如果渔夫挂一个饵在水面，四角蛇就出来吃饵，猎人放一块肉在地上，老鹰就飞下来了，这下就都被抓住了，因此丧了性命。那个饵、那块肉就是欲望。老子的话给我们很多启示：我们不用一直说我要长生不老，要活到多少年，好吧！要减低一点儿欲望；很多人讲营养，讲究很多，什么都不能吃，结果反而缺营养而致病丧命，其实什么都可以吃，但是吃得平衡一点儿，不要只吃一样，那就是自然的。所以最重要的就是：不要造就死的因，若求生过度，也会种下死亡之因，违反自然也是一种死地嘛。

扫一扫
进入课程

# 第五十一章

道生之，德畜之，物形之，势成之。

是以万物莫不尊道而贵德。

道之尊，德之贵，夫莫之命而常自然。

故道生之，德畜之，长之、育之、亭之、毒之、养之、覆之。

生而不有，为而不恃，长而不宰，是谓玄德。

## 语 译

"道"生长万物，"德"畜养万物，物质赋予万物以形体，气势给万物以发展的环境。由于这一切都生之于道，畜之于德，所以万物没有不尊敬道且贵重德的。道之所以受尊敬，德之所以被看重，乃是因为"道"和"德"，绝不主使万物，而是常任顺万物自然地生成发展。因此道的生长万物，德的畜养万物，是使万物生长，使万物发育，使万物尽其形，使万物发挥其性能，使万物都得到所需的，使万物都受到保护。这种生长万物而不占有，作育万物而不恃功，使万物成长而不操纵，正是道的玄妙至德。

## 解　义

### 一、道生德畜

"道生之，德畜之。""道"即天道。"德"多半指人的德行，譬如在第三十八章，"失道而后德，失德而后仁，失仁而后义"，可见道、德降下来，就是儒家的仁、义、礼了。虽然"德"多半是指人的修养，但是有的地方，譬如这一章，讲到的"德"就不是指人的"德"，而是指地之德，道是天道，德是地德。与《易经》的乾坤两卦相似，坤讲地道、地德。"之"即指万物。道如何生万物？并非像母亲生孩子那样，"道生万物"是"道"将生生的本质交给万物，是把万物发展、生长的潜能赋予万物。譬如种子，一粒种子就有一种潜能，它可以生长，道是把生生的潜能交给万物，而真正把种子变成形，变成东西来发展的是地。乾、坤两卦，一般人只认为"乾"很重要，实际上"坤"也很重要，乾天坤地，没有坤，乾就没有用，"德畜之"，是地把德赋予人。

## 二、地德的作用

现在我们看看"地"的"德","物形之，势成之"，这是地之德。天只是给万物生生的本质，地给他们形体，没有地就没有形体。《易经·文言传》说"品物流形"，也是指赋予形体。"势"又是什么呢？外面的情势，我认为"势"指外在的大环境。地使得万物生长，也配合以外部的环境，配合春夏秋冬四季的气候，配合雨露阳光的滋润。这都是"气"，"势"讲气的蕴藏，外面环境的"气"的变化，《易经》也重视气的变化，"势成之"，即靠气造成的外部形势，使万物能够好好地发展。

## 三、道尊德贵的自然

"道之尊，德之贵，夫莫之命而常自然"，这句话是本章要点。道、德能够生育万物，并不是有一个上帝在高处支配它。"莫之命"，即没有东西命令它。没有高高在上的一个上帝要发布命令，才使得万物生长，"莫之命而常自然"，"自然"即顺其自然。道生万物是自然的，德畜万物也是自然的，物形之是自然，势成之亦是自然，一切都是自然的变化，道、德顺乎自然，而万物生生不已。

"道生之，德畜之"之后，"长之、育之、亭之、毒之、养之、覆之"，这些都是指德的各个方面，而不是道。德长养、培育万物。"亭"，即亭亭玉立，是指形体，德赋予万物以形体。

"毒"，不能用毒药之毒来解释，古汉语有时候用它反面的意思。《庄子·人间世》中孔子在颜回体会到心斋的根本在"致虚"后，教颜回怎样用它去劝君主，说到"无门无毒"，即没有门路，也没有解药。"无毒"即没有解药，"毒"可以解释为方法，即没有方法，此处的"毒"学者主要有两种说法，河上公注解为成熟的熟字，"毒之"即使它成熟，我在《老子新说》里面解释成"丰满"，"毒之"即使它丰满。还有另外一种"广雅"的解释为：使它"安定"，毒即"笃"，安定的意思。这几种解释都可以合在一起，"亭之"，在它有形之后，"毒之"，要使这种形能够安定地顺其自然发展。"毒"我们可以解释为成就，使它有成，每个东西都有成，小树的发展有小树的成就，大树的发展有大树的成就，每个东西都能够依据它的禀赋，依据种子的本性而充分成就它的个体价值，"毒"字也可以总结起来当作"成"字讲。然后"养之、覆之"，养育它、庇护它、保佑它，这都是地之德，最后也赋予了万物的各种德行。

## 四、生而不有的玄德

"生而不有，为而不恃，长而不宰，是谓玄德。"这四句话在第二章与第十章里面已经讲解过，再强调一下。"生而不有"，即"道生之"嘛，生万物，却从来不占有，道从来没有自矜：我生万物，要万物向我膜拜。我们要了解，道是没有主见、没有执着、不自以为是至高的。

我认为"为而不恃，长而不宰"是指的德，德服务于养之、覆之、育之、亭之、毒之，而不居功，不以为功。现在很多父母亲养了儿女，还要控制儿女，孩子的一切他们都想管，就是没有做到"长而不宰"。诸位注意，这几句话都从自然来，"自然"是关键，是重点之中的重点，有"自然"才"生而不有"，王弼注得妙，大家可以品品，只是顺其自然，我有什么功劳，又有什么可以占有的？我顺着物的本性发展，本来就是他的本性嘛，我有什么功劳呢？不仅是天道不居功，地德不居功，我们做父母的也不要居功，千万不要说：我养了你二十多年，你一定要对我孝顺，一定要对我报恩。不居功，叫作玄德。

"玄"即很深，"玄之又玄，众妙之门"。"玄德"，是很高妙的德，诸位不要把"玄"解释成神秘，老子并不神秘。我教《老子》时，一开始就强调，要先打破老子的神秘感，老子讲的道就是日常生活，就是我们每天都碰到的人和事，不要神秘化，而是要抱着简单化、平常化、平常心是道的态度去学《老子》。"玄德"只是指深，不是神秘、神奇。为什么深呢？玄德不是普通的德，普通的德都是有相对性的，我对你好，你就要对我好。我爱你，你要爱我，你不爱我，我就不爱你。如果我爱你，你不爱我，那我可不干。"玄德"指天之道、地之德，天地对万物有功劳，但不让万物感恩他们、朝拜他们，从不居功，这就是"玄德"。根据"玄德"，第三十八章里面老子还提过上德，"上德不德，是以有德"，那个上德就指人的德，"玄德"是指天道、地德的德。

# 第五十二章

天下有始，以为天下母。

既得其母，以知其子；

既知其子，复守其母，没身不殆。

塞其兑，闭其门，终身不勤；

开其兑，济其事，终身不救。

见小曰明，守柔曰强。

用其光，复归其明，无遗身殃，是为习常。

## 语　译

　　天地万物都有它们的本源，这个本源就是创造天地万物之母。能够得到这个天地万物之母，才能知道由这个母所衍生的一切现象。当我们了解这一切现象的道理后，更必须回到本源处，去守住这个天地万物之母。这样的话，我们才能终其一生都不会有危难。守母的方法，就是要杜塞住意欲的漏洞，关闭向外追求的门路，这样，我们的精神便终生不会劳累枯竭。相反，如果打开了意欲的漏洞，什么事都要满足欲望，这样，我们便终生无可救药。须知，能见到事物之精微，才是真正的"明"；能把握柔弱之道，才是真正的"强"。在我们用了知能的光芒后，必须回归德性的明悟。这样的能使自身远离灾祸的修为，就是所谓的运用"常道"的应变功夫。

## 解　义

### 一、天下有始

"天下有始，以为天下母。"这里的"天下有始"，意思同于"道可道，非常道，名可名，非常名，无，名天地之始；有，名万物之母"。天地之始，以"无"来称呼，"道"无名，也以"无"来描写，所以"无，名天地之始"，即是说"道"为天下母。

这一章中，老子集中用"母"与"子"作比，"既得其母，以知其子"，既然我们知晓"母"，知道"道"，然后才能知其"子"。"母"是道，"子"是用，"子"是德，知晓道，我们才会知道怎么样用。"既知其子，复守其母"，回到"母"以后，就能知体、守体，"母"就是体。如此，"没身不殆"，"没身"指由生到死，不会穷殆，"殆"一方面是危险；一方面是穷尽。殆的这两种解释，我认为"穷尽"更好。为什么呢？只要涉及用，任何东西都会用光，会穷尽，但若知其母，所用就不会穷尽；知道本体、精神的话，就不会穷尽、枯竭。


二、如何修养

接着老子告诉我们修养的方法，"塞其兑，闭其门，终身不勤"，"兑"在《易经》中是一卦，即兑卦。"兑"象征口，代表快乐，兑为泽。兑取口意，塞其兑，是塞住我们的嘴巴，这也代表堵塞五官，嘴巴也代表眼睛和耳朵，塞掉五种感官，不用眼睛看，不用耳朵听。如同第四十九章，圣人以百姓心为心时，讲到古代君主会把眼睛遮住，把耳朵塞住。绝对相信人民，不竭尽自己的智力去探查人民对自己的反应。"闭其门"，如果说"兑"指五官的话，"门"即指意识之门，闭掉我们的意识之门，如此，终生不会劳苦。这里"勤"是负面的意思，并不是勤勉，而是形容整天劳累、劳碌，因为五官、意识都一直往外追求，去执着于"子"，道之用，忘了回到本体的"母"，即道之体。当你把眼睛闭起来、耳朵塞起来之后，才会回到自己。

为什么打坐的时候不能眼睛向外张望，耳朵向外打听呢？这是要我们回到自身，我们才知道还有精神。后两句反说，意思也一样。"开其兑，济其事"，打开五官，眼睛向外去追求，任何事情都要想着做，"济"即做，"济其事"的意思就是一下完成这个，一下要做那个，那就一辈子没救了，因为我们成了五官的奴隶。

## 三、见小曰明

"见小曰明","小"即代表"微",能知微知著。知微才是真正的"明"。"明"几乎代表佛学的"悟"。"明"是真知,即明白、豁然开朗,明白了,一片光明。要知"小""微"并不容易,普通人都只是见大,看到大的,都要大的。"见小"就是看到微小处,任何事情无论难易,都是起于微小。这个"小",在《易经》里面就是"几""见较而作","几"是变化的开始。

## 四、守柔曰强

"守柔曰强",此处"强"是正面的,守柔的强是真正的强,能够守住我们的柔软、把握柔弱处,才是真正的强。

每个人身上都有很多缺点,能够把握自己的缺点,才是真正的"强",所以老子真正对"强"的定义是"柔"。

## 五、习常之道

接下去,我们有知识、有才能,"用其光",可以用,但是要"复归其明",要回到自己内心的明。"光"跟"明"不同,光以照物,什么叫"光"?光可用来照见别的东西,身为普通人,我们有一点点聪明才智都会用于去知道、了解别人,心理学就讲知人,知人即是光,但知人同时要回到自身的明。明以照己，光以照物。这样的话，"无遗身殃，是为习常"，才不会给自己找麻烦、不会留给自己灾难。什么是习？什么是常？"常"是永恒，自然也是"常"，总结以前所说，常至少有四个定义，是常道之常、恒常之常、平常之常、正常之常；而"习"有两层意思：一即复习，什么叫作复习于常呢？在生活中，我们经常就会离开常道，"习"就是一再回到自然常道；"习"还有一个意思：是顺。顺着常道，习通袭，上面是龙字，下面是衣服的衣字，第二十七章中有："是以圣人常善救人，故无弃人，常善救物，故无弃物。是谓袭明。""袭"即因袭；"袭常"，即因袭自然，顺于自然。一再地回到常道的功夫和顺其自然就是习、袭的意涵，有"明"的意义，能够习常和袭明，就不会给自己的身心带来灾害。

## 第五十三章

使我介然有知，行于大道，唯施是畏。

大道甚夷，而民好径。

朝甚除，田甚芜，仓甚虚；

服文彩，带利剑，厌饮食，财货有余，是谓盗夸。

非道也哉！

### 语　译

假使我有那么一点儿独特的智能的话，我必行之于大道，兢兢业业以好施为为戒。大道本来是平坦易行的，可是一般人的心理都是喜欢走快捷之路。正如许多为政者，把宫殿修得很好，却远离人民，使朝政不清，使人民的田地荒芜，使国库空虚。由此而造成的社会风气是：大家追求外在服饰的美丽，带着利剑，好勇斗狠，整天沉迷于嗜欲之乐，无休止地追求财货。

这种忘本逐末的做法，就叫作盗取来的虚誉，而不是真正的有道的行为。

## 解 义

### 一、唯施是畏

"使我介然有知，行于大道，唯施是畏。""使"，即假使，什么"介"？我们通常说：一介武夫、一介平民，"介"本来是小草，还只是一个，很少。这句话意思是：假定我稍微有一点儿小知、有一点儿聪明才智，好比前面讲的"光"也是对应于道体"母"的"子"，虽有一点儿光，但在顺着大道走的时候，必须要小心，唯恐有所作为，而带来危险，"施"是作为。我们有一点儿聪明，便自以为能干，要做这做那的，甚至走到投机取巧的路上去了，最怕的就是这个。

### 二、大道甚夷

"大道甚夷"，大道本来很平，夷即平，"而民好径"，一般的人却都是喜欢走小路、走捷径，不走大道。大道是常道、平常道，而大多数的人不甘于平常，非要标新立异，专门弄稀奇古怪的东西。"朝甚除"，"朝"有两个发音，一"zhāo"，一"cháo"，朝即朝廷，也是宫。即指宫廷房屋。王弼的注对"朝甚除"的解释不妥，他说："朝，宫室也，除，洁好也"，"洁好"

即清洁很好，与下面的"田甚芜，仓甚虚"语意不太一致。所以有的版本就把"除"字解释成"涂"，"涂"即涂污，涂东西来污染，也即把自己的房子弄得乱七八糟，也不去整理，外面的田地也不去耕种，都荒芜掉了。"仓甚虚"，仓库里面也没有东西，存折里面一块钱都没有了，还要穿很漂亮的名牌的衣服。"服文彩，带利剑"，古代的文饰，利剑都代表一种装饰。"厌饮食"，吃东西挑剔，嫌弃这个不好吃，讲究那个好吃，"财货有余"，家里穷得什么都没有，外面还要充阔，买东西超过自己需要的，"是谓盗夸"，夸即夸张，"盗夸"即欺世盗名，我们也说："这个人不在道上。"

"朝甚除"的另外一种解释，我就用原字"除"来讲，"除"即那个房子里面什么都没有，田也荒芜，仓库空虚，房子空空荡荡，什么都没有，外面还装着好像很有钱。今天，很多人都是这样的，负债累累，所有的东西都是贷款买来的。这是因为他一定要在外表现自己的小聪明，而忘了根本，这种不注重根本，"非道也哉"，也就是不合乎道的了。

# 第五十四章

善建者不拔，善抱者不脱，子孙以祭祀不辍。

修之于身，其德乃真；

修之于家，其德乃余；

修之于乡，其德乃长；

修之于国，其德乃丰；

修之于天下，其德乃普。

故以身观身，以家观家，以乡观乡，以国观国，以天下观天下。

吾何以知天下然哉？以此。

## 语　译

真正善于以无为建德的人，和道合一，他们所立的德永远也不会被拔除；真正善于抱一而生的人，和万物共化，他们所行的道永远也不会被分离。唯有这样，他们的精神不朽，万代子孙对他们的祭祀也永无休止。能够以这种"无为""抱一"来修养自己的身心，他们的德性便会至真；能够将这种"无为""抱一"实行于家庭中，他们的德性便会宽裕；能够把这种"无为""抱一"推行到乡里，他们的德性便会发展；能够把这种"无为""抱一"用之于治国，他们的德性便充实丰满；能够把这种"无为""抱一"放之于天下，他们的德性便普及万物。所以我们要以这种"无为""抱一"修身，以观自身德性之真；以这种"无为""抱一"持家，以观这种德性的美化家庭；以这种"无为""抱一"来行之于乡里，以观这种德性的和睦亲邻；以这种"无为""抱一"来处理国事，以观这种德性的泽及人民；以这种"无为""抱一"来对待天下，以观这种德性的广被万物。所以我能够了解天下万物生存发展的道理，就是由于能把握住以这种"无为""抱一"，去发展这种至真的德性。

## 解　义

### 一、善建者不拔

"善建者不拔，善抱者不脱。"这两句话是本章的要点。

什么叫"善建者不拔"？我们想想看，有什么东西是我们建起来后拔不掉的，我们建造房子，来个地震，房子一下就被摧毁了，我们建任何东西，都会被拔掉。眼看他起高楼，眼看他楼塌了。真正善建是什么呢？建于"无"，建于"无有"，建于"无欲"，正因为无，也就无所谓技了。"善抱"也是一样，什么拥有的东西逃不掉呢？脱就是逃掉了。譬如母亲生了孩子，但这是真正属于母亲的东西吗，孩子长大后，还是会离开的。我们的生命，百年之后，也消失了。第十章讲过只能"抱一"，不能"抱道"，看不见道在哪里，所以不可能抱住道。善抱者，所抱的是"无有""无为"，在这些玄德基础上的"一"，即抱一而虚。抱住和宇宙万化同生同长的"一"，对于"抱一"，我们的解释一是虚而生；一是道生万物。善抱者，即抱虚者，自然无所谓脱了。因虚其心，人的心里面藏了东西就藏不住，如果虚掉的话，就永远也不会脱掉。这两句话是老子的修养功夫，即：建于无，抱于虚。建无抱虚，唯有这样的话，才会不拔、不脱，永远没有人能够拿得掉，这是老子强调修德的功夫。

## 二、老子的修身齐家治国平天下之道

接下去，"子孙以祭祀不辍"，这样的话我们的子孙才会一直祭祀我们，这有点儿类似孔子的话，老子说的是，"这个才会留给我们的子孙，而不是占有子孙，所以才会不辍、不朽"。

接下来一系列的排比，说修身、齐家、治国、平天下，跟《大学》里的论述相似。我们来看看相似在什么地方，区别在什么地方。

如果是儒家来讲"修身、齐家、治国、平天下"，每一个步骤都有每一个步骤的功夫和道德，修身有修身的管道，齐家有齐家的方法，治国有治国的道理，但老子的思想至简，就是两个方面：建无抱虚。拿"建无抱虚"来"修之于身"，修养自己，"其德乃真"，我们才能够得到真正的德；"修之于家，其德乃余"，如果我们把"建无抱虚"运用在自己的家里，我们的德才可以延伸，使得家庭和睦；"修之于乡，其德乃长"，如果我们把"建无抱虚"运用在我们的乡里之人身上，这种德才会影响我们乡里之人；"修之于国，其德乃丰"，如果我们把"建无抱虚"修之于国，国人的德才会更广；"修之于天下，其德乃普"，如果我们把"建无抱虚"运用于天下，我们的德才会普遍。所以从修身，齐家，到治国、平天下，用的都是这两个字的功夫：一无一虚。

"故以身观身，以家观家，以乡观乡，以国观国，以天下观天下。"

以这个"建无抱虚"来看看自己，是不是能够用之于身？同样，来看看如何用之于家？如何用之于乡？如何用之于国？如何用之于天下？都是同一个道理。

"吾何以知天下然哉？以此。"我怎么能够知道有没有真正能够使天下达到这个境界呢？只要看我们是不是能够"建无抱虚"就可以了。"建无抱虚"才是真正的治天下、平天下的根本。

# 第五十五章

含德之厚，比于赤子。

蜂虿虺蛇不螫，猛兽不据，攫鸟不搏。

骨弱筋柔而握固。

未知牝牡之合而全作，精之至也。

终日号而不嗄，和之至也。

知和曰常，知常曰明，益生曰祥，心使气曰强。

物壮则老，谓之不道，不道早已。

## 语　译

内涵德性最深厚的人，可以比之于婴儿。由于婴儿的无求无欲，有毒的蜂蛇不会伤他，凶猛的野兽不会抓他，强悍的鹰鸟不会扑他。他的筋骨柔软，可是小手握物却很紧固。他不知道男女交合之事，但他的小生殖器却能十足地挺起，这是他的"精"达到至纯的境界。他虽终日号哭，却不伤他的咽喉，这是"和"达到最高的境界。知道这种"和"的境界就能知道道的常理。知道道的常理，内心便能明悟。否则只讲生命的延长是只求外在的祥，用心去控制呼吸的气是只求外力的强悍。事实上，任何事物发展到强壮，便会走向衰老，这是不合自然之道的。不合自然之道，便会早死。

## 解 义

### 一、含德之厚

"含德之厚，比于赤子。"老子用一个"含"和一个"厚"字于此。老子谈的"道"是天道，天道具备普遍性，"德"是个人、个别性的，是每个人的德。道指天，德指地，道讲乾，德属坤。现在坤卦中重要字眼出现了：含、厚。阅读《易经》坤卦时，我们一直强调四个字，"含弘光大"，"含弘"的"弘"即大，大到要能含住，往内聚，不要外放。内聚之后我们才能光大、涵养。德要"含"，并不是向外去的，要先把德"含"住；"厚"也是地之厚，"厚"也是"深"。"含德之深"为什么要"比于赤子"，婴儿生出来的时候肉体的颜色都是红红的，所以说赤子。

婴儿或赤子在《老子》全书中大致有两个性能：一是"柔软"；二是"无欲"。婴儿没有自己的私欲又很柔软，所以"蜂蚖虺蛇不螫，猛兽不据，攫鸟不搏"。当然这是老子的比喻，象征婴儿对万物无欲，万物对他也无欲。"我自无心于万物，何妨万物常围绕"。何以赤子或婴儿代表这样的德？婴儿"骨弱筋柔"，后来道教的修炼目标也是要修到很柔软，像婴儿一般。"而握固"，婴儿身上柔软，但新生儿却可以握住我们的手指，为什么？是因为精神饱满！柔的东西反而能够密切契合，我们一柔软，别人就容易亲近我们，如果大家都硬邦邦的，彼此的关系就不能密切了。

## 二、婴儿的特质

"未知牝牡之合而全作"，这是说婴儿当然不知道男女的关系，他还没发育到那个地步，"全作"比较好听，是指精神饱满，有的解释说是男婴的阳具会竖起来。这是一个自然阳气勃起，不是男女关系的勃起。我们文雅一点儿讲"精神"，"全作"就是精神饱满。知道男女关系之后，反而精神就不饱满了，古代结婚的时候，仪式上要把童男童女放在床上，就是象征"精之至"也。

婴儿"终日号而不嗄"，婴儿每天都哭，嗓子就是哭不哑，老子显然很懂婴儿的习性。婴儿哭是一种自然的运动。成人哭，喉咙会哭哑，那是因为成人的哭是因为忧虑伤心、有欲望，喉咙就会容易哑。婴儿哭不哑，反而是"和之至也"。为什么"和"呢？婴儿哭，要么就是肚子饿，要么就是尿布湿了，都是很自然的事情。

### 三、知和曰常

老子讲婴儿的实际情况是为了要说明下面的"知和曰常"，了解自然之和就是常道。"常"就是自然，了解宇宙万物的"和"，就是了解自然。"知常曰明"，了解宇宙万物变化的自然，变化的常道，才是"明"的境界。

这个"明"不是普通的知识。我不赞成王弼的注所说的："不皦不昧，不温不凉，此常也。"注得不清不楚，"不温不凉"，这是什么样的"常"呢？太玄了。该温的时候温，该凉的时候凉，该清的时候清，该暗的时候暗，这才是"常"，才是常道。"知常曰明"，讲的是：春天该温的时候温，夏天该热的时候热，秋天该凉的时候凉，冬天该冷的时候冷，四季分明是常道。否则"益生曰祥"，这个"祥"不是"吉祥"的"祥"，王弼注为"夭折"，当然也不见得很正确。祥就是外在的祸福灾异的"祥"，要注意"益生"，益就是增益，增益你的生命，这有什么不好呢？一般人不都是认为这是吉祥的吗？王弼解释为"夭折"，是因为生生之后，动而入死地，知道"常"的人，知道宇宙的常道，心里会觉悟，能了解生死本来就是如此。那个益生为了求祥，就是为了生生之厚，就不自然了。

### 四、不要心使气

"心使气曰强"。少林寺的功夫，是以心控制气、运气而为强力。心使气，打出来的拳强而有力，用得不当，心身就会产生问题。老子要我们顺着气走，不要用心去使气，这个"使"字出了问题。心要顺着气，太极拳就是气到哪里、心到哪里；气到哪里，神到哪里，而不是用心和神去控制气。要心顺着气，才有真正自然的强，持久的强，全面的强。

庄子也说：心斋的时候，先要意志集中，不要用耳朵去听，要听之于心；然后不要听之于心，要听之于气，因为有一个心，就总是想抓一个东西，不要用心去抓东西，而是顺气走，因气没有欲望、没有意识，是虚而待物的。

"心使气曰强"的"强"是很坚强、刚硬、有力的强，在老子思想中并不好，反而是糟了，所以接着说"物壮则老"，很强就会衰老。这种物壮求强，是勉强得来的，是暴力的，违反自然的，所以"谓之不道，不道早已"，不顺乎道，就会早死。

# 第五十六章

知者不言，言者不知。

塞其兑，闭其门，挫其锐，解其分，和其光，同其尘。

是谓玄同。

故不可得而亲，不可得而疏；

不可得而利，不可得而害；

不可得而贵，不可得而贱。

故为天下贵。

## 语　译

　　真正有智慧的人不喜言说，喜欢言说的人往往不是真正的有智慧。闭塞意识之念，关住五官之门。锉掉锐利的锋刃，解除纷争之欲，缓和自己的光芒，与世俗相和而处。这种境界叫作"玄同"。达到这种境界，别人无由而亲近你，也无法疏远你；

别人无由利用你，也无法伤害你；别人无由尊崇你，也无法作践你。所以这种"玄同"，才是天下最宝贵的境界。

## 解　义

### 一、知者不言

"知者不言，言者不知。"白居易《读老子》诗曰："言者不如知者默，此言吾闻于老君。若道老君是知者，缘何著书五千文？""知者"虽然不言，有时候却不得不言。此老子之所以因关令尹的请求，为了悲天悯人，在他退休隐遁时，还留下了五千言。如果没有这五千言，我们又哪里能知道老子所讲的"道"呢？所以这两句话要活看、活用。"知者"是知"道"的人，即真正有智慧的人，"不言"，不会强调"言"，也不一定要靠说话来表达。"言"字在政治上也代表文告、宣言、政令等，不能多，多了反会失去人心。道，并非言谈可及，自然常道都是无言、希言自然的，所以即便老子都没有说自己是"知者"。"言者不知"，是针砭我们普通人整天讲、讲、讲，讲了多少都是废话。

### 二、塞兑闭门

老子说："塞其兑，闭其门，挫其锐，解其分，和其光，同其尘。"把我们的嘴巴闭起来吧，不要讲那么多话；不要把眼睛张得大大的，老是看别人的错误。挫掉我们的锐，"锐"即是我们的利器，我们的才能，我们的好勇斗狠，我们的自以为有知，那种笔的锋，嘴的利，都要把他挫掉；"解其分"的分同"纷"，王弼注："争原也。""分"也可以解做"分别心"。欲望、追求一个东西，就会有一个纷。就是结、心结。喜欢某种东西就会留有一个结。我们常说"心有千千结"，就是指人心里有千千万万种不同的欲望，纠缠在一起了就打成了结，要把它解掉的方法就是无欲；"和其光"的"光"即聪明才智，人都希望用光去照别人，但老子说：要和缓，不要光芒太露、太耀眼，照得人家睁不开眼睛了，要掩盖我们的光芒。"同其尘"，即不要把自己抽离在尘世之外，认为自己是什么高人，超人一等。我们要跟世俗同居，就在城市里面、闹市里面保持自己。注意，这不是说要同流合污，老子讲的是同流而不合污。虽是世俗相处，不表示自己的高明，但也不随俗浮沉而下流。这与"中庸"是一样的，和而不流，是跟世俗万物相合，相和谐，但不走下流。这是功夫，不是乡愿，这种功夫叫玄同。

"同"是物类的相同，或者观念的相同，大家看今天世俗的相同，政党很多，聚集在一起都以为自己代表正义，批评对方，党同伐异。这就是普通的、世俗的同，"玄同"不是"党同伐异"的"同"，"玄同"是大家聚合在一起的"自然之同"。


### 三、什么是玄同

"自然之同"的玄同是什么样的呢？"不可得而亲，不可得而疏"，"不可得"，是指我们没有办法去亲或者疏，自然没有东西吸引我们跟他亲，同时也不会有东西疏远我们。而我们人的相处却相反，我们有钱，别人跟我们亲，当我们没有钱了，别人就疏远我们；我们有势，使得众人亲近我们，失势了，门前就车马稀了，总是有一个东西会影响我们的亲疏关系。

"不可得而利，不可得而害。"也是说有某样东西，有时对人有利，有时利也会变成害。利害，利害，两个字常常相关，有利就有害。

"不可得而贵，不可得而贱。"同样的，由这个而贵，也因为这个而贱。古代皇帝的妃子因貌美而封为贵妃，又因貌衰而贬为贱人。这三句话合在一起，指出的是事物的相对性，可以说是亲疏相依，利害相生，贵贱相随了。

老子所讲的道之所以贵，是不可得而亲，同样，也不可得而疏；不可得而利；也不可得而害；不可得而贵，也不可得而贱，这是道真正的贵，不是相对的，有改变的，而是永恒的，自然的。

# 第五十七章

以正治国，以奇用兵，以无事取天下。

吾何以知其然哉？以此。

天下多忌讳，而民弥贫；

民多利器，国家滋昏；

人多伎巧，奇物滋起；

法令滋彰，盗贼多有。

故圣人云：

我无为而民自化；

我好静而民自正；

我无事而民自富；

我无欲而民自朴。

## 语　译

以正道治国，以奇术用兵，但以无事才能拥有天下。我怎么知道这个道理呢？是因为以下的事实。治天下如果越多立政法禁忌，人民反而越穷困。如果使人民有越多的知识利器，国家反而越昏乱。如果使人民学得更多的技巧艺能，那么奇异的玩物便会大量产生。法律的条文愈细愈苛，那么盗贼反而人为增加。所以圣人说：我无为而治，则人民便能自化于道；我喜欢安静，则人民便能风俗纯正；我不喜欢制造事端，则人民便会自趋富足；我不现可欲之心，则人民便能自归于素朴的生活。

## 解　义

### 一、无事取天下

"以正治国，以奇用兵，以无事取天下。"这三点中首先是儒家的观念，以正道治国。如修身、齐家、治国、平天下，立礼乐制以治国。"以奇用兵"，如兵家的"以奇术用兵"，这两个都是老子不赞成的，他是要"以无事取天下"。为什么"正"不好呢？因为正复归奇，正奇是相对的，天下本无事。但"天下多忌讳，而民弥贫"。"忌讳"，恰是儒家"以正治国"，礼讲得太多了，忌讳太多，这个不能做，那个不能动，人民就放不开，受很多限制，所以说民反而贫。

## 二、治国在无为

"民多利器，国家滋昏"，"利器"有两个解释，一是武器，好比美国不禁枪，多数人都有枪，国家就乱，危险；二是"利器"也可代表才智，人民多聪明才智，这个国家就麻烦了。

"人多伎巧，奇物滋起"。"伎巧"愈多，今天科学技巧，发明创造了不少东西，奇奇怪怪的东西数不胜数，好比今天社会吃的花样有多少啊！这就是老子讲的正复为奇了。

"法令滋彰，盗贼多有。"法令越多，钻法律漏洞的人越多，高位者钻法律的漏洞、低位者人民生活穷苦，不得已变小偷，变盗匪。正由于这种相反的现象，老子认为：真正的圣人是："我无为，而民自化。"无事取天下、无为者，不是说什么都不做，而是指不要凭个人的想法有意而为，做这个、做那个，要让人民自己能够顺着他们的本性而发展。国君好静，就是无欲，人民会自然走向正道。国君无事，不造作生事，人民自然会做他们该做的事。圣王之道，就是无为好静，无私无欲。老子的政道，就是那么简单。

# 第五十八章

其政闷闷，其民淳淳；

其政察察，其民缺缺。

祸兮福之所倚，福兮祸之所伏。

孰知其极？其无正。

正复为奇，善复为妖。

人之迷，其日固久。

是以圣人方而不割，廉而不刿，直而不肆，光而不耀。

## 语　译

为政者无为无事，闷然不语，人民反而能德行淳厚。为政者善于考察，精于制物，人民反而德行欠缺。灾祸往往是幸福的阶梯，幸福之中也含有灾祸的因子。谁能知道祸福的究竟？祸福实在没有一定的标准。正面的事物，往往会变成反面的结果。本来是善行，最后却变成了邪孽。这是由于人们自古以来都是迷失了真相，只执着于一面的看法。所以圣人不一样，他们虽然方正，却不以此而宰割别人；他们虽然清廉，却不以此去贬抑别人；他们虽然诚直，却不会毫无顾忌地伤及别人；他们虽然有光芒，却并不夸耀自己，使别人目眩。

## 解 义

### 一、其政闷闷

本章承接前章，"闷闷"是描写"无为""好静""无事""无欲"的表现。"闷闷"即沉默无言，人民反而是厚道有德，与"淳淳"相反的是"察察"，一种善于别析的政治治理方法，比如警察、宪兵政治，老是查人民的隐私。政治人物、君主不相信人民，好用自己的聪明才智去控制人民，人民反而"缺缺"，即缺诚信。你越察他们，他们越躲避你。

### 二、祸福相依

"祸兮福之所倚，福兮祸之所伏。""祸""福"是从空间上来定位。天尊地卑，吉凶祸福，正奇，善恶，这都是空间定位。善就是善，恶就是恶，祸就是祸，福就是福，空间本有定位，但时间通过之后，定位就会变化，善会变成恶，恶会变成善，吉会变成凶，凶会变成吉。时间的变迁，更动了互相对立的两面的结果，使它们互相转换，祸里面有福的因子，福里面也有祸的因素，比如：我们人生，这是小孩，这是大人，这是生，这是死，就空间来讲，小孩只是小孩，大人只是大人。加入时间的话，就有转变了，从小孩转成大人，从生转到死，老子的思想，就是讲如何把握时间的转换。

因时间的变化，祸福没有一定，"孰知其极，其无正"，"极"是最高标准，谁知道这个标准是什么呢？标准是会变的，在人生来讲，没有绝对的标准，没有所谓正。"正"虽是标准，但没有永远的正，同样，也没有永远的祸，没有永远的福；没有永远的善、没有永远的恶。

"正复为奇"，由于时间的关系，正变为奇。王弼注："以正治国，则便复以奇用兵也。"我认为注得不好，太突然了，当然我们可以联想到上一章的讲解，《老子》第五十七章说的"以正治国，以奇用兵，以无事取天下"这三句话，这本是三个态度，儒家以正治国，兵家以奇用兵，道家以无事取天下的。过去我们也都是这样理解的，但是现在我有新看法，这三个东西本可以同时用，分别看成儒家的、兵家的、道家的，搞成三个范畴，就好像各家只能局限在那个原则里了，其实要看时间，时间怎么转，"正复为奇"。实际上这一章跟上一章息息相关，"人多伎巧"本来是正面、好嘛，但伎巧太多的话，乱七八糟的奇物就出来了；"天下多忌讳"，本来也是正面的、以正治国嘛，但过犹不及，"反者道之动"，相反的，有太多的忌讳，人民就没有发挥的空间了。所以什么叫"正"，什么叫"奇"，很难讲，只要时间加入，就会起变化，善恶也是一样，"善复为妖"。

我们举一个例子，在古代，从礼法来讲"正"字，正者，贞也，我们念《易经》，"元亨利贞"的贞就是"正"，"贞"也是贞节，古代妇女讲贞节，先生死了，寡妇不能再嫁，还要立贞节牌坊，当时的社会认为那是"正"。今天来看就不对了，先生死了，寡妇有女人的人权，她怎么能不再嫁呢？为什么要一辈子苦守？现在的观念来看就不对了，"正"变为"奇"，是时代变了。再比如，古代人对很多科学的发明都认为是"奇"，现在那些奇就变成正的了。古代人认为：正统的就应该是儒家的经典，把其他乱七八糟都归为方士之流，现在也不一定了。

所以，老子此处就是强调：正、奇、善、恶。第二章里曾说："天下皆知美之为美，斯恶已。皆知善之为善，斯不善已。"善恶没有绝对统一的标准。

"人之迷，其日固久。"一般人总以为：正是永远正，善是永远的善，都是绝对的，都以为自己做的对。一人一义，十人十义，百人百义。老子教导我们对任何事情都不要执着一边、不要执着自己的观点，不要拿自己认为"正"的来判断一切。


三、圣人之治


"是以圣人方而不割。""方"即方正、规矩。没有规矩就不能成方圆，但如果我们执着在自己的"方"，拿这个框框来判断，就会伤害了别人。所以方、正，不能一概而论，就没有伤害、不会割伤别人。

"廉而不刿"，"廉"即廉洁，清廉，本来很好，但"刿"也是伤害别人，我们不要自认为太清高，说天下唯我独清，认为其他的人都是污浊的、都是有问题的，那就会伤害别人。自己恪守清苦很好，但是不能因为别人喜欢钱，需要钱，就认为别人有铜臭味。每个人有每个人的生活，不能拿自己的好恶去评判别人。"墨子兼爱，摩顶放踵，利天下，为之。"（《孟子·尽心上》）这里孟子是评价他只要对天下人有利，即使忙得自己秃了头顶肿了脚趾都在所不辞。《庄子·天下篇》也赞美他是了不起的人才。但是如果拿他做标准来要求天下人，是不可以的。我们不能要求任何人都像他一样。宗教家很伟大，很清苦，牺牲自己，但却不能要求大家都牺牲自己。

　　"直而不肆"，"直"也是正，我们强调直，没有错，直道而行，但不能不允许转弯，"肆"本意是讲话放肆，只要认为我自己有理就什么都讲，"肆"意而为，就会伤害别人。

　　光也是一样，我们自己有光辉、有才智，但不要太明亮到使人家睁不开眼睛，那就是刺眼了。老子提倡的是"光而不耀"，是用来照亮自己的内心，而不是拿去照别人，特别是去照别人的隐私。

　　老子的这种政治名为圣人之治，其实是人人之治，平民之治。

# 第五十九章

治人事天莫若啬。

夫唯啬，是谓早服。

早服谓之重积德；

重积德则无不克；

无不克则莫知其极；

莫知其极，可以有国；

有国之母，可以长久。

是谓深根固柢，长生久视之道。

## 语 译

治理人事，顺奉天时最好的方法莫过于一个节省的"啬"字。唯有能"啬"才能早日降服我们的欲念。能早日降服我们的欲念，就是使我们深深地培养无欲无为之德。能培养无欲无为之德，便能达到无所不为的境地。能达到无所不为的境地，便能使我们进入无所不达的无穷境界。进入这种无所不达的无穷境界，便可以真正为人之君，治理国家。治国之道唯有能把握这个使万物生化不已之母，才能使万物生生不已。这才是真正根深柢固的长生久存之道。

## 解　义

### 一、莫若啬

本章重点字：是"啬"和"母"。

"治人事天莫若啬。"王弼把"啬"当农夫，"啬"有农夫的意思，但他说："农人之治田，务去其殊类，归于齐一也，全其自然。"这个比方是说要除掉特殊的，才能归于道，好像不太顺乎自然。我认为虽然"啬"在现代有吝啬之意，何以把"啬"当做农夫？农夫种田，他要收割、要收藏。收藏也包括了两层意思：第一是收藏物产；第二是收敛自己、保养精神。不过度使用，节省能源。所以此处"啬"并不是我们一般人说"舍不得"的"吝啬"的"啬"，老子后面六十七章讲："吾有三宝，持而保之，一曰慈，二曰俭……""俭"跟"啬"是相通的，都是保养精神，收敛，节省能源。

"夫唯啬，是谓早服。""早"，即事前，"服"，即服于道，不要等到能源都浪费干净之后，才开始想到要省，那时已经没有什么东西可省了。要事先就能够节省能源、节省精神。到了精神干枯耗竭之后，再想亡羊补牢，为时已晚。

"早服"，即事先能够顺乎自然，"早服谓重积德"，为何用"重"字？老子第二十六章也讲到"重为轻根"，"重"代表生根。我认为这里"重"字意思是深积德，不仅是儒家做善事，讲忠孝节义的积德。老子的积德，是知足，知止，少私寡欲。要生生积德，积德是损欲，"损之又损，以至于无为"（第四十八章）。

## 二、重积德是无为

"重积德"之后，"则无不克"。只有无为能够无不克，有为的话，只能是有所克，某方面有为，就只能在这方面可以克，有为是有限的，无为才无限，"无为"才能"无不克"。"克"有两个意思：一方面克己，少私寡欲，所以能够无为；一方面还能够战胜自己，克服困难，去应对困境、解决问题。所以，达到"无不克则莫知其极"。"莫知其极"，就是别人没有方法把握你，不能知道你的究竟。

"莫知其极可以有国"，只有这样我们才能治国，为什么呢？因为"有国之母"，"母"就是道，道无为，把握了无为之道，就可以长久。"是谓深根固柢，长生久视之道"。这话后来也衍生了道教长生不老之说。

全章从一个"啬"字出发，来说明我们要保养精神，要收藏我们的能源，不要浪费，才能够顺乎道，才能损之又损，以至于无为。所以"啬"实际上是"无为"，"无为"也是一种啬。

# 第六十章

治大国若烹小鲜。

以道莅天下，其鬼不神；

非其鬼不神，其神不伤人；

非其神不伤人，圣人亦不伤人。

夫两不相伤，故德交归焉。

## 语 译

治理大国的方法，就像烹调小鱼鲜一样，要能清静无为。以这清静无为之道处天下，便会使代表恶势力的"鬼"也没有魔力神通。并不是"鬼"真的没有魔力神通，而是它的魔力神通不能伤人。并不是它的魔力神通不能伤人，而是由于圣人的不伤人。圣人和"鬼"互不相伤，他们都一起回归于无欲无为的"德"。

# 解　义

## 一、治大国若烹小鲜

这是一句名言："治大国若烹小鲜。"烹小鲜，用的是"烹"字，而不是炒小鲜，炒的话就又多了、过了。"烹"就是用火微微炖，文火在炖。"小鲜"即小鱼，小银鱼。它们很小，小得无法刮鳞，那么小，也不能破肚了，不能动刀动斧，就只有洗干净放在那里，还要用慢火来炖。"治大国若烹小鲜"，这一句王弼没有注出来，他大概是太年轻了，没有到过厨房，没有烹过小鲜。我认为"烹小鲜"，第一要谨慎，不要以为我们的国家很大，骄傲于国富民强，可以大肆改革，相反地，处理任何问题时还是要小心，要谨慎。第二要温和，一定要用文火，不能用烈火。烈火一烧，小鱼就烧焦了，所以要温和。治大国的方法强调政策要温和，不能激烈。第三要无为、无事取天下，治天下，这才是治大国。老子整个思想都用到了这三个字："慎""温""无"，我再加一个"徐"字。"徐"当然也包括温，逐渐地，慢慢地，解决问题要慢慢来。老子虽然只用这一句话，里面却包含了他治国的方法。

## 二、其鬼不神

"以道莅天下，其鬼不神"，治大国就是莅临天下，大国里人心复杂，有好人、坏人，还有鬼呢！《老子》全书是不谈宗教的鬼神之说的，这里"鬼"不是鬼魂的鬼，而是比喻，用来代表坏势力，如同《圣经》里面讲的魔鬼。"不神"即产生不出力量，"神"在这里代表一种鬼的神通。但以道处临天下时，不是说这个坏势力本身没有力量，比如黑道枪支多得很，他们有力量，但是他们的力量无法施行，也就伤不了人，产生不了作用，主要是因为圣人不伤人。治理国家面对坏势力时，圣人不表现出他反对的态度，不硬碰硬地说要除掉坏势力，而是不把鬼看作鬼，鬼也不自以为鬼，那么那些鬼的神通，也就神不起来了。

比如说我们新到一个机构，被聘做总经理，普通人新官上任三把火，结果一烧先把自己给烧死了。所以建议大家且不要放三把火，一开始要很温和，所有的位置都不要动，让大家都不要担心被裁员。创造一个有沟通的桥梁，旧有的坏势力就不会纠结在一起了。并不是说世间没有坏人和坏势力，而是要想办法让坏势力产生不了作用。以一种柔和的政策、不伤人的方式处理问题，使对方无法把你当敌人一样看。不然的话，一开始就形成敌对了。

圣人要主动不伤人，最后两不相伤，"非其鬼不神，其神不伤人；非其神不伤人，圣人亦不伤人。"圣人不伤人，于是恶势力的力量被转化，也不伤人，最终双方都不互相伤害。怎么会这样呢？"德交归焉"，是因为在"德"上互相沟通，互相交流呀！

虽然我们不是君主，谈不上治大国，但我们处理公司、家庭的问题，态度和方法都是一样的。

扫一扫
进入课程

# 第六十一章

大国者下流，天下之牝，天下之交也。

牝常以静胜牡，以静为下。

故大邦以下小邦，则取小邦；

小邦以下大邦，则取大邦。

故或下以取，或下而取。

大国不过欲兼畜人，小国不过欲入事人。

夫两者各得所欲，大者宜为下。

## 语　译

　　大国应该像水往下流一样，处于最低下的地方，因为那是万川之所交汇，也是万国之所归趋的地方。它也就是天下之"牝"。牝是雌的，她却能以虚静的特性胜过刚强的雄。这个虚静就是所谓最低下的地方。在诸侯国之间，大国能自居小国之下，便能赢得小国的附庸；小国能自处于大国之下，便可获得大国的庇护。所以前者是居下以取，后者是处下而取。大国最大的目的不过是多庇护一些小国；而小国最大的目的，也无非是事奉大国，得到庇护。两者都因处下而得到所希望的，但大国高高在上更应自处低下。

## 解　义

### 大国者下流

本章简明扼要地讲国际关系的原则：要处下。

"大国者下流"，大国要处下、往下流，要把姿态放低。大国为什么要处"下流"，低姿态呢？水都是往下流的，"天下所交"，是天下水所交汇的地方，都是最低的地方，高处无法交，最低的地方才能交汇，这是重点、中心思想。

"天下之牝"，"牝"就是雌，雌常处低以静。"牝常以静胜牡"，为什么雌能胜雄，因雌能把握一个"静"字，"静"即是"下"。此处有两层观念：一个大国要处低位就要"静"，把握"静"、不要躁动，能静就能下，能下才能静；另外，"静"实际上就是"无为""无事"。今天的国际关系问题也是一样的，一个大国能够在言语、心理上站在小国之下，小国就愿意亲近他，因为大国能谦虚；小国本来就小，更不能夜郎自大，它更要"下大国"，得到大国的庇护，这是很现实的问题。

"或下以取"，这是指大国，大国处下才能取得小国的信赖；

"或下而取"，小国要自居于下取得大国的庇护。无论是大国跟小国，关系中都要把握一个"下"字。

"大国不过欲兼畜人"，说大国目的是要能够畜养，能够使得小国前来归附。

"小国不过欲入事人"，小国，譬如中国古代的一些周边小国，要到天朝进贡，使得大国能够庇护他们。

这两个目的达成后，则"两者各得其所欲"，此处很重要。小国本来小，毋庸多谈，主要是谈大国。大国本来就高就大，更应该要处下；小国已经下了，如果还夜郎自大，那不是自找麻烦、咎由自取嘛！这是两三千年前的箴言，今天的问题如出一辙，好比大国，以为自己是霸主而不能处下，就会造成世界的动乱。各小国如果不知自己的弱小，也想制造核武器来威胁大国，结果是自取灭亡。老子在两千多年前就看到了这一点。

# 第六十二章

道者，万物之奥。

善人之宝，不善人之所保。

美言可以市，尊行可以加人。

人之不善，何弃之有？

故立天子，置三公，虽有拱璧以先驷马，不如坐进此道。

古之所以贵此道者何？

不曰以求得，有罪以免邪？

故为天下贵。

## 语　译

道的深妙是万物所托庇的。善人知道如何宝贝这个道，不善之人也能因道而保全他们性命之真。世上，美丽的言辞可以买到别人的重视，尊崇的行为可以赢得别人的敬仰。道的重要远超过美言尊行，不善的人，又怎么可以弃它而不顾呢？所以说：如果贵为天子，有统率三公的权位，有双手合抱的璧玉那么多的财富，以及以驷马为车的尊荣，但还不如安然静坐，修德以求"道"。自古以来的人为什么特别看重这个"道"呢？那不是因为善人求道而万事亨通；不善的人，虽有过错，却也因立心修德进道，而解除了他们因罪行所得的病苦。所以说道是天下最可贵的。

## 解　义

### 一、道为万物之奥

"道者，万物之奥"，"奥"在房子方位来讲，是指房子的西南角，这是个比较暗的地方。我们中国人的风水观点中，客厅比较亮没有关系，卧房要比较暗，是隐私，是秘密，所以要暗，也代表保护。一亮的话，容易被人看见，再譬如："鱼不可以脱于渊"，"渊"也是一种"奥"，都是暗的地方。道是万物之奥，即道是万物的保护主、庇荫所。

### 二、道为不善人之所保

道对善人与不善之人都同样有作用。对善人来讲是"善人之宝"，善人知道"道"重要，把"道"当做宝，使他们可以靠道可以发展。对于"不善人"呢，"道"也不是没有用，而是"不善人之所保"。不善人即便是做了坏事情、错误的事，他们如知回到"道"，"道"还是可以保护他们。所以道对所有的人都有两个方面的作用，一是宝贝，一是保护。

老子的观念，道对于善人和不善人是一视同仁的。一般人看不见"道"，忽视了"道"，但对有的东西却看得清楚，譬如"美言可以市"，讲话讲得很漂亮的人，市是市场的市，美言可以市，即可以拿到市场去叫卖，卖什么？卖自己。话讲得漂亮，就是能把自己推销出去。"尊行可以加人"，行为上有好的地方，就可以超过别人。"美言""尊行"属于我们一般人都知道的好处，是大家看得见的，但是"道"的好处呢，看不见。"美言""尊行"都值得我们运用、值得我们重视，但"道"比美言、尊行更重要，"人之不善，何弃之有？"天下人没有人是绝对不犯错误的，每个人都会有一些大大小小的错误。假定我们犯了一些错误，做了一些不好的事情，我们更不应该抛弃"道"，更需要"道"。不善的人赶快回到"道"，"道"还可以保护我们，保全我们。善人当然会把"道"当作宝贝，不善的人更是绝对不能弃了"道"，弃了"道"就完蛋，就只有走向死亡了。

我们一般人都只看到外在的好，比如想贵为天子，天子可拥有三宫六院，所以一般人喜欢权贵；另外一些人喜欢金钱，想要两只手抱还抱不过来，还要加四马来拉的那么多的珠宝。一个贵，一个富，人人看得见。富贵如浮云，是孔子的话，富贵总是会飘掉的，还不如坐在这里，跟"道"一起走。"道"就在我这里，"道"是宝，是不善人之保，比富贵，比拱璧，比天子之尊还好，还安全。

　　"古之所以贵此道者何？"为什么自古以来，大家都贵此"道"呢？"不曰以求得"，这是对善人讲。善人要求"道"的话，是有求必应，"道"就像上帝一样，对好人，它有求必应。对不善之人呢，"有罪以免"，虽然有罪，如果回到"道"的话，道还是帮我们避免危险，可以保住生命的。

　　禅学有一句话："放下屠刀，立地成佛。"这不也正是老子的说法吗？

# 第六十三章

为无为，事无事，味无味。

大小多少，报怨以德。

图难于其易，为大于其细。

天下难事必作于易，天下大事必作于细。

是以圣人终不为大，故能成其大。

夫轻诺必寡信，多易必多难。

是以圣人犹难之，故终无难矣。

## 语 译

有为于无为之境，处事于无事之处，品味于无味之中。以小治大，以少应多，以德来化除怨尤。解决困难之事于其容易的地方，有所大作为始于其细微的处所。天下最难的事往往由容易的事发展而来，天下最伟大的事往往造端于最细微的地方。所以圣人不好高骛大，反而能成就大事。轻易的承诺往往到后来变成了失信。把任何事情看得太容易往往结果造成了更多的困难。所以圣人以对付难事的态度谨慎处理容易和细微之事，最后便毫无困难，于是看起来他是无所为、无所事。

## 解　义

### 一、为无为

"无为"来了。无为无事，知难谨慎。

"为无为，事无事，味无味。"第一个字起于"为"，老子虽强调"无为"，但《老子》却是一本有为之书。老子在教我们怎么为。

老子讲"圣人"，一共讲了二十六次，都是圣人如何为。

"为无为"的意思，第一，要在"无为"之处"为"，为于无为，而并不是在有为的地方为，因"为于无为"，而能"无为而为"。第二，老子强调要做事，圣人要做事，并不是什么都不做。"无为"翻译成英文，很多学者都翻不出那个意思来。无为是要在无事的心境下做事，感觉不出来你在做什么事，因为天下本无事，庸人自扰之。"味无味"，你尝那个味道，要在无味的地方尝。我们今天吃菜都要吃辣的、咸的。都是酱油味、辣椒味，味精味，都不是菜本身的味。吃白菜，要吃白菜本身的味，而不是加各种的调料进去后的味道，需要有功夫才能在无味的地方品出它的味道来。

禅宗也很厉害，有一个禅师说，"不风流处自风流"，不风流的地方才是真风流。很多人说"风流"就是浪漫，炫耀自己有多少的女朋友，那不是真正的浪漫，是乱来。在很平淡的地方才体验出它的不平淡来，这才是功夫。淡的地方很多，比如君子之交淡如水。我现在吃菜也吃得比较淡，年纪大了，不敢吃太咸了，现在吃淡习惯了，有点咸，就感觉过分，受不了。

老子的思想从整体上看，实际上还是重"平淡"，少私寡欲就是平淡，见素抱朴也是平淡嘛。这影响了禅宗的"平常心是道"，"平常心"就是平淡。"为无为，事无事"，从抽象到加上一个"味无味"，就有味道出来了。


## 二、大小多少

"大小多少"，很多学者对此难以注解。什么叫"大小多少"？如果我们把前文联系起来，第六十章"治大国若烹小鲜"，不就是"大小"的一种吗？处大若小，以小应付大。当我们遇到一个问题，如果把它想得很大，那我们就会搞到焦头烂额，忙这个，忙那个，忙不过来，也搞不定。相反地，如果能"用小"，注意！"小"的地方就是问题的关键。我们在"小"的地方观念一打开，整个问题就解决了，因为任何困难的问题，总有一个开始，总有一个要点。"多少"也是一样，"多"是万，万就是"多"，最少的是"一"，以一应万，以不变应万变，就是无为，就是无事。所以，把握了"大小多少"四个字，就等于把握了老子的方法论。

### 三、报怨以德

"报怨以德"，普通情况下，往往由一点儿怨就变成大怨，一点儿怨就变成大恨，实际上开始还没有多少真正值得怨恨的事，但是怨积下去，越积越大，那么怎么处理"大怨"呢？"报怨以德"，老子是以德的方法来化掉怨。这跟宗教的方法是一样的，譬如基督教叫信徒"有人打你的左脸，你把右脸也给他打"。"报怨以德"后来就变成成语，指人家做了对不起我，甚至伤害我的事，我以德的方法来还他，我们今天一般也都是这样讲的。但当年，《论语·宪问》记载，孔子在回答学生的这个问题时，有另外的看法，学生问："以德报怨，何如？"子曰："何以报德？以直报怨，以德报德。"说的是人家对你不好，你以德相报了，那人家对你好的，你怎么办呢？这不公平嘛。譬如，那个人对你那么坏，你对他还是一样地好，那现在我对你那么好，你还是和对他一样，我不是吃亏了嘛。孔子很厉害，说"以直报怨"。什么叫"直"？就是看着办，看情形而定，可以"以德报怨"，也可以不"以怨报怨"。我这里不说"以怨报怨"，而说"不以德隶怨"，为什么呢？孔子说："惟仁者能恶人，能爱人。"仁者是能够爱人的，但是也能恶人，也能讨厌那个人，并不是所有的人都爱。该值得恶的人要恶他，不然是非不分，儒家讲的是非分明。但"以怨报怨"，便太明显地把自己放在怨恨中，不如以"不德"两字较圆融，符合孔子"直"字的弹性。老子是从宗教的立场来看"以德报怨"的，孔夫子是另外一种方法：以正直的态度对待。就处理问题的方法来讲，我认为孔子的"以直报怨"比较好。看着办，我们得切合实际境况。老子是从"德"来讲，"德"就是用无为无事的方法来处理，并不是简单说他恨我，我需要爱他。"德"是以"无事""无为"的方法来解决怨恨，来处理、转化怨恨。

## 四、图难于易

"图难于其易"，我们要从容易的地方去解决难的问题，不要在难的地方去硬碰硬撞。就像《庄子》里的庖丁解牛一样，牛那么大，骨头那么硬，刀子要从空隙里头进去，不要总是碰到骨头，否则刀子就断掉了。

"为大于其细"，"为大"就是"治大国若烹小鲜"，"细"是指谨慎，天下所有难的事情都不是一朝一夕之间就变得困难的，它一定是从容易的事情发展成困难的事情的，天下大的事情也不是说一开始就是大事情，一定是从小的地方开始，慢慢变成大事情的。

"圣人终不为大，而故能成其大。"不要只想大，而忘了小、忘了细。能从细、小处着手，就能够成就大事，解决大问题。

"轻诺必寡信"，随便答应别人的事，一定做不到。随便答应别人，就是表示满不在乎的态度，变得很骄傲，轻易许诺说我可以解决什么什么问题，最后一定做不到。

"多易必多难"，如果我们把轻易的事情都看得容易解决，事情就都变成难的了。

老子讲"圣人犹难之",一般观念,认为圣人无为,应该处事很容易吧?实际上圣人谨慎小心,并不把任何问题看成轻而易举的问题,而是"难"之,即重视它,圣人对小问题都很重视,不轻易地忽略它,所以才最终没有难事。

# 第六十四章

其安易持，其未兆易谋。

其脆易泮，其微易散。

为之于未有，治之于未乱。

合抱之木，生于毫末；

九层之台，起于累土；

千里之行，始于足下。

为者败之，执者失之。

是以圣人无为，故无败；无执，故无失。

民之从事，常于几成而败之。

慎终如始，则无败事。

是以圣人欲不欲，不贵难得之货；

学不学，复众人之所过。

以辅万物之自然，而不敢为。

## 语　译

事物在安定的时候容易把握，问题在没有发生端兆的时候容易安排。事物在脆弱的时候容易消融，问题在微细的时候容易解决。要在问题没有形成之前去对付，要在事情没有变成动乱之前去应对。因为两人合抱的大树是发芽于毫末的细小处。九层高的楼台是建基于一筐筐的泥土。千里之远的行旅也是始于足下的第一步。因此胡乱施为便会败事，固执成见便会失误，所以圣人不胡乱施为，便不会败事，不固执成见，便不会失误。一般人做事，往往在快要完成时，不幸功败垂成。因此我们如能谨慎对待事情的结果，就像我们在一开始时便谨慎小心一样，这样便不会失败。所以圣人之所希求的乃是超乎欲望的智慧境界，他们重智慧而不重视那些难得稀有的物品。圣人所要学的乃是不靠学习知识所能达到的至德境界，只有至德才能救人改过而向道。唯有这样，才能顺应万物的自性发展，而不敢凭己意胡乱施为。

## 解　义

### 一、无为的最佳解释

本章还是以谈"无为"为主，从此处我们可以看出《老子》一书的确有其系统性，这几章放在一起，都是讲无为的，第三十、三十一章，是讲反对战争的，所以并不是杂乱无章的。

"其安易持，其未兆易谋"，事物在安定的时候容易把握，因此想要解决将来的问题，必须先在安定的时候找出它将来发展的头绪来。"祸兮福之所倚，福兮祸之所伏"，如果事情已发展到乱的阶段，再去把握就难了。"兆"即兆头，"未兆"，即兆头尚未显现出来之时，比较容易"谋"划，容易处理，把它解决掉；到事情现出败坏的兆头来再处理，已经迟了。譬如，婚姻中，当太太跟你啰嗦什么，做先生的马上要知道有什么东西忘了，如果他不注意这一点，跟她辩、辩、辩，什么事情都扯出来，结果就不堪设想了。"其脆易泮"，就如同这两天很冷，车上打霜，霜还是脆，很容易弄掉的，等到结了冰，就很难除掉了。"其微易散"，刚开始很微小的时候，譬如自觉有一点点着凉，可以多喝热水，小感冒就处理掉了；如果不处理，拖成了肺炎，再处理就难了。

可见，老子思想都是从现象、经验来归结的。


## 二、为之于未有，治之于未乱

"为之于未有，治之于未乱"是对"无为"两个字的最好注解。"未有"就是没有形成，在没有形成的时候"为"，解决了问题，为是为了，但解决得很容易，却形同无为。"治之于未乱"，就是"无事"，在还没有乱的时候就处理，当然是形同无事了。

下面就是举例："合抱之木，生于毫末"，两个人才能合抱的大树，多粗大啊，可是最初也是一个小芽，很小。"九层之台，起于累土"，九层的高楼，总要有第一铲土，开始累积，一铲土又是多么微不足道啊！"千里之行，始于足下"，我们要远行千里，可是第一步却是由我们足下轻易跨出的。

"为者败之，执者失之。""为者"，当事情已经形成了再拼命去作为，一定是失败的；当困难已经产生了，还要"执"之不放，一定会失去先机，所以要在开始的时候解决问题。

"是以圣人无为，故无败；无执，故无失。民之从事，常于几成而败之。"注意"几成"这两个字。"几"就是几乎，事情在几乎快要完成的时候，或者是人们自以为没问题了，就骄傲、忽略了，往往是快要成功的时候才失败。初始阶段通常谈不上败，刚开始时，人们多半都是很小心、谨慎的，通常到最后，都是只差一步却失败了，慎终如始，大家都知道要慎始，但是多忽略了慎终。对于最后一步，一定要谨慎，从头到尾的谨慎才是真正的谨慎，不能虎头蛇尾。所以老子说："慎终如始，则无败事。"

"是以圣人欲不欲，不贵难得之货。"圣人也有欲望，此处"欲"用作动词，有希望，但圣人是"不欲""无欲"，"不欲""无欲"也是一种欲，是圣人之欲。我们普通人是有形之欲，有形之欲即指酒色财气。圣人是在"不欲"之处去"欲"。为什么呢？"不贵难得之货"，第三章就讲过：如果贵难得之货的话，就乱了民心。空气、水等不难得之货人人可得，大家不会争。但如果我们要钻石，就太贵重了，大家都要争。圣人所贵重的是"恬淡""不欲"，圣人强调恬淡的生活，而恬淡的生活人人都可以有，立刻可以得到，所以大家都不会争，那些酒色财气，才让大家都拼死拼活争。

"学不学，复众人之所过。"圣人强调学，但圣人的学是在不学的基础上去学。什么叫"不学"？什么叫"学"？一般人所学的是知识，"知出乎争"（《庄子·人间世》），即学知识都是为了争，我要比别人好，所以我要学这个那个。圣人所学的并不是争斗之学，这里"不学"的意思就是第十九章讲的"绝学无忧"。佛教也讲"无学"，阿罗汉就是无学境界。中国哲学，还是一直在强调"学"，不能离开"学"，但"学"的最高境界是超脱于"学"，"不学"是超脱于"知识之学"的"德性之学"，不学是第五十九章所说的："重积德"，是"治人事天莫若啬"。圣人所"学"的是"德"，所以才能够"复众人之所过"。"众人之所过"指一般人的错误，"复"，就是改正一般人的错误。圣人要学的是改变一般人的错误的德性之学，这才是圣人之学。圣人治天下，看到我们今天一般人为了金钱拼搏，沿这条路子走下去，国家就危险，社会就会混乱。圣人设法来改正一般人的这种路子。圣人要学的不是"民之所欲常在我心"，而是要无欲，使得民众尽量减少他们的欲望。减少欲望，社会照样可以发展，照样富有竞争力，并不会停滞，回到古代。日益增加的欲望反而造成了社会的互相斗争，减低了整个社会发展的可能。我们要在"不欲""不学"里面去体验，注重"无为""无事"。

如此，"以辅万物之自然，而不敢为"。"辅助"即是顺，能顺万物之自然、辅助万物的生化，不敢乱为，不敢用自己的意识、自己的看法去胡乱作为了。

# 第六十五章

古之善为道者，非以明民，将以愚之。

民之难治，以其智多。

故以智治国，国之贼；

不以智治国，国之福。

知此两者，亦稽式。

常知稽式，是谓玄德。

玄德深矣，远矣，与物反矣，然后乃至大顺。

## 语 译

古代善于用道的人，他们不强调小聪小明，不使人民竞求智巧。相反的，却使人民掩其聪明，谦退如愚。人民之所以不容易治理，乃是因为他们那种勾心斗角的智巧太多。所以国君如果强调以"智"治国，使人民竞求智巧，而自己又专任智巧，这样便会给国家带来祸害。相反的，不以这种智巧来治国，便会给国家带来幸福。知道这一祸一福的现象，便能深刻体会舍智重愚的原理。能够永恒地了解这个原理，便会达到"玄德"的境界。"玄德"是深不可识的，却又是无远弗届的。"玄德"，是超离一般物欲之知，而能与万物真性共返于大道的自然之境。

## 解　义

### 不以智治国

"古之善为道者，非以明民，将以愚之。"这两句话若是断章取义的话，就容易引起误解，说老子是在讲愚民政策。我们要继续看他接下来所说的："民之难治，以其智多，故以智治国，国之贼，不以智治国，国之福。"

"以智治国"有两种解释：

第一，君主以他的才智来治国，会危害国家，因君主个人才智有限，很有可能会变成一种他自己的观念。鲁桓公庙里有敧器，《荀子·宥坐》里披露，那是君主放在座位右边用来警诫自己的一种器具，空着的时候就倾斜，装入一半水就复正，注满则翻覆，这就是提醒君主，不要满，不要执着；再比如我们前面在第四十九章讲王弼注的时候也提到：君主帽子上有冕旒和黈纩，提醒君主不要用的眼睛来看，也不用耳朵来听；"为政察察，人民缺缺"（第五十八章），也是以知治国；老子提倡

"绝圣弃知"（第十九章），君主不要强调自己有智慧、有才智。历史上最显然的例子就是秦始皇，他是自信且自夸能以智治国的帝王。

第二，治民，治国家，不要只强调知识之智，如果治理国家只强调知识治国的话，会有毛病。人家都强调知，互相以知来竞争，则"民之难治，以其智多"。一边是：君主整天在那里想花样，想议题，把人民搞得一塌糊涂，这就是没有依据人民的需要来治国。另一边是：人民乱七八糟的知识越多，如今天很多人从电视里面、网络上，从各种管道得到似是而非的知识，这种不是智慧的知识越多，国家越难治理。

讲到这里，我们再回看第一句，"古之善为道者，非以明民，将以愚之"，老子把结论写在开始，指出真正有道者治国，不再强调知识，相反"将以愚之"。王弼很小心地注出了什么叫"愚之"。他不正面说愚民，而是加上"无知守贞"，用"守贞"两个字，"守贞"即回复到人民的本心。真正用愚民政策的，就像秦始皇一样，他自己很聪明，然后让人民愚笨，好控制，这属于愚民政策。老子绝对不会愚民，如果想愚民的话，他就不会写下此言了，老子留下五千言的目的就是想带给人民智慧的。

"不以智治国，国之福。"一个君主如果不用他的才智来治国，而能做到"圣人无常心，以百姓心为心"，这才是国家之福。两种情况：一是国之贼，一是国之福。"知此两者，亦稽式"，什么叫"稽式"？"式"即标准、模范；"稽"稽查、考察，君主要考察这个标准、模式。考察从古到今也是"稽"，即所谓稽古，研究古代的政治运用到了今天。去了解、去考察这个标准，"常知稽式，是谓玄德。"什么是"玄德"？就是不表现自己的德行，不表现自己的才智。"玄"是深、暗、看不见。"玄德深矣，远矣，与物反矣"，跟万物一起"反"，不脱离万物，顺着万物。"反"者，返其真，返其道。"然后乃至大顺"，然后才能够真正地顺其道，顺其自然，才能使得人民合乎自然，即所谓的天下太平。

真正平天下的圣人，不强调才智，老子批评的"智"是负面的智，是指才智，不是智慧。

# 第六十六章

江海所以能为百谷王者，以其善下之，故能为百谷王。

是以欲上民，必以言下之；

欲先民，必以身后之。

是以圣人处上，而民不重；

处前，而民不害。

是以天下乐推而不厌。

以其不争，故天下莫能与之争。

## 语　译

江海之所以能为百谷之上，为万川所归趋，就是因为它善于自处于最低下的地方。因此要能在人民之上为君主，必须在言语上谦下于民。要能在人民的前面为先导，必须把自己放在人民之后。这样一来，圣人虽然实际上在人民的上面，但人民感觉不到来自他的压力和负担；虽然在人民的前面，但人民却不会感觉到他挡住了前路。因此天下万物都乐于推崇他，而不会厌弃他。这就是由于他不和人民争，天下万物也不会和他争了。

## 解　义

### 一、江海处下

这一章王弼没有注，因为很清楚，就不需要注解了。

"江海所以能为百谷王者，以其善下之"，"百谷"代表所有山谷水系，因为水都要流到江海，所以我们是把江海当做"王"一样朝奉它。在中国，所有的小河流都流到长江、黄河这样的大江，然后大江又流向大海，大海处在最低的地方，天下的水都会流向它。这是讲"低"、讲"下"。我认为：除了江海处在最低的地方之外，还有一个作用，那就是"大"，海不大则不能容，又低又大，所有的水才会流下来。"大"也包括"深"，能容乃大，能容纳所有的，"故能为百谷王"。

### 二、圣人后其身

"是以欲上民，必以言下之"，圣人乃至君主，要站在人民的上面，这是事实，但言语上会下之，表示我是人民的公仆。

"欲先民，必以身后之"，君主领导人民的时候，不要站在前面，反而站在后面，把路开好，让人民走。人民自己走得很开心，都感觉并不是君王在牵着他们的鼻子走；谁要牵着人民的鼻子走，人民就反抗谁，这是人性。因为君王言行谦虚，虽然身居高位，但人民不感觉到他是负担。"是以圣人处上，而民不重"；如果一位君主老是强调自己是一国之君，就给人民造成负担。虽然君主在前，但不是身体在前面，是思想走在人民的前面，而人民不需要害怕，"处前，而民不害"，因为君王不是自己站在前面挡道，"是以天下乐推而不厌"，人民就不会讨厌他了。

"以其不争，故天下莫能与之争。"由于君王从不跟人民争，不敢为天下先，所以人民也没有理由跟他争。实际上这两句话，在《书经》里面就有，可见老子的思想并不是老子一个人创造的，我们从《书经》里面可以找出好些地方的思想都是跟老子思想相通的，譬如"有容，德乃大"等。

从这个地方，我们可以看出来老子讲的"圣人"就是"圣王"，是根据尧、舜、禹、汤、文、武这一套思想而发展的。君主要争利，人民就跟他争利；君主无所争，百姓就无法争，君主只有一个人，人民那么多，他的才智和才能如何比得上所有的人？总会有人比他好，三个臭皮匠，还能顶一个诸葛亮呢，何况有那么多人！要是他"不争"，"不争"的反面就是讲"德"，即不争之德。就德来讲，会争什么呢？我们强调服务人群，别人一定要跟我争，好，让他们也去服务大家吧，岂不刚好大家都回归于德了吗？所以不争之德，不仅是一个人的不争之德，也是大家的不争之德。

# 第六十七章

天下皆谓我道大，似不肖。

夫唯大，故似不肖。

若肖，久矣其细也夫。

我有三宝，持而保之。

一曰慈，二曰俭，三曰不敢为天下先。

慈，故能勇；

俭，故能广；

不敢为天下先，故能成器长。

今舍慈且勇，舍俭且广，舍后且先，死矣！

夫慈，以战则胜，以守则固。

天将救之，以慈卫之。

## 语 译

天下之人都说我所求的道太大，好像什么都不像似的。其实正因为它的大，才什么都不像。如果它像什么，它就是小东西了。我的道有三个法宝，我善守而不失。第一个是慈心，第二个是俭德，第三个是不敢为天下人的先导。因为有慈心才能有大勇；有俭德才能运用得广大；不敢为天下人的先导，才能成就万物而被它们视为尊长。现在如果我们舍弃了慈心，而只讲勇斗；舍弃了俭德，而想运用得广；舍弃了谦退于后，而要争先，这是走上了死路。三宝之中慈心最重要，在战斗中有慈心，便能赢得最后的胜利。在保国安家中有慈心，便能使家国安固不摇。天道如要救人，必定给予他慈爱之心，使他能自救。

## 解 义

### 一、道似不肖

"天下皆谓我道大，似不肖"，大家都说"道"太大了、太高了，好像不似任何东西。老子说："夫唯大，故似不肖。"正因为大，所以不肖，"若肖，久矣其细也夫"。如果像某个东西，早就变成"小"了。像什么东西一定要有一个形，有形都是小的。有了形相，便滞于一形一相，最高的山还是有形的，就都不足以与"道"之大相提并论。孔子评价子贡的时候说："汝器也。"子贡懂得处理国家的事情，但他还是局限在政治上，有器，就有局限。"大道无形"，道照顾所有万物，所以不偏于一面，不像一物。


　　二、我有三宝

　　"我有三宝，持而保之"。一般人往往忽略这"三宝"。第
一，是"慈"，一般人都认为要争、要斗，以为太过慈悲没有用。
第二，是"俭"，节省，一般人认为我有钱，我该享用，我用
得多，才证明我有钱。第三，"不敢为天下先"，一般人都抢着
要做天下的先导，都要讲"抢先去做"。我们看看老子这三宝：
慈、俭、不敢为天下先。

　　先说"慈"，孔子论慈，就是仁。我们常说仁慈，"慈"是
代表在上的人对在下的人的一种关爱，父母对儿女的慈爱。老
子讲，儒家讲，"慈"都是指父母的慈爱，不是讲慈悲，慈悲
是佛教进入中土以后才讲的。为什么讲"慈"？"慈"故能
勇，一般人认为的勇是指很有英勇之气，但老子用慈来做勇的
基础。有慈的勇才是真正的勇，才是大勇，争强斗狠的勇只是
表面上的小勇。我们讲佛教，赞释迦牟尼，说佛陀是大慈大勇。
大"勇"是能牺牲自己，基督耶稣能够牺牲自己，也是大勇，
而且他的勇是为了爱，为了慈。

　　"俭"，节省，"治人事天莫若啬"（**第五十九章**），"啬"就
是"俭"，"俭"就是节省能源，节省精神。"俭故能广"，能够
节省能源，能源才能派上大用；能节省精神，精神才能发挥真
正的作用。不知道节省精神的人，这也管，那也管，什么事情
都想，到真正该想的时候他们精神用尽，反而不能想了。很多

天才，都是把精神放在一念专注中，好比爱迪生等科学家，都是很懂得节省精神的。

"不敢为天下先"，就是不要做第一。"不敢为天下先，故能成器长"，王弼认为"器"是万物，"器长"，就是万物生长。但我把它拆开来解，"不敢为天下先"，首先能"成器"，"成器"就是成就万物；想要成就万物，首先不要把自己当作万物的主宰，要顺万物的变化，让万物自变、自化。"长"即是做人民的领袖。

"今舍慈且勇"，今天的人只讲勇没有慈悲。我们知道很多学生是反对总统的，很多学生都是反战的。有些总统很勇，但是缺少慈；没有慈，勇就很危险，一下子走错了。真正能够慈的勇，为了救天下的苍生，即使有时候需要一点不能避免的战争，也要有慈心，懂得及时息战。"舍俭且广"，今人不能节省能源，都要想用得多，用得舒服，结果导致大量的浪费，反而没有能源可用了。"舍后且先，死矣！"如果不能谦虚，不能让自己留在后面，拼命要在前面做世界的领导，只能是死路一条啊。

"夫慈，以战则胜"，即使不得已而战，如果能够有慈悲心去战的话，最后会得胜。假定别人侵略我们，你用慈来守国就会守得牢固。《老子》全书戒强梁，主张的是以柔弱胜刚强。仁者无敌，不以武力制人，而是道德化人，息战。用"慈"去化解暴戾之气而止战，这是"慈"的力量，战争总是会让生灵涂炭，而运用"慈"去对待战争，保卫国家，使人民安居乐业，安定人心，感化敌对势力。

"天将救之，以慈卫之。"老天要救一个人，并不是表面上说天对人慈悲，直接救这个人，天要救人，是把慈悲教给人；天要救一个国家，是把慈悲交给君主。相反地，天如果要毁灭一个人，就先让他疯狂，先让他残忍。实际上天究竟有没有作用呢？天从来也没有有意要毁哪个人，也不会有意要毁灭哪个国家。实际上只是那个人、那个国家自己因疯狂而毁灭了自己罢了。

# 第六十八章

善为士者不武，善战者不怒，善胜敌者不与，善用人者
为之下。

是谓不争之德，是谓用人之力，是谓配天古之极。

## 语　译

一个善于修道的人，绝不表现出好武的样子；一个善于处
理战事的人，绝不轻易地冲动发怒；一个善于克敌制胜的人，
绝不动辄和对方比较争竞；一个善于运用人才的人，往往谦卑
自牧。这就叫作不和别人争斗的德行，也叫作能运用别人的
力量。这就是顺天道的自然，也是古代善于修道的人的最高
境界。

## 解　义

### 一、善为士者

"善为士者，不武。""士"，武士，"士"也指学者，儒家之士，但中国古代的武士也是"士"。"善为士者，不武"，第一流的武士不在外面表现他们身强力壮，不耀武扬威，这很容易理解，我们看中国的武侠小说，真正有武功功夫的都是沉静的老头子，而喜欢勇武好斗的人都是七八流的角色。

"善战者，不怒。"善于作战的人不发怒，容易发怒的人怎么能做将帅呢？小说中，周瑜被孔明三气给气死了，因为一怒就冲动，动辄就冲动怎么能指挥打仗呢？

"善胜敌者，不与。"真正能够善战的人，他不跟别人相比，"与"即相同、相较，争较武器精良，你有多少火箭，我有多少导弹，靠这个已经是第二、第三流，作战还是靠将帅的智慧和士兵的守律。

"善用人者，为之下。"人如果在上位，要以言下之。做领袖的、做主管的常常要说："我无能啊，你们都是人才！"手下的人都很高兴，才能齐心合力。我们如果强调："啊，我可是人才啊，你们都是笨蛋。"还有谁会跟从你呢？这种"为之下"叫作不争之德，善于正确地运用人才。

## 二、用人之力

"是谓用人之力",是指运用别人的力量。类似太极拳,不要用自己的气力,要借力化力,顺万物,以运用万物之力,这才是第一流的人才。

"配天,古之极","天"指天道,天道不争,天道自然。"古",指时间,也是古人,这是古代圣王的极致的功夫,最高修养的境界。

# 第六十九章

用兵有言："吾不敢为主而为客，不敢进寸而退尺。"

是谓行无行，攘无臂，扔无敌，执无兵。

祸莫大于轻敌，轻敌几丧吾宝。

故抗兵相加，哀者胜矣。

## 语 译

用兵的军事家曾说过："我不敢采取主动，而宁愿退居被动；我不敢争那一寸之土，而宁愿退让一尺之地。"这也就叫作用兵行军，却没有行列。击退敌人，却不用臂力。使敌人就范，却不露出任何仇敌之意。军队所依靠的，却不是兵器。最大的祸患就是轻敌，因为一有轻敌之心，便失去了前面我们所讲的三宝。两军对垒之时，往往是有哀矜之心者获胜。

# 解　义

## 一、用兵之言

本章一开始就是"用兵有言"，由此也可看出，老子的思想，不是一个人闭门造车的，而是吸收了当时的各种思想，包括一般人的智慧而形成的，所以他此处引证兵家的话。我们不要以为老子只讲无为，只讲道家。

此处，我要进一步反证第五十七章的三句话："以正治国，以奇用兵，以无事取天下。"这三句话并不是分属儒家、兵家、道家的三派，它们在老子思想体系里同等重要，就拿"以正治国"来讲，严格意义上，当然是一套儒家政治思想、道德体系、伦理规范，虽然《老子》中也强调"以正治国"，比如第六十七章"我有三宝，持而保之"，其中的"一曰慈"，慈就是以正治国；"二曰俭"，俭也是以正治国。

再比如：老子在第八章中讲到水的性能，"与善仁"，老子也讲仁，可见老子不是完全否定或者超脱于"以正治国"的儒家思想。老子虽然要"绝圣弃知，绝仁弃义"，但他对"仁义"还是要用的，只是强调不要执着于仁义，而要以道德为根本。

现在这一章就是扩充"以奇用兵"。《孙子兵法》用的是道家思想，除了对治国政治的指导，老子思想受兵家影响也很大。虽然讲"无为"，但如果处在一个需要用兵家的场合，老子照样会讲兵家的方法。

"吾不敢为主而为客"。兵家的运用是：我们不要走在前面，要走在后面，我们不要主动，要采取被动的方法，"不敢进寸而退尺"，我们不去争那一寸的土地，要退一步，然后再往前走，这就是"反者，道之动"，以退为进了。

## 二、行无行

"是谓行无行"，"行"是行军。行军布阵不要让对方看到阵势。西方旧式的战斗，兵阵都是一排一排的，这一排兵打完了，然后退到后面，第二排兵上前，有按行列秩序依次上场。在兵家会用散兵，不排行列，不让敌方摸清我们的部队。"攘无臂"，攘即肉搏，肉搏不要用手臂，这就是太极战略嘛，事实上就是不用短兵相接，不让对方摸清底细。

"执无兵"，执即控制对方，但不用兵器，不用自己的军队去控制人家。

"扔无敌"，扔，即把对方拉过来，使他投降，而对方还不感觉我们是他的敌人，这是王者用兵之法。这几句话到这里，还是兵家的运用，道家的精髓还没有显现，接下去一转，重要的就来了。

## 三、不轻视别人

"祸莫大于轻敌"，轻敌、骄傲、自以为是的这些态度都是道家最反对的，第九章就直接批评："富贵而骄，自遗其咎。"

"轻敌几丧吾宝"，什么"宝"？即：慈、俭、不敢为天下先。

"故抗兵相加"，有的版本，包括日本学者用"故抗兵相如"，但中国的版本都是用"加"，王弼注："抗，举也；加，当也。""加"是互相叠加，就是互相对抗，实力相当的两军对垒相抗。

"哀者胜矣"，我有两个解释：一是哀兵必胜；另外一个意思，"哀"是宗教的慈悲。两军相加，有慈悲心、哀人类心的一定会胜，上一章正是讲：以慈来战则胜，以慈来守则固，一支残暴的军队，最后一定会失败。

"以奇用兵"是变道，"行无行"都是"以奇用兵"，但最后"哀者胜也"，又回到正道，而且回到了道家的总精神："慈"。

# 第七十章

吾言甚易知，甚易行。

天下莫能知，莫能行。

言有宗，事有君。

夫唯无知，是以不我知。

知我者希，则我者贵。

是以圣人被褐怀玉。

## 语 译

我的话非常易知，非常易行。可是天下的人却不能知，不能行。我所讲的话是有本源的，我所说的事是有原则的。这也就是我所强调的：我能做到无知，便不为人所知。知道我的人越少，因此便越是珍惜我自己的。所以圣人虽然内怀才德如宝玉，外面却罩以粗衣，不求人知。

## 解　义

### 一、易知易行

老子的思想是易知、易行的。

"吾言甚易知，甚易行。天下莫能知，莫能行。"老子认为自己讲的道理并不是很玄妙、很深奥的，而是很简单的，也是很容易实行的，譬如，德在"少私寡欲"，这谁都懂，"知止，可以不殆"，这个大家都明白，实际上也容易行，但就是很少有人肯行。老子讲"莫能知""莫能行"，说的是大多数人被利欲冲昏了头，不肯去知、不愿意去行。

### 二、无知是处事之宗

故"言有宗，事有君"，"宗"，即本，"君"，即要点。讲话都有根本，任何事情都有要点，在第六十三章"图难于其易，为大于其细"，就讲到任何事情，当下看来很困难、很复杂，其实它在开始的时候，一定是容易的，这个容易的地方就是它的根本，是它的开关。

那个开关在哪里？那个根本在哪里？就是下面的"夫唯无知，是以不我知"，不要以为自己有知，所有的错误都是源自自认为自己知道很多，自己了解一切，如果我们能够自认无知、不执着于自己的知，不自见、不自是（第二十二章），不有意夸耀才能，别人不知我们，哪里会有麻烦产生？

"知我者希，则我者贵"，如果我们自认无知的话，别人就没有办法认清我们，如果我们要表现有知的话，就会被别人把握控制了。"则我者贵"，这样的话，我们便不被人利用，而能保全我们宝贵的生命了。

"是以圣人被褐怀玉"，"玉"，在此暗喻自己的才能，一个人如果有才能，要在外面加罩子，披上粗布的衣服，不能炫耀，如果炫耀的话，就有人会抢夺了。

老子基本的思想就是要遮盖我们的光芒，不要表现我们的才能。孟子曾说：人之大患，在好为人师。我们总想做别人的老师，不能自认无知，虚心好学，这样反而没有办法提升自己。

扫一扫
进入课程

# 第七十一章

知不知，上；

不知知，病。

夫唯病病，是以不病。

圣人不病，以其病病，是以不病。

## 语 译

有"知"，而不执着这种"知"，乃是最高境界。相反的，不"知"，却自以为"知"，乃是一种毛病。只有知道这种毛病是毛病，才能避免犯这种毛病。圣人之所以没有这种毛病，是因为他以这种毛病为毛病，所以才能避免这种毛病。

# 解　义

## 一、知不知

早前的版本是"知，不知，上矣"，"不知，知，病也"，在"知"后有标点；根据王弼的注只讲不知之病。也有版本删节标点，意思是"有知而不以为知"，这才是上等的人才，如同"上德不德，是以有德"。虽有德，但不强调自己的德，才是真正的德。我们都知道，真正有智慧的人，知道自己的有限。智慧是无穷的，没有一个人可以全知。相反的，我们一般人不知而自以为知，即所谓半瓶子醋，就是老子这里讲的"病"。现在的"不知"还不只是说：自己真正有所不知。老实说，有太多的"不知"。真正知道的实际上都很有限，如果我们还拿着一点"知"去强调，认为这就是"知"，这实在是无知之病，我们把自己局限在这一点儿小知之中，实则都是不知。无论知识也好，智慧也好，都有大小。有的人小知，有的人大知，小知、大知都是"小"，跟宇宙无形的"大"来比较都是"小"，都不是真知。

举一个例子，一位学生博士毕业了，他很高兴，说："考试一过之后，第二天心情很好，看到院子很美啊，感觉体悟到'道'了。"他引用了爱因斯坦的话"我所知的只是沧海里面的一个贝壳而已。"我对他说："爱因斯坦的知识如大海中的贝壳，你我所知的跟爱因斯坦比起来，根本是还没看到东西，爱因斯坦还知道一点儿贝壳，我们却是看到空幻的水泡啊！"

第七十一章

庄子是了不起的天才，他还说六十岁才知道五十九年之非，所以，如果哪一天我们真正有一点儿觉的话，我们才知道以前都是错的。

好比庄子说，你现在算觉了，谁知道觉了是什么？现在我们认为是觉，过了几天又出来一个觉，觉得以前的是又成了非，是梦中做梦啊！这样的觉，是"知"吗？"知"也好，"不知"也好，都是不知。"知不知"，是在强调"不知"，不是在强调"知"，两句话都是在强调"不知"。孔子曰："由，诲汝知之乎，知之为知之，不知为不知，是知也。"实际是骂他"不知"却以为"知"。

所以老子说："夫唯病病，是以不病。"第一个"病"是动词，第二个"病"作名词。以"病"为"病"，以"不知而知"为"病"，知道这个毛病，我们才不会犯这个毛病。

圣人之所以不病，因为他以这种"不知为知"为"病"，所以他"不病"。

## 二、圣人不病

"圣人不病，以其病病，是以不病。"圣人不强调他的"知"，不认为他有所"知"，即使他有多高明的"知"，圣人也要"绝圣弃智"。"绝圣弃智"这句话是老子对于君主说的，对圣人讲的，我们还不够格，我们不是圣人，也没达到知，我们弃什么？绝什么？我们其实没有东西可绝，还是要"学"，虚心地学，好学才能近乎知啊，是"近乎"，不是说"有"了知。

# 第七十二章

民不畏威，则大威至。

无狎其所居，无厌其所生。

夫唯不厌，是以不厌。

是以圣人自知不自见，自爱不自贵。

故去彼取此。

## 语　译

　　人民不畏惧你的威权时，那么最大的威权惩罚就会降临到你自己身上。所以不要轻视人民的物质生活，不要厌弃人民的生命精神。唯有你不厌弃他们，他们才不会厌弃你。所以圣人能知道自己，而不显耀自己的见识；爱惜自己，而不以自己为尊贵。他远离自见自贵，而取法自知自爱。

## 解　义

### 一、民不畏威

"民不畏威，则大威至。"注意，这是一个条件句，相当于前面加上一个"假如"，即假如民不畏威，则大威至。一般人民哪有不怕威权的？都会怕。如果执政者，搞得人民都不怕威权，那恐怕是已经使得他们走投无路，做得太过分了，逼得他们再也不怕威权，铤而走险，揭竿而起，那么最大的威权就会降临到君主身上了。那个威权是天威，天的惩罚就来了，如果君主逼到人民不怕威权，上天的惩罚就来了，事实上，也是指平民革命爆发了。

### 二、君主不可轻视人民

君主要"无狎其所居，无厌其所生"，"狎"是轻视、玩弄；"所居"的"居"是物质生活。君主轻视人民的物质生活，不把人民的物质生活看在眼里，然后厌其所生，"厌"是厌恶、厌弃，"生"是精神生活，即生命，是指君主厌弃、不在乎人民的生命。

君主如果这样的话，就逼着人民不畏威了。所以老子反过来说"夫唯不厌，是以不厌"，唯有君主不厌弃人民的生命，人民才不会厌弃君主。

"是以圣人自知不自见"，此处"自知"跟"自见"不一样，"自知"是知道自己，"自知"是一种德，"知道自己"不是一种知识，而属于德。知道自己，代表谦虚，自己能够满足、知止才是自知；知道自己的才能不够，也是"自知"。"自知"是一种德，"自见"是一种意见或看法，意见或看法往往会流于偏见，就是没有"自知"。

"自爱不自贵"，这里有一个"爱"字，《老子》第十三章说"爱以身为天下，若可托天下"，爱自己是要为天下，才可以把天下托付给他。道家是强调肉体的，不像佛家，佛家不强调肉体，佛家认为肉体是臭皮囊，道家是爱自己，而强调长生不死。如果我们不爱自己，还强调长生干什么？还吃丹药做什么？"自爱"也是一种德，因为爱惜自己就能自修，修养自己。"自贵"，自以为贵是骄傲，是认为自己比别人高一等。"故去彼取此"，要去掉"自见与自贵"。"取此"即是要强调"自爱自知"。我们要警惕，不要"自见自贵"，不要"狎其所居、厌其所生"，不要轻视别人的生活，看低别人的生命，而是要反省自己，关怀他人，爱惜自己，尊重别人。

# 第七十三章

勇于敢则杀，勇于不敢则活。

此两者，或利或害，天之所恶，孰知其故？

是以圣人犹难之。

天之道，不争而善胜，不言而善应，不召而自来，繟然而善谋。

天网恢恢，疏而不失。

## 语 译

勇而敢作敢为，毫无顾忌，是死亡之路。勇而有所不为，慈爱谦弱，便是生存之路。以上两条路，都是勇，却由于"敢"而受害，由于"不敢"而得利。天之所以不喜欢"勇而敢"，又有谁知道其中的原因呢？圣人在此特别关注而重视之。天道虽然不和万物相争，却是永远的胜利者。它虽然不用语言表达，但对万事万物的效验却是如响斯应的。它并不有意去吸引万物，而万物却必然地归趋于它。它宽缓得像无思无虑，可是它的安排却周全细密。天道的网罗虽宽大得看不见，可是天下万物却没有什么能逃得过去。

## 解　义

### 一、勇于不敢

"勇于敢则杀，勇于不敢则活。"我们一般把"勇敢"连一起来形容英勇刚强，能克服困难。但"勇"的是什么呢？什么事都敢做，弱肉强食，是所谓的"匹夫之勇"，匹夫之勇其实是死路，好勇斗狠的人一定是死。有所"不敢则活"，"不敢"即不为，有所不为并不简单，这里并非指懦弱退却，被社会淘汰，而是不贪，不欲，认为不应该做的就不做，这需要一点儿修养功夫，而且是真正有"勇"的表现。以上所说：一是小勇，一是大勇，前者是死，后者是活。

"此两者，或利或害"，一个是活、利，一个是死、害。我们知道得清楚，但往往事到临头，就迷糊了。

### 二、天之所恶是什么

"天之所恶，孰知其故？"天所讨厌的，我们却因为人的知识有限，往往在这些地方拿捏不住，"圣人犹难之"，圣人在此也会为难。"难"强调出它的重要性。譬如对于文天祥来说，生命当然可贵，道义、仁义也可贵，这就是难以抉择的时候。文天祥当然做过比较，而选择了仁义。他并不是无可奈何，而是有选择的，即便有无可奈何，也是因为面临这种状况，必须要做出选择，生也我所欲也，仁义亦我所欲也，不得已，这是无可奈何。所以，无可奈何的时候，往往就是最重要的地方，难字也是体现这个地方最微妙、最重要。一是留名千古，一是遗臭万年。

第七十章中老子讲："吾言甚易知，甚易行"，此处何以又跑出一个"难"字来了呢，"难"就是在强调：要重视、不要轻忽它。只要观念打通就很容易，另外思想上选择很容易，当然是道义、仁义优先，人都想流芳百世，想想很容易；但一个人面临生死抉择的时候，就很不容易，真的是很难的。有的人不敢做选择，大家会讥笑他，落一个苟且偷生的骂名，在历史上有很多这样的例子。

譬如汉奸，像汪精卫，他就面临这个选择，一活，一死，很简单，但事到临头，就有选择。


三、难！难！天道难测

我们接下去看看老子怎么样把难字加以转化，天之道，本来是"天之所恶，熟知其故？"但"天之道，不争而善胜"，天道虽难测，但若懂得不争，能顺其自然我们就能胜，"不言而善应"，天道从来不讲话、不用语言文字来表达，但是它的反应很快。天意虽然难测，但做了好事，会得好报，做了坏事，会获得坏的报应，这个回应是很快的。天道虽然难测，但是从它的反应里我们可以看出天意来。


四、天网恢恢

"不召而自来"，天没有在那里召唤我们，我们却要靠近它，但我们做了顺应天理的事情，自然天道就会帮助我们。

"繟然而善谋"，天道很宽，天意是看不见的，天道把所有的东西都计算得好好的，人算不如天算。"天网恢恢，疏而不失。"天的网子很大，也很宽，宽大到人看不见边。天网虽然疏，却没有一个人漏得掉。相反，法网很细，却有很多人钻法律的漏洞。

从这几句话可以看出来，或利或害，或死或活，虽然我们不容易看出天意到底如何，但天很公平，反应迅速，问题就在我们怎么做。不要问"天意"，实际上只需要问我们自己的意思。天的"秤"，我们看不到，人心也有一杆"秤"，我们要在心上权衡选择，这个"秤"很重要。

我曾写过一篇文章《天网跟法网》，我在文章中说：有的人通得过法网，法律为他们所用，变成为恶的工具，但他们通不过天网。法律上也许他们做得很好，但是通不过天意。有的人，他们通不过法网，比如岳飞拒接皇上的金牌，这是触犯了国法，可是他为了救国救民，天网会判他是大忠臣。同样，今天有的人为了某件事情仗义执言，不与恶势力同流合污，反被诬陷，身入法网，可是天网却为他们敞开，因为他们的所做所为是符合事物生存发展规律的。

# 第七十四章

民不畏死，奈何以死惧之？

若使民常畏死，而为奇者，吾得执而杀之，孰敢？

常有司杀者，杀。

夫代司杀者，杀，是谓代大匠斫。

夫代大匠斫者，希有不伤其手矣。

## 语　译

当人民求生无门而不怕死的时候，再以死来威胁他们，又有什么用呢？假定使人民都有求生之路，而不愿去死，这时，再有作奸犯科的人，把他抓起来，处以死刑，这样，便不会再有作奸犯科的人了。真正永恒的具有司杀责任的，如天道，才能用杀。越俎代庖去司杀的人，就像替大匠来砍物一样。替大匠砍物的人，很少有不自伤其手的啊！

# 解　义

## 一、民不畏死

如同第七十二章的文句，这里也是用条件句。如果"民不畏死，奈何以死惧之？"没有一个人不怕死的，如果君主使得人民求生无门，君主再用刑罚、用死亡来威胁他们，就没有用了。君主让老百姓没有了生路，大家只好铤而走险，法律再怎么样规定也没有用，这就是条件句。是指君主要给人民生路，不要用死来恐吓他们。

那"畏死"到底有没有用，有！

"若使民常畏死，而为奇者，吾得执而杀之，孰敢？"注意了，这不是说用严刑苛法来使得人民"畏死"。

人民为什么会怕死？因为活着很快乐，有钱人最怕死。如果人民都能够丰衣足食，当然怕死。这是话里有话，君主要使得人民都能够丰衣足食，都有求生之路，人民都自然会怕死，这里"常畏死"的"常"字很重要，有"自然"的意思，在这样的前提下，再定下法律，谁犯法，就制裁他，老百姓就会尊重法律了，因为大家都真的怕死，不想失去好生活、好生命。

## 二、君主没有杀人的权力

"有司杀者杀"，真正管人们生死的，才有生杀之权，"司"

即是掌管，管生杀之权的天道才有杀人的权力。这是说君主没有杀人的权力，不能代掌司杀之权，否则就好像代替大匠去干活：不在其位，"希有不伤其手矣"，即很少伤不着自己的。比如：法院里面法官判人死刑，他是司杀者吗？也不是，法官没有权力判人死，他之所以判人死，是那个人犯了"必死"的法律，法官替那个人自己判他自己去死。法官没有司杀之权，君主也没有司杀之权，任何人都没有司杀之权。司杀之权是谁掌管的呢？是"天"。我们讲"天意"，"天意"有没有司杀之权？老实说，"天"也没有司杀之权，"天"之所以有了司杀之权，是由于人们自己做了该死的事。

"天地不仁，以万物为刍狗"，就是天地任凭万物自生自灭，所有的生死是人们自己造成的。

这些话，把前面好几章都连在一起，老子的思想背后有很深的用意，是对当时苛政暴君的一种反抗，一种批评。老子的思想可不是软绵绵的，有些该讲的话也讲得很重。

# 第七十五章

民之饥，以其上食税之多，是以饥。

民之难治，以其上之有为，是以难治。

民之轻死，以其上求生之厚，是以轻死。

夫唯无以生为者，是贤于贵生。

### 语　译

人民饥馑，是由于在上位的人收税太多了，使得他们不能免于饥馑。人民难治，是由于在上位的人有为而干扰，使得他们起来相抗，因而难治。人民不怕死，是由于在上位的人过分追求自己生活的丰厚，使得人民求生无门，以致铤而走险。所以在上位的人只有不一味地追求自己的生存，才是真正爱惜自己的生存，这比一般只求贵生的人要高明多了。

## 解 义

"民之饥，以其上食税之多，是以饥。"人民没有饭吃，因为上面吃税的人太多、横征暴敛。人民的钱都被吃税的人层层剥削光了，因此挨饿。

"人之难治，以其上之有为，是以难治。"上面一句容易了解，此处，为什么上层的人有为，反而人民难治呢？上位者自以为是，朝令夕改，弄得人民很痛苦，以致铤而走险。譬如秦始皇，他是历史上最有为之君，并吞六国，统一文字，建筑长城，可是秦王朝却很短命，不正是由于他太有为了吗？

"民之轻死"，人民求生无门，落得个不怕死。"以其上求生之厚"，正是因为上位的人求生太厚，过分追求自己的享受，忽视人民生活，弄得国家民穷财尽，人民当然轻死。

"唯无以生为者，是贤于贵生"，在上位的人不要只以自己的生当作目的，不要只强调自己的生生之厚，不以自己的生存为贵，这才是真正的贵生，即贵人民的生，而不贵自己的生。

# 第七十六章

人之生也柔弱，其死也坚强。

万物草木之生也柔脆，其死也枯槁。

故坚强者，死之徒；

柔弱者，生之徒。

是以兵强则不胜，木强则折。

强大处下，柔弱处上。

## 语 译

人有生命时，肌肤是柔弱的，死了之后，却变得僵硬坚强。万物草木等有生命时，枝条是柔脆的，死了之后，却变得枯槁坚硬。所以说坚强是死亡之路，柔弱是生命力之路，正因如此，所以兵力强大，反而不能赢得胜利。树木强大，反而遭受砍伐。这恰恰说明了强大处下势，柔弱却能占上风。

## 解　义

### 一、柔弱生之徒

"人之生也柔弱，其死也坚强"，生命存活的时候，肉体很柔软，能屈能伸、卷舒自如；死后僵硬。万物草木也一样，有生命的时候很柔脆，死了以后就枯槁。

"故坚强者，死之徒"，"坚强"是条死路，"徒"，即是路，走向死亡的路。

"柔弱者生之徒"，诸位要注意"柔弱"，老子讲"弱者，道之用"，"弱"字里面包含有柔，"以柔为弱"才是老子真正讲的"柔弱"。

### 二、兵强不胜

"兵强则不胜，木强则折"，越是强调用兵、军事，强调武器装备，武器越精良强大，越危险；好比树木很坚强，很有用的时候，就会被砍伐。"强大处下"，"处下"即处于劣势，强大反而不利，柔弱反而有优势。

以上所说，都非常简单明白，易懂却未必能易行，也就是说，不在理上论深浅，要在行上见功夫。

# 第七十七章

天之道，其犹张弓与！

高者抑之，下者举之；

有余者损之，不足者补之。

天之道，损有余而补不足；

人之道则不然，损不足以奉有余。

孰能有余以奉天下？唯有道者。

是以圣人为而不恃，功成而不处，其不欲见贤。

## 语　译

天之道，好像扣弦于弓的作用。把弓的高凸处压低，把弓的低凹处推出。弦太长了，把它修短；弦太短了，把它增长。天之道是损除有余的，而增补不足的。人之道却不然，它是消损那已经不足的，而拼命去追求供奉那有余的。谁能用有余来奉献给天下，恐怕只有行道的人才能做到吧！所以说只有圣人能为天下而为，却不自以为有为；为天下而成就功业，却不自以为有功。他们顺自然，而不愿表现自己的才智。

## 解　义

"天之道，其犹张弓与？高者抑之，下者举之；有余者损之，不足者补之。"先从"张弓"来讲，有两个解释：一个解释就是说把弓拉起来，我们的箭瞄准那个靶，高了我们把它往下压，低了把它往上抬，这是指射箭。另外，我的老师张起钧教授，他去故宫博物院看了古代的弓。在古代，弓不用的时候，那个弦要放开，用的时候再拉上去。因为它是竹子做的，它弦一放开的话，不是倒弹过来。高变低，低变成高。然后要上弦的时候，把低的地方挺出去，把高的地方拉下来，然后上弦，就是"高者抑之，下者举之"。这个张弓就是上弦。

接下去，"有余者损之，不足者补之"，这是讲天之道。说天之道，损有余而补不足，要讲和谐平衡，过分的话，就压抑它，不够的话，就往上抬，这是天道。但是人道不一样，这个地方的"人道"是指一般人的心理，有负面的意思。就普通人的心理来讲，损不足而以奉有余，我们想想，什么方面不足，我们是精神不足、时间不足。什么东西有余呢？我们用的物品有余，吃的东西有余，今天，我们偏偏要损掉我们的精神和时间，拼命去追求有余的物质享受。

实际上今天，一般人当然感觉自己苦的时候很多了，但就一般人来讲，我们今天经济生活都是可以过得去，比起古代的人来讲，好得太多了，但是我们总是感觉不满足，再有钱的人，他还是感觉不够，拼命追求，其实已经很好了，他还要求。今天，几乎所有的人都是在精神方面有欠缺，精神空虚，结果就拼命用精神去追求物质，完全颠倒了。这是人们的心理，因此老子说谁能够拿有余的东西来奉天下，我们的财物有余了，谁能够把有余的财物去捐献给天下的穷人呢？很少啊！因为他们都感觉不足嘛。谁能够把有余的东西来奉天下呢？只有有道之士，但今天有道之士太少了。在这里，老子并不是去苛求一般人，只是希望大家都认识一点儿天道，社会上多一点儿有道之士。

什么是有道之士呢？他们要学圣人的"为而不恃，功成而不处"，他们知道天之道的损有余而补不足，多了，不要强调，功成了也不要居功，因为居功就是有余了，我们发展得过高了，天道会把我们损下来的。

所以"其不欲见贤"，这个"见"是"xiàn"，现出来的意思，表现自己的贤能。我们有贤能，这也是自然，但不要夸耀表现，那样的话就多余了，所以损有余，就是"不欲见贤"，要实际地去做，不要只爱表现。

# 第七十八章

天下莫柔弱于水，而攻坚强者莫之能胜，以其无以易之。

弱之胜强，柔之胜刚，天下莫不知，莫能行。

是以圣人云：

受国之垢，是谓社稷主；

受国不祥，是谓天下王。

正言若反。

## 语　译

天下没有比水更柔弱的了，可是攻击坚硬的东西却没有什么能赢得了水，这是因为任何东西都无法改变水的性状。这道理天下无人不知，但是却没有人能依它而行。所以圣人说：愿接受天下最多屈辱的人，可以作社稷之主。愿承受天下一切不祥灾祸的人，可以为天下之王。这些正面的道理听起来却像是反面的一样。

## 解　义

### 一、柔弱最坚强

"天下莫柔弱于水"，水是天下最柔弱的东西，把水倒进圆的杯子里，呈现是圆形，倒进方的杯子里是方形，倒进任何形体容器就变成任何形体。水无自己的形，看似最柔弱，但是却能够攻克坚硬的东西，没有哪个东西能胜了它。我们认为刀子锋利，但是运用钢刀对水还没有办法切断它，抽刀断水水更流。

"以其无以易之"，为什么没有办法改变水？水是最柔弱的东西，但是任何东西都没有办法改变它。由是可见水最柔弱，也是最坚强。

"弱之胜强，柔之胜刚，天下莫不知，莫能行"，"弱之胜强"的"胜"字，我在英语中翻成"win"，并非用武力去战胜、打仗之意，水从来也不跟最刚强的东西对抗，它就自然地在那里不动，看上去放到圆形里变成圆形，但是倒出来后，水还是水的无形，我们也打不倒它，才是真强。举例来说：女性跟男性比起来，多半比较柔弱，女胜男，绝对不是比拳头、比肌肉，除非学武功，也未必一定能胜。但女性的生命有耐力，柔弱却长寿；男性好强，却多半短命，至少平均寿命没有女性那么长。非战斗对抗而胜，而是能够支持长久，最后胜出，比如水滴穿石，这样经年累月的功夫，又好比龟兔赛跑，谁都知道兔子跑得快，乌龟慢，但是最后乌龟赢了。

## 二、受国之垢

"是以圣人云：受国之垢，是谓社稷主。"所以圣王知道，他需要接受国家最脏、最屈辱的东西，最不好的，君主都是孤家寡人，"垢"，也是处最低的地方，反而能够成为社稷主，成为国家的领导。"受国不祥，是谓天下王。正言若反"，一个高明的君主、一个圣王，他要把国家不祥的东西留给自己，"万方有罪，罪在朕躬"，这是古代君王的观念。古代的君主，讲究把整个国家的穷困、不祥来当作自己的错误、过失，如此，才能做一个明君。

# 第七十九章

和大怨，必有余怨，安可以为善？
是以圣人执左契，而不责于人。
有德司契，无德司彻。
天道无亲，常与善人。

## 语 译

当大怨已成时，再求去调和大怨，必然余怨犹存，又怎能称得上是善策？所以圣人只守自己的那半张契约，做自己应该做的，而不去责备和要求别人。真正有德的人像守契约一样，做自己该做的，而没有德行的人，却像管税法的人一样，只要求别人缴税。天道对于万物没有偏爱，但它却常和善人在一起。

## 解　义

### 一、不造大怨

"和大怨，必有余怨"，此处注意，大怨已成，仇恨已生，再去调和它，减低它，还是有余怨。为什么呢？朋友之间也好，夫妻之间也好，有时候吵架，伤人伤到极点，就没有办法挽回，吵架要适可而止，否则造成大怨，再想和解的话，"安可以为善"？怎么能够转好呢？

"圣人执左契，而不责于人"，"契"就是契约，古代最早的契约是把竹片分成两节，你拿一半，我拿一半。"圣人执左契"，圣人执了这一半，为什么是"左契"而不是右契呢？我以前没有深思这个问题，可能是基于中国人的位序，左高右低，主人拿左边，对方是客拿右边。圣人只拿这一半，不责于人，不去要求对方怎么做。拿这一半，只照着这一半做应该做的事情，对方也做对方应该的事情，就能自然地相合了。

"有德司契"，有德的人，只把自己的事情做好，"无德司彻"，无德的人像管理收税那样，"彻"即税法，抽税的人只管问别人要求缴税、处罚不缴税的人，从不问自己。

### 二、天道无亲

"天道无亲"，这里是老子讲的天道，"天地不仁，以万物为刍狗；圣人不仁，以百姓为刍狗"。圣人学天地，对万物无亲，都当作刍狗一样，草扎的狗也好，牺牲品也好，都让它们自生自灭。天道从没有说喜欢特殊的一物，亲近这个，讨厌那个，但"常与善人"，虽然无亲，但天道常常站在善人的一面。为什么呢？因为善人做好事情得好报。天道虽然无亲、没有自己的意念，始终还是善人有善报，这并不是有意为之的，而是无为自然，符合生生之德"善"，自然而然把人引向天道的一边。

# 第八十章

小国寡民，使有什伯之器而不用，使民重死而不远徙。

虽有舟舆，无所乘之；

虽有甲兵，无所陈之；

使人复结绳而用之。

甘其食，美其服，安其居，乐其俗。

邻国相望，鸡犬之声相闻，民至老死不相往来。

## 语　译

理想的社会是：国家小，人民少。纵使有各种复杂的器物，也没有地方来应用。使人民都爱惜自己的生命，而不追名逐利，远走他乡。虽然有船有轿，也没有必要去乘坐；虽然有防备的兵器，也没有机会使用。使人民都归于结绳而治的素朴生活。人们都以他们所有的食物为美味，都以他们所穿的衣服为华丽。他们都安于所居的环境，都乐从他们的风俗习惯。他们和邻近的国家面对面的相望，彼此能听到对方的鸡犬之声，可是他们到了老死也不需要互相往来。

## 解　义

### 一、小国寡民

这一章是老子心中的理想社会。

"小国寡民"，国家小，人民不多。这似乎违反了历史上走向国大民众的一般发展。何以老子身处国大民众的社会，却偏偏要讲小国寡民？

王弼的注有点儿问题，他说："国既小，民又寡，尚可使返古。""况国大民众乎？"这就和老子的意思相左了，老子认为"小国寡民"可以"返"，是因为"小国寡民"容易回归淳朴，国大民众比较复杂，就不容易返朴了。

### 二、生活的素朴

"使有什伯之器而不用"，船大难掉头，大国不易返。事实上我们观察今天的国际社会，像瑞士、瑞典这些小国家反而比较安定。科学发展，发明了很多器具，但在老子的理想里面，因为没有多少争斗，虽然器物有发明，也可以有不用的可能。

"使民重死而不远徙"，前文论过"民不畏死，奈何以死

第八十章

429

惧之"，前后文连起来看，使民常畏死、使民看重死、不轻死、重生命。今天人类发明了飞机，可以全世界各处都能去，在古代并不容易，交通不发达，从南京到北京都要走两个月，还要翻山越岭，可能碰到强盗，碰到野兽，死亡的机会很多。所以，古代人一跑远路，有时候往往就意味着生离、死别。为了名利，或是战火，奔走他乡，因为欲望，而奔波涉险，所以在古代的农业社会中，安土重迁的观念很重，古代爱惜生命的人，并不愿意随便远徙。

南北朝时期的文学家江淹写《别赋》倾诉离别之情，对古人来说，普通的离别，往往有时候就是死别，所以不远徙。人为什么要远走他乡呢？都是为了欲望，不是为名，就是为利。

"虽有舟舆，无所乘之"，虽发明了很多舟车，但却放在一边，必要的时候再用，平常没有用，因为小国寡民，不需远徙。

"虽有甲兵，无所陈之"，虽制造了很多武器，但不拿出来耀武扬威，不拿出来运用。

"使人复结绳而用之"，"结绳"有二意，一是古代人结网抓鱼捕兽。老子的原意可能倾向这个解释。二是把"结绳"解作文字，说老子否定文字，回到结绳记事，不用文字，我不同意后面这种注解，因为前者更符合素朴的生活。


三、知道满足

"甘其食，美其服，安其居，乐其俗"，对所吃的东西都感觉很甜美、惬意，不追求更好吃的美食，"甘其食"就是满足于自己的食物。"美其服"，即对自己所穿的服饰感觉很满足，认为很美，不追求华服重饰。陶渊明《桃花源记》创意就是从这里来的。"乐其俗"，对于自己俭朴的风俗习惯感觉很快乐。


## 四、邻国相望，民不往来

"邻国相望，鸡犬之声相闻，民至老死不相往来"，这种社会理想好像跟今天的社会相反。邻国与邻居不一样，没有邻居，只有一个人居住的话，死掉也没人知道。但国与国之邻不一样，相望是指国与国之间能够和平相处，但人民"不相往来"，即指各国人民生活安乐，满足己有，没有向外发展的必要。

扫一扫
进入课程

# 第八十一章

信言不美，美言不信。

善者不辩，辩者不善。

知者不博，博者不知。

圣人不积，既以为人，己愈有；

既以与人，己愈多。

天之道，利而不害；

圣人之道，为而不争。

## 语 译

真实的话语往往不在于说得漂亮，话说得漂亮往往不见得真实。真正的善行不需要言辞来辩护，依靠辩护的行为不一定是真正的善行。有真知的人，不必什么都懂；什么都懂的人，并不一定有真知。圣人绝不为了自己而积藏，为人做得越多，自己反而越有；给予别人越多，自己越富。天之道生生不已，永远地利益万物，绝不会对万物有害。圣人取法天道，永远为人服务，而绝不与人相争。

## 解　义

### 一、信言不美

这一章顺着前章的理想社会，而写心理修养的基础。

理想社会不容易达到。比如"桃花源"，渔夫出来以后，做了标志，告诉太守，太守再派人去找，就找不到了。我认为世上并没有桃花源，这只是一个想象。即便有，桃花源也只存在于我们的心里面，一个人如果不能发现心甲面的桃花源，到外面去找桃花源，是绝对找不到的。所以在这一章，老子是要我们回到自己的心里去修养。

"小国寡民"，是指少私寡欲，少私当然小国，寡欲自然寡民。

"信言不美，美言不信"真正真真实实、诚诚恳恳的话不一定要说得很漂亮，漂亮的言辞并不可靠，孔子也说"巧言令色，鲜矣仁"，木讷近仁，是一样的道理。

"善者不辩"，真正为善的人，他给我们看事实，不靠辩论，还要为了辩论去争的话，本身就有问题。

"知者不博，博者不知"，"知"是真知，真知"道"的人不一定什么都知道；"博"即驳杂，什么都知道的人不一定有真知。真知就是智慧，智慧是道德加知识。只是在言辞上显得博大精深的人，不一定有道德。


## 二、圣人不积

下面这一句话，我认为是重点。"圣人不积"，"不积"两个字很重要。

先从正面来讲什么叫"不积"。"积"就是积给自己，"不积"，第一，就是无私，有私心的话一定积；第二，就是不要藏于己，从古至今，很多人，有秘方，都藏着，只传给自己的儿女，不愿意传给别人，这就是积；第三，积而不善，积给自己不愿意传出去就会不善。"积"的反面是什么？是施、是舍，是能放得下，还是要忘得掉，这是心理上的"不积"。忘不掉就"积"，人有什么事情忘不掉，就积在脑子里面，积在心里面，心理疾病就是积出来的。人所有的心理毛病就是一个"积"字，治心理的毛病，就老子的思想来讲，就是使他能够"不积"。

我们知道：人吃多了东西，胃里就容易消化不良，台湾有一味药叫"消化散"，专治消化不良，那个"散"字很重要。"不积"就是散得掉，"积"就是瘀积，一瘀积的话，气也不通，血也不通。"不积"是一种功夫，意味着流通，水一不流通的话就"积"，积的话，就会变污水，唯有流通的水才会清澈。思想也是一样，做学问当然要积累，知识要积累，"为学日益"，但一味地日益、日益，即便学到的东西汗牛充栋，但你还是比不过图书馆，比不过电脑，而且脑袋像座图书馆有什么用？那么多书，积累了要能够化，化掉它，即消化。化掉，代表要能够用，"不积"就是用，学了很多知识要能够用。在古代，很多人做学问做了很多，但一直积、积、积，最后积成食古不化，这就是我们说的老顽固、腐儒。为什么会腐掉呢？因为"积"在那里，不能适应现代，就腐掉了，变得迂腐，迂就是瘀积，虽然字不一样，也同样是瘀在那里。所以，老子说"为道日损"，损就是把那个"积"拿掉。

为了解释"不积"，老子给我们一个甜头，说要放下、施舍。有人就要问：为什么施舍？为什么要放下？老子很厉害，他懂得心理学。他告诉我们：不要怕放掉，自己让掉、放掉的越多，收获的就越多。"既以为人，己愈有；既以与人，己愈多"，就是"不积"。

"天之道，利而不害。"天之道就是使得万物都能生长，天道从来不积，自然从来没有积。"圣人之道，为而不争"，老子一再讲"无为"，到最后一章的最后一句话，最后的几个字，却开始讲"为"。

老子整个思想实际上是"有为"的，但是由于"不争"，"不争"是"无为"，"不争"就是"不积"。为什么要争？"积"也是给自己争名，使自己的名望越来越高；争利，使自己的钱越来越多，这都是"积"。老子却说："既以为人，己愈有；既以与人，己愈多。"我再加一句话，"既以教人，己愈通"，我们把所学的知识教出去，用的人越多的话，我们自己也越能通达无碍。如果我们有思想、有学问，只想留给自己，那种学问是没有用的，只会越来越腐化。能够"为人""与人"，我们和万物都将会得到更多发展的空间。

道善人文经典文库
让你能知味的中华经典解读丛书

图书·音视频·讲座
敬请关注

## 毓老师作品系列

| | |
|---|---|
| 毓老师说论语（修订版） | 爱新觉罗·毓鋆讲述 |
| 毓老师说中庸 | 爱新觉罗·毓鋆讲述 |
| 毓老师说庄子 | 爱新觉罗·毓鋆讲述 |
| 毓老师说大学 | 爱新觉罗·毓鋆讲述 |
| 毓老师说老子 | 爱新觉罗·毓鋆讲述 |
| 毓老师说易经（全三卷） | 爱新觉罗·毓鋆讲述 |
| 毓老师说（礼元录） | 爱新觉罗·毓鋆讲述 |
| 毓老师说吴起太公兵法 | 爱新觉罗·毓鋆讲述 |
| 毓老师说公羊 | 爱新觉罗·毓鋆讲述 |
| 毓老师说春秋繁露（上下册） | 爱新觉罗·毓鋆讲述 |
| 毓老师说管子 | 爱新觉罗·毓鋆讲述 |
| 毓老师说孙子兵法（修订版） | 爱新觉罗·毓鋆讲述 |
| 毓老师说易传（修订版） | 爱新觉罗·毓鋆讲述 |
| 毓老师说人物志（修订版） | 爱新觉罗·毓鋆讲述 |
| 毓老师说孟子 | 爱新觉罗·毓鋆讲述 |
| 毓老师说诗书礼 | 爱新觉罗·毓鋆讲述 |

## 刘君祖作品系列

| | |
|---|---|
| 易经与现代生活 | 刘君祖 |
| 易经说什么 | 刘君祖 |
| 易经密码全译全解（全9辑） | 刘君祖 |
| 易断全书（上下） | 刘君祖 |
| 刘君祖经典讲堂（全十卷） | 刘君祖 |
| 人物志详解 | 刘君祖 |

| 春秋繁露详解 | 刘君祖 |
| 孙子兵法新解 | 刘君祖 |
| 鬼谷子新解 | 刘君祖 |

**吴怡作品系列**

| 中国哲学史话 | 张起钧　吴　怡 |
| 禅与老庄 | 吴　怡 |
| 逍遥的庄子 | 吴　怡 |
| 易经应该这样用 | 吴　怡 |
| 易经新说——我在美国讲易经 | 吴　怡 |
| 老子新说——我在美国讲老子 | 吴　怡 |
| 庄子新说——我在美国讲庄子 | 吴　怡 |
| 中国哲学关键词50讲（汉英对照） | 吴　怡 |
| 哲学与人生 | 吴　怡 |
| 禅与人生 | 吴　怡 |
| 整体生命心理学 | 吴　怡 |
| 碧岩录详解 | 吴　怡 |
| 系辞传详解 | 吴　怡 |
| 坛经详解 | 吴　怡 |
| 写给大家的中国哲学史 | 吴　怡 |
| 周易本义全译全解 | 吴　怡 |

**高怀民作品系列**

| 易经哲学精讲 | 高怀民 |
| 伟大的孕育：易经哲学精讲续篇 | 高怀民 |
| 智慧之巅：先秦哲学与希腊哲学 | 高怀民 |
| 易学史（三卷） | 高怀民 |

**辛意云作品系列**

| 论语辛说 | 辛意云 |
| 老子辛说 | 辛意云 |
| 国学十六讲 | 辛意云 |
| 美学二十讲 | 辛意云 |

## 其他

| | |
|---|---|
| 易经与中医学 | 黄绍祖 |
| 论语故事 | （日）下村湖人 |
| 汉字细说 | 林藜 |
| 新细说黄帝内经 | 徐芹庭 |
| 易经与管理 | 陈明德 |
| 周易话解 | 刘思白 |
| 道德经画说 | 张爽 |
| 史记的读法 | 阮芝生 |
| 数位易经（上下） | 陈文德 |
| 从心读资治通鉴 | 张元 |
| 易经经传全义全解（上下册） | 徐芹庭 |
| 周易程传全译全解 | 黄忠天 |
| 唐诗之巅 | 朱琦 |

## 人与经典文库（陆续出版）

| | | | |
|---|---|---|---|
| 左传（已出） | 张高评 | | |
| 史记（已出） | 王令樾 | | |
| 大学（已出） | 爱新觉罗·毓鋆 | | |
| 中庸（已出） | 爱新觉罗·毓鋆 | | |
| 老子（已出） | 吴怡 | | |
| | | | |
| 庄子（已出） | 吴怡 | 尔雅 | 卢国屏 |
| 易经系辞传（已出） | 吴怡 | 孟子 | 袁保新 |
| 韩非子（已出） | 高柏园 | 荀子 | 周德良 |
| 说文解字（已出） | 吴宏一 | 孝经 | 庄兵 |
| 诗经 | 王令樾 | 淮南子 | 陈德和 |
| 六祖坛经 | 吴怡 | 唐诗 | 吕正惠 |
| 碧岩录 | 吴怡 | 古文观止 | 王基伦 |
| | | 四库全书 | 陈仕华 |
| 论语 | 林义正 | 颜氏家训 | 周彦文 |
| 墨子 | 辛意云 | 聊斋志异 | 黄丽卿 |
| 近思录 | 高柏园 | 汉书 | 宋淑萍 |
| 管子 | 王俊彦 | 红楼梦 | 叶思芬 |
| 传习录 | 杨祖汉 | 鬼谷子 | 刘君祖 |

| | | | |
|---|---|---|---|
| 孙子兵法 | 刘君祖 | 元人散曲 | 林淑贞 |
| 人物志 | 刘君祖 | 戏曲故事 | 郑柏彦 |
| 春秋繁露 | 刘君祖 | 楚　辞 | 吴旻旻 |
| 孔子家语 | 崔锁江 | 水浒传 | 林保淳 |
| 明儒学案 | 周志文 | 盐铁论 | 林聪舜 |
| 黄帝内经 | 林文钦 | 抱朴子 | 郑志明 |
| 指月录 | 黄连忠 | 列　子 | 萧振邦 |
| 宋词三百首 | 侯雅文 | 吕氏春秋 | 赵中伟 |
| 西游记 | 李志宏 | 尚　书 | 蒋秋华 |
| 世说新语 | 尤雅姿 | 礼　记 | 林素玟 |
| 老残游记 | 李瑞腾 | 了凡四训 | 李懿纯 |
| 文心雕龙 | 陈秀美 | 高僧传 | 李幸玲 |
| 说　苑 | 殷善培 | 山海经 | 鹿忆鹿 |
| 闲情偶寄 | 黄培青 | 东坡志林 | 曹淑娟 |
| 围炉夜话 | 霍晋明 | …… | |

博 学 / 审 问 / 慎 思 / 明 辨 / 笃 行
果 能 此 道 ， 虽 愚 必 明 ， 虽 柔 必 强

道

DAOSHAN

善